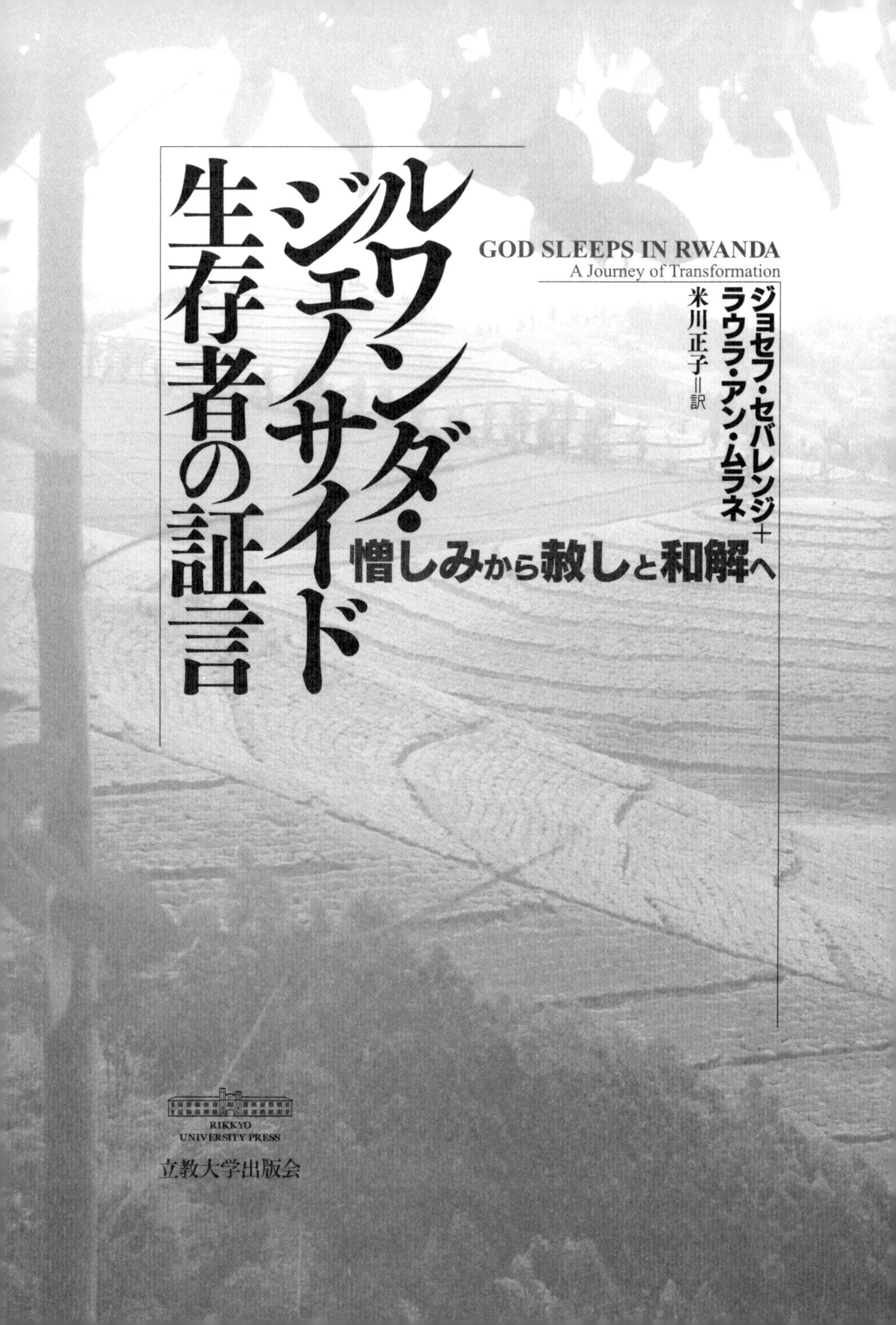

ルワンダ・ジェノサイド生存者の証言

憎しみから赦しと和解へ

GOD SLEEPS IN RWANDA
A Journey of Transformation

ジョセフ・セバレンジ＋ラウラ・アン・ムラネ
米川正子＝訳

RIKKYO
UNIVERSITY PRESS
立教大学出版会

日本語版への序文

本書は、ルワンダと実際に起きたジェノサイドに関する話である。ツチであるという理由ゆえに、私の家族のほとんどが殺された。そして、ほぼ同様の理由で、私が数回難民になったことを描いている。そう、本書はアフリカ中央部の小国に関する話だが、世界のどこで起きても不思議ではない。というのも、悲しいことに、ほとんどの国が不可解な規模で死と破壊を経験しているからである。人類の誕生以来、人間は、時おり圧倒的な数の人々をお互いに殺しあってきた。理解を超えるぐらい、人間は惨劇を犯してきた。そして、人間はその恐怖の犠牲者でもあった。

日本も例外ではない。一九四五年に原爆が広島と長崎に投下された時に、数秒で数万の人々が殺された。それに加えて、放射性降下物によって、その後数ヵ月、数年間に、万単位の人が亡くなった。それは大規模な抹消であった。読者の中には、原爆が降下された時に現場にいた方もいるだろう。あるいは、読者の中には両親や祖父母、叔母と叔父、また最愛の者が、一瞬のうちに世界が破壊されるのを目撃したかもしれない。悲劇の痛みはきっとまだ残っていることだろう。広島と長崎の原爆に直接被害にあわなかった人々でさえも、傷跡が全国にわたって残されている。日本人全員はある程度、その荒廃の影響が残る環境に囲まれているので、経験上、犠牲者がどんなものであるかを知っているはずだ。

それと同時に、日本は加害者であることも知っている。ほとんどの国にも当てはまることだが、恥すべき現実から逃れることはできない。本書が出版される二〇一五年は、広島と長崎の原爆投下の七〇周年記念の年にあたる。

そしてもっと小規模であるが、私たち個人は、犠牲者と加害者の両方でもある。傷つけられ、また不注意に、あるいは故意に、他者を傷つけてきた。それはやはり人間の現実である。

しかし、人間性の共通する重い負担を引きずっているからといって、それに対して人間が無力であるとは限らない。全くその反対だ。その重い負担を引きずっているからこそ、将来の方向を変える選択肢があり、世界中の悪意を減少でき、未来の世代により平和な世界を引き渡すことができるのである。

本書の内容はルワンダとジェノサイドであると前述したが、おそらくもっと重要な点は、本書が和解と赦しについて書かれていることだ。それは、私たちが苦痛な過去の経験をどう直視し、どのような失敗があったかを反省し、ジェノサイドや他の暴力が二度と繰り返さないような方法を探り、和解するために同じ家族の一員としてともに働くことである。そのような努力に重要なのは、悪に対して他の悪で対応するのではなく、正しいこととして、また世界平和と和解への通らなければならない道として、赦すことを学ぶことだ。これがある程度きっかけになり、ジェノサイドで最愛の者を失ったにもかかわらず、私は赦すことができたのである。

本書は、専制政治の痛々しい結果についても触れている。本書が二〇〇九年に最初アメリカで出版された際に、ポール・カガメは九年間ルワンダの大統領を務めたことになる。彼は二〇〇三年の大統領選挙で九五％、また二〇一〇年の同選挙で九三％の投票を得て選ばれた。二〇一五年の現在、彼はまだ大統領である。もし自由で公正な選挙によって選出されていれば問題ないのだが、そのような選挙ではなかった。二〇一四年、国際NGOヒューマン・ライツ・ウォッチの報告によると、ルワンダは、表現と結社の自由がまだ厳しく制限されている。ポール・カガメが率いる政党・ルワンダ愛国戦線（RPF）は、二〇一四年九月に行われた議会選挙で四分の三以上の票を得て圧勝した。しかし、出馬した候補者は、RPFを広く支援する政党出身者だった。自由で公正な選挙なしには、ルワンダには平和と和解は持続しない。

さらに近年、国外にいる、ポール・カガメに敵対する人々への攻撃が増えた。ルワンダ政府は在イギリスのルワンダ人二名――ジョナサン・ムソネラ（Jonathan Musonera）とレネ・ムゲンジ（Rene Mugenzi）――の生命を脅迫しているという「信頼性のある機密情報」を二〇一一年に現地の警察が得て、二名に警告した。南アフリカに逃亡したルワンダの元諜報機関長パトリック・カレゲヤ（Patrick Karegeya）大佐は、二〇一四年一月に暗殺された。彼の家族と友人によると、ルワンダ大統領の命令で殺されたという。ルワンダ軍の元参謀長カユンバ・ニャムワサ（Kayumba Nyamwasa）将軍は、同じく南アフリカで三回の暗殺未遂にあい、最後の未遂は二〇一四年三月に起きた。その事件後、南アフリカからルワンダの外交官三名が追放された。

人類の歴史の多くがそうであったように、ルワンダの話はほとんどが悲惨なものだ。しかし希望がある。人間は言葉で表せないほど相互に残酷な行為を犯してきたが、同時に思いがけないことに親切な加害者でもある。人間は立ち上がって「これ以上やめて」と訴え、持続的な平和を築くように働きながら、癒したり調停もしてきた。このような人々に出会うことはきわめて少ない。毎日、恐ろしいニュース――爆弾、誘拐と殺人――に数多くさらされているが、よいニュースもある。そう、人間はお互いに殺しあってきた長い歴史を持つが、同じように暴力を克服し、兄弟、姉妹として一緒に生きる方法を模索してきた歴史も長い。その旅を続けようではありませんか。

最後に、翻訳出版を可能にしてくださった訳者の米川正子氏、そして立教大学出版会、（株）有斐閣アカデミアにお礼を申し上げたい。

二〇一五年一月

ジョセフ・セバレンジ

アフリカ地図

ルワンダ地図

（出所） ジャン・ハッツフェルド著，ルワンダの学校を支援する会（服部欧右）訳『隣人が殺人者に変わる時：ルワンダ・ジェノサイド 生存者たちの証言』かもがわ出版，2013 年より。

1980年の兄サムエルの結婚式での家族写真。子どもを含む，写真に写っている人たちのほとんどが，ジェノサイドで殺害された。サムエルと妻（中央）は，娘2人と息子と一緒に殺された。弟のジェラード（1列目，右から2人目），姉のベアトリス（1列目の一番左寄り），母のエスター（伝統的なヘアバンド「ウロゴリ」を身につけている一番左にいる女性），義理の兄ディビッド（母の後ろ），義理の母ローズ（母の右側で「ウロゴリ」に身につけている），もう1人の義理の母ヘレン（サムエルの左肩の後ろに立ち，「ウロゴリ」を身につけている），父（白いシャツとスポーツ・ジャケットを着て，一番右寄りにいる背の高い男性）。私は，1列目の右側から3人目。ジェノサイド後にルワンダに帰国し，家族の居場所を発見した，弟エマニュエルは私の左にいる。

1986年，リベラタに
最初に会った頃。

1989年4月20日，私が生まれ育ったルワンダのキブイェ州のキブ湖
にて挙げた，リベラタと私の結婚式。

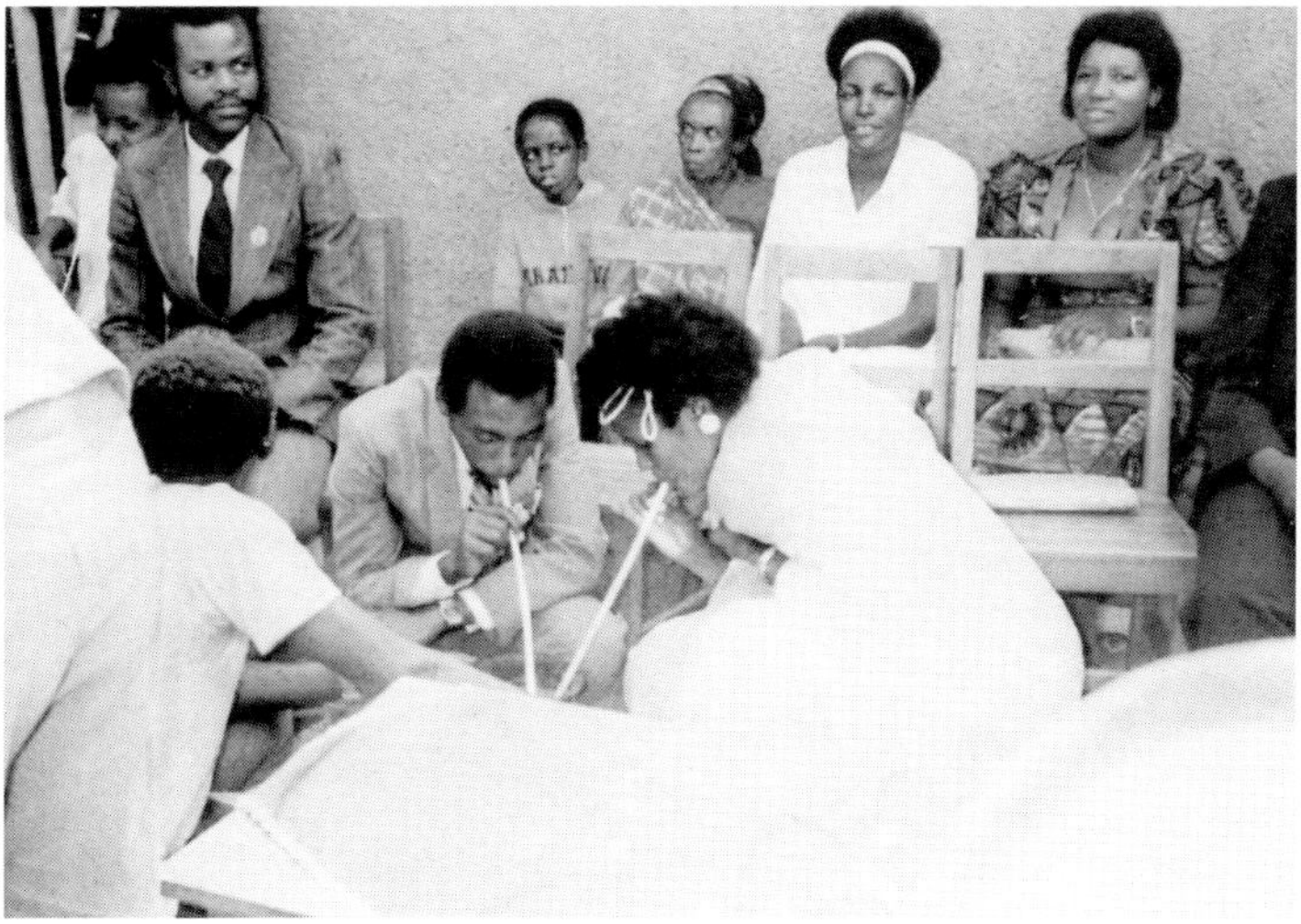

自分の出身地で行われた，姉ベアトリスの花嫁持参金式にて。ベアトリスと夫はジェノサイドで殺害された。右から２人目に座るのは，姉のアグネス。今日，アメリカで亡命生活を送っている。リベラタは角の一番左寄りにいる。

私の長男レスペ（７カ月）を抱く弟のジョン・ウウィムババジ。

ジェノサイドが勃発した直後の 1994 年，ルワンダにて弟エマニュエルと姉ベアトリスの子ども。子ども 2 人は，自分たちの父の殺害を目のあたりにした。母はその後殺され，子どもたちは奇跡的に避難した。

義理の姉ブリジットと，彼女の命を救ったフツの女性。ジェノサイドの後半に，フランス軍の「トルコ石作戦」がルワンダ南西部に「安全人道地帯」が設置されたおかげで，ブリジットと家族は救われた。

姉エディスと子ども６人のうち２人と。エディスは避難先の教会で殺された。エディスの夫と，左側にいる息子ジャン－ボスコ・チュバヒロ以外の子ども全員がジェノサイドで殺害された。

姉エディスの夫アモス・カレラと息子３人と。一番右にいるジャン－ボスコのみ，ジェノサイドで生き延びた。ビセセロで戦っていたアモスは殺された。

1998年，国会議事堂にて。建物の壁の穴は，ジェノサイド中，迫撃砲の攻撃によるもの。1列目で右から4番目は私で，6番目はパスター・ビジムング大統領。その隣に，胸に手を当て，右側を見ているのが，ポール・カガメ副大統領兼国防相。

国会議事堂の建物の前にて。ポール・カガメ副大統領は右から2番目，パスター・ビジムング大統領が中央にいる。その後方にいる兵士は，大統領警備の一部で，同じグループが私のボディーガードも務めた。

1998年キガリのジャリクラブにて政治家とともに。写真に写っている11人のうち，半分以上が亡命しているか，監獄されている。交通大臣（一番左寄り）は監獄中，首相（左から3番目）はアメリカで亡命中，国務大臣（左から4番目）はオランドに亡命中，パスター・ビジムング大統領（右から4番目）は5年間監獄された。法務大臣（一番右寄り）は，カナダに亡命中。私は，右から3番目。

ルワンダのキゲリＶ王。ルワンダが独立後の1960年初期に退位され，現在アメリカで亡命生活を送っている。

キガリの国会議事堂

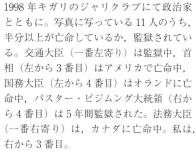

今日の私の家族。左から，レスペ，パシフィック，エスター，リベラタ，
サンドリン（リベラタの前）とニコール（私の前）。

2007年，リベラタと私。

●本書の翻訳にあたって

1. ルワンダのエスニック集団、あるいは社会的・生業集団は、多数派フツ、少数派ツチと残りのトゥワに分けられる。それぞれ「○○族」とも表現されるが、その用法は差別的なニュアンスが含まれるため、本書ではその用語は避けている。
2. 人名の原綴りに関しては、政治家や著名な人物、著者のみに限定して付し、セバレンジ氏の家族、友人や近所の人は付していない。
3. 原書でのイタリック表記は本書では傍点を打ち、脚注は原書のまま明記した。ただし、日本の読者の理解に資するため何箇所か訳者注を加えた。
4. 原書における明らかな誤りは、原著者に確認して修正した。
5. 日本の読者のために、原書にはない、アフリカおよびルワンダの地図（本書巻頭）、用語解説、ルワンダ年表（以上、本書巻末）を付した。
6. 本書で引用・参照されている文献を一覧にし、巻末に参考文献として掲げた。
7. 索引は、原書のものをベースとし、日本の読者向けに項目を取捨選択し作り替えた。

目次

著者ノート

私が議長として過ごした時期を語る際、ルワンダに今なお住んでいる人たちとその家族の身の安全のために、数名の名前を出すのを差し控えた。

本書では、さまざまな人と交わした会話を詳しく記した。時が流れ、これらの会話は私の思い出の中に再現され、一語一句その言葉通りに語られたものではない。

最後に、コンゴ民主共和国（以下、コンゴ）の参考となる注釈を記したい。ルワンダに隣接し、ルワンダの歴史に不可欠な存在でもある現在のコンゴは、幾度か国名が変わった。一九〇八年にベルギーに植民地化され、一九六〇年に独立するまで、ベルギー・コンゴと呼ばれていた。独立してコンゴ民主共和国という国名が初めて使われ[1]、一九六五年のモブツ・セセ・セコ（Mobutu Sese Seko）によるクーデター後、ザイールと改名されたが、一九九七年にローラン・カビラ（Laurent Kabila）による新政権が発足されると、再びコンゴ民主共和国と変更された。

ルワンダにおける私の人生で、国の正式名がザイールであった時でさえ、ルワンダ人は一般的にコンゴ、国

（1） Central Intelligence Agency. The World Fact Book. http://www.gov/library/publications/the-world-factbook/geos/cg. html.

民をコンゴ人と呼んでいた。そのため、本書では、一九九七年まではコンゴ、その後はコンゴ民主共和国と呼んでいる。

本書でコンゴという国名を使用している時は、アフリカ中央部の別の国、コンゴ共和国ではなく、現在のコンゴ民主共和国を指している。

序章

何度も頭に思い浮かぶ。

私はまだ少年で、母、三歳の弟ジョン、姪とともに、近所の家のベッドの下に震えながら潜んでいる。真っ暗で母の顔は見えないが、震える体できつく私を抱きしめ、速い呼吸でささやくように祈りをささげるのを感じとれた。「神様、どうぞ我々をお守りください……」

ナタや槍を持った男たちが玄関の前に立っていた。「カボゴラさんの家族[2]がここに隠れているのはわかっているぞ」そう叫んだ。「外へ連れてこい！ 殺してやる！」

遠くで我が家が破壊されているのが聞こえた。ナタで家のトタン屋根がもぎとられていくのが聞こえる。台所[3]の家を襲う炎の燃え上がる音が聞こえる。家具や食料品を盗みだす野次馬たちの声が聞こえる。私たちは手を取りあって、暴力抗争によってバラバラになった自分のため、隣人のため、そして父や他の兄弟姉妹たちのために祈った。「ああ神様、暴力抗争から我々をお守りください……」

別の姿も思い出す。父がバナナ農園の奥深くに身を隠す姿が。すでに暴力抗争は過ぎ去ったことを伝えるため、フツの隣人が私とともに父を捜していた。父が隠れている丘の斜面を一緒に下った。父には走ってくる足音しか聞こえていない。もうすぐ男たちが殺しにやってくると勘違いした父は、私たちが見つけた時には、恐怖におののいて体中が震えていた。あの勇敢で強い父のおびえている姿を今まで見たことがなく、体の芯まで切りつけられるような思いがした。

それから二〇年経った一九九四年の春、あの忘れられない出来事がまた頭に蘇っていた。ルワンダでフツの過激派が人々をナタでめった切りにしている姿や、ふくれた死体が川にたくさん浮かんでいたり、教会の中に死体が山積みになっていたり、人々が恐怖で国外に逃げようとする姿などが、テレビで放送されているのを観ながら。喉の奥底を摑まれたような恐怖を感じた。彼らの心臓の音が聞こえた。汗が彼らの額を流れ、口の中へ入っていくのが感じられた。一万キロも離れて安全であるはずのアパートで、私は故郷が壊れていくのを見つめながら確信した。自分の家族は絶対にもう生きていないと。

私の両親は電話を持っていなかった。村の誰一人として持っていなかった。何が起こっているのか電話で尋ねることも、愛していると伝えることもできない。暴力抗争が最初に始まった頃は、家族の誰かが、両親の住んでいるところから三〇キロ離れた義兄の職場に連絡できたが、義兄は何も知らなかった。そのうち、電話にも応答しなくなった。

私は座りながら、何時間も何日間も同じニュースを見つめていた。当時二四歳になっていた弟のジョンのことを考えていた。彼がまだ学校に通っていた頃、ルワンダで一緒に住んでいた。私にとっては息子同然だった。ルワンダから一緒に逃げようと懇願したが、彼は断った。「僕は両親と一緒に残る」。そしてこう言い張った。

「もし両親が殺されたら、僕も一緒に殺される」。今テレビで暴行を目にしながら、その言葉の通りになっていないだろうか不安にかられる。

その時、私は信じられない光景を目にした。フランス軍がツチを救出している映像で、それが異母姉妹であったのだ。その隣にジョンの姿も。間違いない。私はその映像を録画し、確認するため何度も何度も見直した。確かにジョンだ。助かったのだ！　まるで生き返ったような気分であった。暴力抗争が勃発してから初めて家族が皆生存しているかもしれないという希望の光が見えた。

暴力抗争が終わった後の七月、死者数が明らかになってきた。わずか九〇日の間に少なくとも八〇万人ものツチや穏健派フツが殺された。一〇〇万人近い殺害があったとも推定されている。フツの政府軍は、ナタや小さな武器のみを使って、三ヵ月間にルワンダの人口の一割、ツチ人口の四分の三を殺害したのだ。一瞬で家族のつながりが破壊されてしまった。

アフリカに住む私の兄弟は、家族を捜すためルワンダの故郷に戻り、目にしたものを報告してくれた。しかし私はもうすでにわかっていた。どういうわけか私はいつも知っていたのだ。

---

(2)　(訳者注)：セバレンジ氏の家族を意味する。ルワンダ人は伝統的にファミリーネーム（姓名）がなく、ルワンダ固有の名前とクリスチャンネーム（洗礼名）で成り立っている（植民地時代以前は、クリスチャンネームもなかった)。今日でも大多数のルワンダ人は姓名がない。しかし近年は、西洋諸国の姓名文化に関心を持つ一握りのルワンダ人は姓名を持っている。セバレジン氏の父の名前はカボゴラ・ダニエルであるが、妻と子どもはセバレンジという姓名を持つ。

(3)　(訳者注)：伝統的な家の台所は母屋になく、少し離れた場所に立てられている。

第1章　太鼓が鳴り響き、命が救われた

ナチスによるユダヤ絶滅以来、我々が目にした最も恐ろしく組織的な殺戮である。
――バートランド・ラッセル（Bertrand Russell）

私は語り部ではない。ルワンダで物語を語ることは、とても危険である。命の誕生や人生、特に死の世界に関しては数え切れないほどの物語が受け継がれている。それは丘の周りを包み込み、豊かな湖や川を流れ転がる石のように、またはバナナやコーヒーの農園、ユーカリの木々の中を囁《ささや》いていくように。時には、裸足で買い物に向かう女性たちが頭の上で物を運びながら、赤ん坊を背中に布で背負いながら受け継がれたストーリー。リズム良く鍬《くわ》で豊富な土壌を返し、男たちが汗を流しながら土地を耕し語り継がれ、教会で響き渡る歌のストーリー。

しかし、物語を語ってはいけない。耳を傾けるのだ。両親の話を聞き、先生の話を聞く。公式の声明の前に、丘の上から丘の上まで鳴り響く太鼓の音に耳を傾けるのである。アメリカでは、大統領演説よりもフットボールゲームのほうが人気がある。危機が差し迫っていないかぎり、ほとんどの国民は大統領の話には興味を持たない。しかしルワンダで大統領が演説する際、全国民が聞き入る。ラジオがあまり普及していない地域では、

住民はラジオを持っている近所の家に集まり、大統領の演説に耳を傾ける。彼の一言で生死を分ける場合もあるので、しっかり演説を聞く。そして意見を述べたりはせず、ただ賛同し頷《うなず》く。

耳を傾けるだけで、語ることはない。その必要はないのだ。なぜなら、皆お互いに知っているから。家族も知っている。病気になった時に助けが必要であることも知っているので、駆けつけてくれる。病院までの二時間の道のりを、皆ストレッチャーを代わる代わる運んでくれる。牛から牛乳が絞り取れなければ、皆自分たちのから分け与えてくれる。腹を空かせば、キャッサバを分けてくれる。結婚式では、バナナからとったビールを分けあう。農地ではともに助けあいながら働く。寝床も用意してくれる。しかしそれほど固く結びついたルワンダ人の密接な関係も、それとは裏腹に簡単に国を崩壊させてしまうこともある。

私がまだ十代になっていない幼い頃。母がキャッサバと豆料理の夕食の準備をし、六人の兄弟姉妹たちと離れ台所の床に座っていた時、私は初めてツチとフツの意味を知った。炎の光と油ランプが壁にゆらゆらと長い影をつくった。隣の母屋で夜の聖歌を歌っていた父の声が、泥とレンガの二つの建物の間を行き来していた。外では、家の前の小放牧地に閉じ込められている牛たちが、夜、静かに呼吸しているのが聞こえた。夜空には、地平線全体に星が広がっていた。

一九七三年の三月、普段と変わらない夜に見えたが、何かが違った。母と兄姉たちはいつもと違って静かだった。母はほとんど顔を上げずに、日課に集中していた。部屋の光は薄暗く、顔がはっきりと見えなかったが、母が何か心配している様子がわかった。姉のベアトリスとふざけていたら、母は厳しい口調で「静かにしなさい！」と叱りつけた。

私たちは話すのをやめ、何か悪いことをしたのかとお互いを見つめた。母は普段あまり厳しくなかった。どちらかというと、父のほうがしつけには厳しかった。何も悪いことをしていないのに、叱るのは母らしくなかった。兄姉たちはずっと目を伏せていた。

すると、母は目をしっかり見開いて私を見つめた。「あなたがまだ赤ん坊の頃、灌木の茂みの中に隠れて夜を過ごしたことを知っている?」

変な話だった。素敵な家があるのに、なぜ毒蛇が潜んでいるかもしれない茂みの中で眠らないといけないのか理解できなかった。「茂みの中で?」「なぜ?」私は問いただした。

母は料理に目を向けながら短く答えた。「家にいたら、殺されていたかもしれないからよ」

今までこのようなことは耳にしたことがなかった。ショックだった。「殺される?」「どうして殺されるの、ママ?」私は聞いた。

母の声が小さくなった。こっちを見なかった。「私たちがツチだから」。囁くような小声だった。まるで誰にも、また自分自身にも聞かれたくないように。

「ツチだから?」。以前聞いたことがあったが、それが何を意味するのかがわからなかったし、それが理由でなぜ殺されなければならないのか理解できなかった。「どうして?」

母は何も言わなかった。

「誰が?」私は尋ねた。「誰が僕たちを殺そうとするの?」

母はまた小声で答えた。「フツよ」

「フツって誰?」。これも以前に聞いたことがあったが、何のことだかわからなかった。

母は一瞬間をおいて答えた。「アブラハムさんの家族はフツよ」

全然答えになっていなかった。意味がわからなかった。アブラハムさんとはとても仲良くしていた。私が生まれる前、父はルワンダでは堅い友情の証しである牛をアブラハムさんに贈っていた。ルワンダでは牛は仕事のためではなく、ましてや食肉や牛乳のため飼育されていない（といっても実際には飲んでいたが）。美のためである。そして誰かに牛を贈呈することは、このうえない賞讃を意味する。アブラハムさんは彼らの友情に敬意を示し、父を誠実を意味する《ルタベシャヤ》（*Rutabeshaya*）と呼んだ。私の弟たちはアブラハムさんの孫たちとよく遊んだ。彼らがなぜ私たちを殺すのか理解できなかった。

「エリアッキンさんや、ニャカナスさんや、ンガランベさんたちもフツよ」と母が言った。

彼らも皆家族ぐるみの付き合いだった。意味がわからなかった。「だからアブラハムさんたちやンガランベさんたちは僕たちを殺すの？」私は聞いた。

ベアトリスが口をはさんだ。「ママ、アブラハムさんたちはとてもいい人よ。私たちを殺すなんてことないわ」

「そうね、皆が皆殺すとは言ってないわ」母は言った。「フツの皆が悪い人ではない。茂みに隠れていた時、アブラハムさんは私たちの家の中のものを隠してくれたの。盗まれないようにね。彼らはいい人たちよ。でも私たちがツチだからという理由で、殺そうとするフツがいるのよ」

母の言っていることが理解できなかった。私たちはいつもフツの隣人と平和に暮らしてきた。ともに杯を交わし、一緒に農園で働いてきた。結婚や誕生をともに祝ってきた。互いの家を行き来し、助けあってきた。母が言っていることは、つじつまが合わなかった。私はまた聞いた。「ママ、どうして？ なぜ僕たちを殺そうとするの？　ツチだから？　僕たちが何をしたの？」

母はゆっくりと深く息を吐き、ハエを追い払うかのように手を払った。「この子はもう！　質問ばかりして。早くご飯を食べて寝なさい！」

それから母は何も話さなかった。何万人というツチが殺害され、何十万人もの人が国外に逃亡した一九六〇年代初め、母がどのように赤ん坊の私と一緒に茂みに隠れたのか、これ以上話してくれなかった。どんな気持ちで家が放火されるのを見たのか、ツチの隣人が暴行にあっているのを目にしたか、教えてくれなかった。父の兄弟を含む最愛の人たちがどのように隣国コンゴへ逃げ出したか、母は話さなかった。ナタで殺されたツチの男性、女性、子どもたちのことも。今まさに同じことが起ころうとしていること、暴力言語が国中に広まっていること、そして時間の問題であることも。台所でびくびくしながら、幼い子どもたちとともに夕食の用意をしていたか、母は何も教えてくれなかった。なぜならその必要がなかったからだろう。すぐに自分の身で体験することになるのだから。

子どもの頃の一番の思い出は、ルワンダのキブ湖で泳いだことだ。ルワンダにある二一の湖の中では最大級で、ルワンダとコンゴの国境の役割も果たしている。私の家族は湖に面した土地を所有し、週末に牛を湖に連れていき、水を飲ませ、土手の草を食べさせた。牛が休憩している間、私は湖に飛び込み冷水に沈んでいた。背浮きをしては目の前に広がる広大な青空を見上げて、岸に打ち寄せる波の音に聞き入った。

湖から高い丘を登ると、アボカドの木で囲まれた我が家があった。ユーカリの木が農地に点在し、風がその甘い香りをバナナやコーヒーの農園を横切って運んでくれた。キブイェ州のブティンボ村では私たちは裕福な家庭だったが、電気も水道も通っていなかった。毎日きつい斜面を下りて湖へ水汲みに行き、水が入ったつぼを頭の上に載せて丘上まで運んだ。我が家には、車もトラクターも自転車もなかった。実際一六歳になるまで、車に乗ったことがなかった。どこへ行くにも徒歩で、家や村につながった細い道をてくてく歩いた。最寄りの店まで徒歩で二時間もかかるので、砂糖など小物を買ったり、家でとれた作物を売りに行くのは月二回ほどだった。他の食料は自分たちの土地で育てた。ほとんどの西洋人には理解できないが、私たちは裕福だった。父は膨大な土地を所有していた。ルワンダはアフリカにおいて小国で、アメリカのメリーランド州や元植民地のベルギーとほぼ同じ大きさである。しかし、九〇〇万人もの国民のほとんどが密集して住んでいた。一・六平方キロメートルにつき、五四七人住んでいたことになる。土地は金《きん》のようだ。世界中で価値あるものを求めて人々が血を流しあっていた時、ルワンダでも土地をめぐって血を流していた。ルワンダでは富と名声の象徴である牛を、父は三〇頭も所有していた。村のほとんどの家が草や大きく丈夫なバナナの葉で覆われている中、我が家の屋根はトタン製で、大変ぜいたくだった。

父は自力で叩き上げた人であった。祖父から小さな土地を受け継いでいたが、とても働き者で、さらに土地を広げることができた。地域では大変尊敬されており、他の村人までが助けやアドバイスを求めてきた。ルワンダの他の裕福な人のように、父には三人の妻がおり一六人の子どもがいた。一九一〇年にキリスト宣教師が到着して以来、一夫多妻制は認められていないが、未だにその習慣が残っていた。しかしわずかな男性しかその余裕はなかった。ルワンダの文化では、一つの屋根の下に妻一人しか住めず、二人以上の妻がいる場合、それぞれに家を用意しなければならないため、十分な土地と金が必要だった。さらに増税が課せられるため、裕福な男性にしか二人以上妻を養うことができなかった。献身的なキリスト教徒であった父は、もともと三人の妻を持つ予定はなかった。しかし一人目の妻が何度も流産し子どもに恵まれなかったため、もう一人妻を迎え入れる以外に方法がないと考えた。そこで私の母と結婚することにしたが、セブンスデー・アドベンチスト（安息日再臨派の信者）学校の教員を解職された。(4) 私の母との結婚直後に、一人目の妻の妊娠が発覚したが、私の母もまた妊娠した。そのため二、三週の間に、二人の子どもが誕生したのだった。父の兄がコンゴに逃亡した一九六〇年代に、父はもう一人の女性と結婚した。兄の土地が家族に残るように、父はそれを相続できないか地方自治体に申し出た。地方自治体は、父が三人目の女性と結婚し、そこに住むことを条件に許可した。そのため母が、妻となるべく女性をいとこの中から見つけてきた。私の義母と子どもたちは、二、三分離れ隣接した土地に家を建て住んでいる。別々に住んではいるが、毎日のように食べ物を分けあったり、聖歌を一緒に歌ったり、家を行き来していた。私たちの関係は、アメリカ人が言うところのいとこや叔母と何も変わりはない。

家にたどり着くまで、丘を一つ下らなければならなかった。歩きながら、コンゴにつながる広いキブ湖を見渡すことができた。その向こうには、アフリカ西部と中央部を分ける壮大な火山山脈が見えた。まだ家から数キロしか離れたことのない幼い自分でさえも、ここが地球上で最も美しい場所の一つであることがわかっていた。

私たちの祖先も知っていた。二〇世紀初めヨーロッパ植民地開拓者たちがルワンダにくる前、ルワンダ人は自分たちの国が世界の中心にあると信じていた。我々の王国が一番発展しており、最強だと信じていた。しか

(4)（訳者注）：セブンスデー・アドベンチストでは、二人以上の妻を持つことは罪にあたる。

しヨーロッパ人がくると、ルワンダ人は、ヨーロッパの政府、政治と軍隊の効率性と組織に感動した。組織され、かつ従順である軍隊こそが、国家をしっかりと防衛する。奴隷貿易業者は国境から追いやられた。移住民が何人か住みこんできた。ルワンダは事実上、他文化から隔絶された数少ないアフリカの国家の一つだった。ルワンダ人は一つの言語——キニャルワンダ語——しか話さない、そして一つの神を崇拝し、一人の王にのみ仕える。

その王とはツチである。ツチ、フツやトゥワ（狩猟や収穫をするピグミーの原住民）が、いつ最初にルワンダに着いたのかは定かではない。歴史学者のほとんどは、牛飼いのツチは一〇世紀から一四世紀の間にきたと推定している。ツチは何とか君主国を創設し、それは不滅で、かつ神様の創造でもあるムワミ（*Mwami*：王）の全権力により率いられた。《ムワミ》はルワンダを支配しただけではない。彼自身がルワンダだったのだ。彼が床に伏したら、ルワンダ全体が苦しむと信じられた。彼に危険が迫ったら、国全体が危険にあうと考えられた。

王は、政府と地方自治体の役職にフツとツチの両者を就かせたが、ツチはフツよりも権力や社会的地位があり影響力を持っていた。にもかかわらず、両者は一緒に働き、結婚しあい、子どもを授かり、ともに平和に暮らした。国での大規模な暴動と言えば、ツチによる支配下にあった、一八九六年のルクンシュでのクーデターだけである。しかしフツとツチの関係は常に良好だった。何世紀もの間、民族紛争が続いている他民族とは違って、ルワンダ人はツチ、フツ、トゥワであろうと、全員がルワンダ人だという自覚を持っていた。ルワンダには昔からの言い伝えがある。“*Turi bene mugabo umwe*”《皆同じ父の元から生まれた》。ルワンダ人は何世紀もの間、そのような信条のもとで生きてきた。

そして一八八五年、ルワンダ人がその存在も知らない遠い土地で、白人の男性たちがアフリカの地図と鉛筆を手に、国境と名前を書き出した。それはベルリン会議（アフリカ分割）であった。ヨーロッパ人は一度もルワンダの地に足を踏み入れたことがないにもかかわらず、ルワンダをドイツのものとした。白人が正式にルワンダを訪れたのは、一八九四年以降である。ドイツ当局は、ムワミの王国が今後九年間ドイツの支配下にあると丁重に伝え、ムワミを驚かしたのである。

ドイツ政府はルワンダにいくつかの官庁を設立したが、内陸国でかつ小さな農村国にあまり関心を持たなかった。その日暮らしのルワンダの国民にとって、ドイツの支配はあまり影響も変化もなかった。それよりも、後々入ってきたカトリックやプロテスタント宣教師のほうが多大な影響力を持ち、学校や病院、そして当然だが教会を設立した。

その後第一次世界大戦が起こり、ルワンダは敗戦国ドイツからベルギーのものとなった。ベルギーはドイツと違って、この赤道直下に位置し、肥えた土地と温暖な気候を有するルワンダに大変興味を示した。ベルギーは、ルワンダの結束力がある政治と国民としての自己認識の強さに驚いた。一九五〇年代に、モンシニョール(5)宣教師ルイ・デ・ラクガー（Louis de Lacger）氏はルワンダの歴史について、こう記した。「ルワンダの人文地理学で最も驚くべき事象とは、人種の複数性と国家団結の一体感との差異である。この国の人々は、一つの国民として築きたいという感情を純粋に持ち合わせている(6)」

（5）（訳者注）：カトリック教会の聖職者の敬称の一つ。

（6）Philip Gourevitch. *We Wish to Inform You That Tomorrow We Will Be Killed with Our Families*. New York: Picador, 1998.

ベルギー植民地開拓者たちはそれに終止符を打った。彼らはツチとフツとの身体的相違に興味をそそられ、「科学的な」研究を行うことにした。身長や体重、目の色や鼻の幅、そして彼らの髪の質感まで。科学者は物差しや測径器などを使ってその違いを類別した。そして、ツチの外見のほうがより白人似というだけでなく、ツチのほうがフツよりも高貴で知能が高いため、ツチが生まれつき国の支配者であると結論づけた。フツよりツチのほうが背が高く、細身で肌の色が薄いという固定観念があるものの、実際にほとんどのルワンダ人に当てはまらない。しかしベルギー人の入植者たちにはそのように捉えられた。

彼らの独自調査の結果、ツチの王から与えられた役職をすべてフツから取り上げ、すべての植民地政府の役職にツチを就かせた。政治家になるための入学許可はほとんどツチに与えられ、フツは一握りの子どもしか通うことができなかった。フツが本当に受けることができる教育は神学校だけだった。これでは不十分であるかのように、一九三五年にベルギーは民族身分証明書の発行を制度化した。これは史上初、大規模で、かつ国家が促進した民族分類の中の一つであった。民族は父から受け継がれるため、母親がフツであろうと、父がツチだとその子どもはツチであった。このような民族分裂が強要されたが、フツとツチは以前のように変わりなく同じ学校と教会に通って隣人と助けあい、差別のない生活を送っていた。しかし差別や憤りの種はばら蒔かれ、ルワンダの強い国民性は徐々に壊れ始めたのである。

それは、アフリカの諸国が独立をし始めた一九五〇年代にさらに壊れた。一九五〇年代後半に、ツチのエリートがベルギーからの独立を訴えた。ツチの訴えに怒りを覚えたベルギーの入植者たちは、ルワンダでの滞在を延長したいと望んでいたこともあり、ツチからフツに支援を転じた。社会正義の名のもと、ベルギー政府は組織的にツチから権力を奪い、フツに与えた。入植者たちは一九六二年のルワンダ独立まで、時には力づくで、フツ指導者の政治と軍事力を支えた。

フツのリーダーは、平等を求めて権力を競う権限を有していたが、その手段――入植者との共謀も――は不正なものであった。一九五九年から一九六七年の間に、二万人ものツチが殺害され、三〇万人もの人々が命からがら隣国へ逃亡した。[7] 一九六三年一二月から一九六四年一月のたった二ヵ月の間に、最悪の殺戮が勃発した。イギリスの哲学者バートランド・ラッセル（Bertrand Russell）氏はこう描写している。「ナチスによるユダヤ絶滅以来、我々が目にした最も恐ろしく組織的な殺戮である」

隣国に難民化したツチがルワンダに対して反乱した際に、報復として暴力抗争が定期的に勃発した。ルワンダ政府は犠牲者（難民）を加害者と表現し、ツチはフツを撲滅しようとしている、フツが先にツチを殺さなければフツが殺されてしまうとフツに伝えた。「茂みをきれいにしろ」とは、ツチを殺害するためにフツを扇動する呼びかけで、それは間違いなく実行された。

このような繰り返された殺戮は《ムヤガ》（*muyaga*、風）と呼ばれていた。これは暴力抗争の本質をまさに言い表したものだ。いきなり強引に訪れて、そして突然終わる。殺された者は去り、生き延びた者は、何もなかったかのように今まで通り加害者とともに生活を続ける。なぜかと言うと、生存者たちは他に手段がなかったからである。しかしそれは権力に対するルワンダ人の強い従順の表れでもある。ルワンダ人は殺せと言われれば殺し、止めろと言われれば、言われた通りすぐに止めるのだ。

定期的に起きた民族殺戮に加え、国家が促進した差別制度も導入された。フツのリーダーは植民地時代に強

（7） International Panel of Eminent Personalities. *Rwanda: The Preventable Genocide.* OAU, 2000.

いられた不正制度を取り入れ、新たな不正制度に置き換えた。ビジネス界では、ツチの雇用は一〇パーセントを超えてはならないとされた。兵役や政府へのアクセスも厳しく制限された。軍隊の隊員はツチとの結婚を非公式にしか認められなかった。一般人の間での民族間結婚はまだ存在したが、ベルギー政府が設立した父権に基づく民族アイデンティティは続き、差別は存続していた。学校では教師が、教室にいるフツとツチの全生徒の調査を行うよう課せられた。教師は、ツチの子どもたち全員を起立させ、また挙手するよう命じ、その後フツにも同じように命ずる。民族について理解できる年頃になると、フツの子どもたちは背筋を伸ばし、胸を張り、顔を堂々とあげて、誇り高く目を輝かせて起立する。反対にツチの子どもたちは挙手したり起立する際に、恥ずかしそうに振る舞った。

歴史の授業は偏っており、政治的に挑発的なものだった。和解を促進するように、過去の出来事を正直に語るのではなく、我々対彼らという敵対意識を刷り込まれた。子どもは、誰とでも平和に暮らし、素晴らしい指導者になれるよう教育されるべきだと私は考える。しかし悲しいことに、ほとんどの学校ではフツ革命家の活躍ぶりのみを褒めたたえ、彼らがベルギーから独立させツチ君主国を没落に導いたことを教えた。先生は、ツチが全員侵略者で、フツが全員被害者であるとし、前者を残忍にし、後者を神のようにあがめた。このメッセージはラジオや新聞で、特に祝日に強化された。ツチは、ゴキブリという意味の《イニェンジ》(*Inyenzi*)と呼ばれた。

教室内の差別は、教育にも影響を与えた。ルワンダでは人口に比して教育するための学校数が不足していた。子ども全員は民族に関係なく、小学校教育を受けられることになっているが、その一割ほどだけが中高等学校に進学できた。政府は、その一割が必ずフツの子どもであるよう注意を払った。ツチの子どもが中高等学校に進学できることは、本当にまれだった。幼い記憶としてあるが、私の父が、地方自治体に影響力を持つフツの友人に、我々子どもたちのために偽造のフツ身元証明書を発行できないか、と頼んだことを耳にしたことがある。フツとして「通れば」、小学校以降も進学し教育を受けられることを父はわかっていた。父の友人は父を見た後に私を見て、首を振った。「あなたの子どもたちはツチすぎる」。そして付け加えた。「絶対に捕まえられる」。その通りだった。私たちは間違いなくツチの顔立ちをしていた。その時にはよくわかっていなかったが、ツチであること自体が何かよくないことだと何となく感じとり、とても恥ずかしい思いをした。

こうような扱いを受けながらも、両親は決してフツに対しひどいことを言うことはなかった。彼らを恐れる理由があるとも、彼らを憎むべきだとも決して言わなかった。我々が民族的に劣っていたり、優れていることも絶対に言わなかった。皆平等な人間であると信じながら育てられた。我々はルワンダ人なのだ。

私の幼児時代は、ツチであることを理由に我々が殺されようとしていると母が伝えたあの夜に終わったようだ。あの時初めて、「異人」らしきものを感じた。一日が始まれば、純粋に平和で守られている世界に生きていると信じていた。そこには「我々」や「彼ら」ではなく、「我々」だけが存在していた。それが永遠に変わってしまった。

その夜、夕食後、寝るため母屋に行った。毎晩寝る前に、私たちはともに聖歌を歌い祈った。それは重要な儀式であり、神への信仰をともにすることで家族を結びつけてくれた。ルワンダ人はキリスト教徒が主流で、多数がカトリック、四分の一がプロテスタント、一割ほどがセブンスデー・アドベンチストである。イスラム教徒は人口の五パーセントほどしかいない。私たちはアドベンチストで、毎晩教会で教わった聖歌を歌った。

そして両親に続いて、一人ひとり祈りを捧げる。母の祈りはいつも短かった。神に日頃の感謝の気持ちを述べ、後はぐっすり眠れるよう、そしてずっと健康でいられるよう祈るだけだった。結婚式のような一大イベントがある時には、神の助けを求めた。しかしその夜、母の祈りはいつもと違って、大変力強かった。暴力抗争が続く間、神が守ってくれるよう頼んだ。何が起ころうと、皆生き延びられるよう祈った。母の言っていることが、未だ理解できなかった。私が生きている世界は安全で、ぐっすり眠ることができた。

朝になると、学校があるため、母は各部屋をまわって子どもたちを起こした。毎朝、夜と同様に、家族とともに歌い祈りを捧げる。母はまた、私たちを守るよう真剣に祈った。八キロ離れた学校へ向かう私たちに母は言った。「暴力抗争が今にも始まるわ。気をつけなさい。気を確かに。あなたたちの安全を祈り続けてるわ」

私と兄姉たちは学校に向かった。ベアトリスと私は、母の言っていることが全然わからなかった。昨夜母が説明してくれたにもかかわらず、生活は普段と変わらず正常のように思えた。近所のフツが私たちを殺すなんて、考えられなかった。人間が他の人間を殺すなんて、想像もつかなかった。

その朝は学校へ走った。時間に遅れていたし、もし遅刻すれば、校長により鞭打ちの罰を受けなければならなかった。以前数回受けたことがあり、もう二度と受けたくなかった。

私たちは何とか学校にまにあい、いつもと変わりなく時間が過ぎた。朝と昼の休み時間に、フツとツチの友だちと遊んだ。一緒に昼食も食べ、サッカーもした。私と兄はサッカーが得意だったため、いつもメンバーを選抜していた。民族に関係なく、上手な子をメンバーに選んだ。そして先生たちも、特に気にしてはいなかった。

すると午後の休み時間、運動場に向かって歩いていた時、すでに外に出ていたクラスメイトの叫び声が聞こえた。「見て！　あそこ！　なんだ？」。私は走って外に出て、指差している遠く離れた丘の斜面のほうを見た。燃えている家が点々と見えた。空に向かって勢いよく、煙が上がっていた。今まで見たことのない光景だった。昨夜母が言っていたこと、母の祈り、そして学校に行く前に忠告していたことを思い出した。まだ何が起こっているのかわからなかったが、燃えているのがツチの家であることはわかった。子どもたちは皆、自分たちがツチかフツなのか話し始めた。私は仲の良い友人の一人、フツの子に近づき話しかけた。「皆ツチだから、家が放火されてるんだ」

「僕の家族はツチじゃないと思うから、僕の家は大丈夫だ」そう言ってから私に尋ねた。「君のところはツチ？」

「うん」私は答えながら、昨夜母が小声で話していたことを思い出していた。

彼は悲しそうに私を見た。「じゃぁ、君の家は燃やされるね」

すると校長の笛が鳴り響き、生徒たちは皆教室に戻った。そして説明なしに、早々に家に帰された。丘の炎を見れば、状況が急激に悪化したことが手にとるようにわかったし、早く家族の元へ帰らなければならなかった。それでもなお、私たちはまだ幼く、サッカーボールを蹴り、寄り道をしながら帰った。

家に着くと、母が心配そうに待っていた。「状況がひどくなってきたわ」そう言った。「放火が始まった」。私たちは、昨夜よりも注意深く聞き入った。「準備をしておきなさい」母は言った。「今夜は家で過ごさないからね。危険すぎるわ」

その夜、母と子どもたちは、湖から遠く離れた丘の下の茂みの中に隠れた。私は父と数キロ離れたところで、一晩過ごした。そこはキブ湖に三方囲まれた美しい土地で、父が購入し農業用の家を建てた場所だった。肥えた土地で、草も豊富だったので、牛を育てるのに最適だった。父は母屋と牛が無事かどうか心配だったため、そこで見守りながら一緒に聖歌を歌い祈り続けた。

「おまえはすばらしい声をしているな」父は私に言った。

私は誇らしくほほ笑んだ。父の愛情を独り占めし二人きりで過ごしたあの夜を、今でも覚えている。父と二人で家や牛を見守ることができ、自分が特別な存在のように感じた。私は長男ではなかった。だからこそ、父と一緒にくるように言われると、自分が重要であるように感じた。父は大変強い男性で、非常に尊敬していた。父は生まれたときから左足に障がいを持ち、足を引きずって歩いていたが、私は一度も父を障がい者だとは思わなかった。彼にはまるでできないことは何一つないように見えたし、父のそばにいればいつも安心だった。しかし父のそばでは、気をつけるようにもしていた。父はしつけに厳しい人だった。もし兄弟の中で誰かいたずらでもしようものなら、すぐさま枝を拾ってくるよう命じ、地面にうつぶせに寝かせ、その枝で尻を八回叩いた。ルワンダではこれは虐待ではなく、しつけだった。私が一度二匹の牛を闘わせようとしているところを、父に見つかったのを覚えている。私は友人の牛より自分の牛のほうが強いことを証明したくて、彼の牛を自分の庭に連れてきた。見知らぬ同士の牛がいきなり出会うと、群れの地位関係を確立するためお互いに頭を突きあう。まさに、二頭の牛はその行動をとっていた。その時父が遠くから見ていたのに全く気づかず、当然のように痛い代償を払うことになった。

私にとって、父は偉大だった。その夜家の外でどんな恐怖が起こっていようと、父と一緒で同じベッドに寝て、守られていた。何か悪いことが起こるなどとは考えられなかった。

真夜中に、父は私の肩をたたいた。「セバレンジ、セバレンジ、起きなさい。見せたいものがある」父は言った。

外に出て、湖の向こう側の村のほうを指差した。丘の斜面は焼けた家で真っ赤に燃えていた。「何が起こるかわからないから、寝てはいけない」父は静かに言った。「私たちは信心深く居続けなければならない。何も起こらないよう祈り続けよう」。そして朝まで、寝ないで暴徒の叫び声が近づいてこないか警戒していたが、誰もこなかった。

早朝に私たちは母と兄弟たちが待つ家に戻った。私たちの村は難を逃れ、家はまだ建っていて、所有物も残っていた。家族は無事だった。母は、茂みでどんなに恐ろしい夜を過ごしたか、一番下の三歳の弟ジョンでさえ泣かずに、皆が静かに耐えたか教えてくれた。

しかし暴力抗争は終わっていなかった。

もうすぐ昼になろうとしていた頃、フツの親友エリーザー・ンガランベさんが家にやってきて、フツの暴徒がこの村にやってくると父に伝えた。「誰も子どもや女性を殺したりはしない」彼は言った。「だが男に対してはわからない。あなたは隠れたほうがいい」

彼は父を、バナナ農園の安全な場所へ隠れるよう手助けしてくれた。「私がくるまでここにいなさい」彼は言った。「安全になったら迎えにくるから」。そう言い残してエリーザーは戻ってフツの暴徒に加わり、私たちの村に徘徊し、ツチの家を破壊し始めた。エリーザーが暴徒に加わること自体に、疑問は持たなかった。彼にとって愛国心の行為であるように、仕事のようなものであったからだ。心優しい友人が、私たちの隣人の家を壊していた。トタン製の屋根でできた家が、ナタで切りつけられている。草でできた家には火がつけられた。興奮したフツの群集が走り回り、叫び声を上げ、家々に放火していた姿を見ていたのを覚えている。彼らは皆怒っているのかと思いきや嬉しそうで、まるでお祭り騒ぎのようだった。彼らにとって家に火を放つことは、何らかのゲームのようだった。そのせいで私は、まだ怖くなかった。丘の上から、私は母と他のツチの家族たちと、家々が破壊されていくのを何もできずに見つめていた。ただそこに立っていただけだった。フツの群集は私たちの姿を見たが、脅迫しなかった。彼らは何か祝い事をしているかのようで、私たちはその見物人のようだった。隣人であるフツのカユグシュさんが私たちを見つけて、群集が私の家に近づく前に母のそばへ寄ってきた。「大丈夫。心配しないで。あなたには何もしないよ」彼は言った。「我々はあなたを守ります。あなたたちはとてもいい人だ」。そしてこう言った。「マッチが必要なんだ。家に火をつけるのに」

母は下を見た。「マッチなんて持っていません」

カユグシュさんはまた言った。「マッチを持ってきて」

「持っていません」母は答えた。

「マッチを持っているだろう。知っているぞ」。彼の声が脅し声に変わっていた。「あなたの家は裕福だ。マッチを持っていないはずがない。早く渡せ！」

これ以上彼を拒みつづけることは、私たちを危険にさらすとわかっていたので、母は何も言わず急いで丘を下って、家にマッチ箱をとりに帰った。母は目も合わせず嫌悪の表情を浮かべ、彼のすべてを拒否するような態度で彼にマッチを差し出した。「持って行きなさい」。彼はマッチを受け取り、暴徒の中に戻って行った。

そのすぐ後に、彼らは私たちの家にたどり着いた。カユグシュさんも、私たちの友人でもあるエリーザー・カンガランベさんもそこにいた。彼らは叫び声をあげた。「ここはカボゴラさんの家だ！」。私の父ダニエル・カボゴラのことだった。「彼はいい人だ！　この家に触れてはいけない！」。そう言うと何もせず、家の前を通りすぎた。エリーザーさんとカユグシュさんは約束を守ってくれた。私たちの家は助かった、そして隣の未亡人の家も。彼女は独り身だったので、家をそのままにしてくれたのだ。憎しみに溢れた一日の中で、ささやかな憐れみの瞬間だった。

暴力抗争が続いた一日がやっと終わった時、エリーザーさんが私たちの元へ戻ってきた。「お父さんを一緒に迎えに行こう」彼は言った。「もう大丈夫だ。彼に知らせに行こう」

父が身を隠している丘のところまで、一緒に走りながら下った。私はただただ、バナナの木の密集地に身を細め、遠くで聞こえる叫び声を耳にしながら、家族の身の安全を気にかける父の今日一日がどうであったかを想像していた。風の中聞こえてくる枝の割れる音、虫の鳴き声、動物たちのあわて走り回る音すべてがどんなに恐ろしかったろうか。どんなに孤独感を感じたろうか。喉の渇きと空腹感が増したことだろう。このまま隠れるべきか、家族とともにいるべきか頭を悩ませているに違いない。

突然音が聞こえた。何だ？　また枝の音か？　いや違う、足音だ。今回は確実に足音だとわかった。しかも一人ではない。二人以上の足音。しかもすごい速さで走ってくる。もうこれで終わりだ、と思ったはずだ。ここが私の墓場だ。左右を見たが、逃げ場はもうない。どっちに向かって走っても、身を隠す木がなく見つかってしまう。彼は震えながら立っていた。震えが止まらなかった。足元から震え、ブルブルと体中に広がっていった。目を見開き、彼の中の感覚と筋肉が、逃げるよう訴えていた。しかしできなかった。ただただその場で立って、震えるだけだった。

そこへ二つの物体が現れた。「もう心配しないで。怖がらなくていいよ」そのうちの一人が言った。手が伸びてきて、彼の手をつかんだ。「もう終わった。何もされないよ。助かったんだ」

父には、目の前に友人と自分の息子が立っているのが見えた。恐怖と不安から解放されて泣き崩れたかったが、それすらもできなかった。父はただブルブル震えているだけだった。

私が勝手に想像しただけで本当かどうかはわからない。なぜなら父は絶対に教えてくれなかった。ただ確かなのは、私の勇敢で頼もしい父が恐怖で震えている姿を見たのは、人生の中でこれが初めてだった。少年としてあの頼もしい父の震える姿を見て、自分も震えが止まらなかった。その時初めてその深刻さに気づいた。自分たちが殺されるということも。

その夜、前夜と同様に、農地内の母屋を守るため戻った。そして朝になると、父を残して家に帰った。帰宅途中に、私は近所の丘を駆け上がっていく人たちを見かけた。なぜ走っているのだろう。もう暴力抗争は終わったはずでは？ また新たに始まっていることが信じられなかった。

私の家から数メートル離れた場所で、母と兄弟たちが反対方向へ走って行くのが見えた。姪のエスペランスが母にぴったり寄り添い、弟のジョンを抱えて走っている母の後を追いかけた。「何があったの？」私は尋ねた。

「私たちを殺したいのよ」母は言った。「彼らは私たちを殺そうとしている。早く走って逃げないと」。そう言うと、私たちは長年友人であるアブラハムさんの家に向かって、走って行った。家に着くと私たちは脅え、息を切らした。躊躇《ためら》いもなく、アブラハムさんは家に入れてくれた。「隠れなければ」そう言いながら、隣の部屋へ引き入れた。座るにも十分なスペースがあるルワンダの伝統的なベッドの下に、四人とも潜り込んだ。暗かった。何も見えなかった。皆呼吸が浅く速くなって、喉がカラカラだった。つばを飲み込もうとしてもできなかった。自分の家はここから近かったので、暴徒が家を破壊しているのが聞こえてきた。ナタで波形のトタン屋根を引きはがし、母屋から離れて建てられている台所の家が燃え盛る炎に呑み込まれる音、そして群集の喜び騒ぐ声が聞こえてきた。

すると突然、三人のフツの男たちがナタや槍を手に、アブラハムさんの玄関にやってきたのが聞こえた。

「カボゴラさんの家族が、ここに隠れているのは知っているぞ」彼らは言った。「外へ連れてこい！　殺してやる！」

ベッドの下で、母が何度も何度も祈りを囁いていた。「ああ、神様。この災難から我々をお守りください」。真っ暗で母の顔は見えなかったが、きつく肩を抱きしめられ、震える体だけが感じとれた。母はきっと、私がバナナ農園に隠れている父を見つけた時と同じで、今にも壊れそうで弱々しく脅えていたのだろう。

「外へ連れてこい！」フツの男がまた叫んだ。

幸いアブラハムさんにはブニェンジとセガシという若くて強い二人の息子がいて、私たちを守るため、ナタを手に玄関前に立って構えていた。「家から一歩も出ないぞ！」彼らは叫び返した。「家に入ってこようものなら、こっちがお前らを殺す！」

母は祈り続けていた。私たちと、そしてわが身を危険にさらしながらも、私たちを助けようとしているフツの友人たちを守るよう神に祈り続けた。玄関先で暴徒との叫び合いが聞こえていた。

「外へ連れてこい！　殺してやる！」

「だめだ！」ブニェンジとセガシが言い返した。「一歩でも踏み込んでみろ、殺すぞ！」

絶対に殺されると思った。アブラハムさんの息子たちは強かったが、二人しかいなかった。玄関の外には三人もいて、圧倒的に不利だった。さらに助っ人として多くの暴徒がいた。命が助かるとは思えなかった。

すると、太鼓の鼓動が聞こえてきた。ドンドンと一定のリズムで丘を越えて響き渡った。

電話がつながっておらず、ラジオもほとんどないルワンダの地方では、太鼓が通信の主な手段であった。太鼓の音が鳴り響くと、住民は丘の上から丘の上に叫び伝えられるメッセージに聞き入る。"*Ihumere...Ihumere...Ihumere...*"《平和の時間がやってきた》。これで《風》（ムヤガ）は終わった。一瞬で。ムヤガは過ぎ去った。玄関前にいた男たちは背を向け、歩き去った。

後になって、このムヤガの裏に潜む原因を知ることとなる。このツチの殺戮は、何週間も国内各地で行われていた。フツ支配層間の争いと大統領政権に対する不満が増したために、突然引き起こされた。大統領への支持を再び持ち直すために、大統領はツチという共通の敵を攻撃しようとフツを扇動した。大統領支持者も野党も、暴力抗争がクーデターを正当化できると考え、この計画を熱烈に支持した。この安っぽい権力争いのために、一九七三年に何千人ものツチの命が奪われた。さらに、何千人もの人々が他国へ逃亡した。

しかし太鼓が鳴り響いたために、私たちは助かったのだ。

その後、数時間もベッドの下に隠れていたが、アブラハムさんの息子たちがやっと私たちの元へきて言った。

「もう出てきても大丈夫。暴徒はいなくなったよ。家に帰れる」

しかし我が家はもうなかった。もともと家が建っていた場所に行ってみたが、食料も家具も衣料も何もなかった。飼っていた牛や子牛は盗まれた。母屋はことごとく破壊され、トタン屋根はずたずたに切り裂かれていた。台所の家は灰と化していた。後に発覚したことだが、私たちの家は、マレレというフツの男によって狙われたのだった。私がもっと幼かった頃、マレレは家からキャッサバを盗んだことがあった。父は彼を逮捕させ、マレレは二、三日間拘置された。前日の暴力抗争で私たちの家が免れたのを知って、彼は激怒した。彼は私たちの家が破壊されることが復讐のチャンスだと思い、その通り実行したのだった。

私たちは食料もお金もなかった。雨期は間近に迫っていたが、屋根もなかった。政府は何も起こっていないという見解なので、人道支援はなかった。行政は処罰するために必要な犯罪を報告することもできなかった。ただ耐えるしかなかった。

それでもまだましなほうだったかもしれない。父、兄弟たち、義理兄弟たち、そして遠い親戚も、隠れていた場所から無事に出てくることができた。殴られた人はいたが、他の地域と違って、私の村では一人も殺されなかった。もし暴力抗争が続いていれば、この地域でも、私たちを含むツチは間違いなく殺されていただろう。《風》（ムヤガ）はいつも同じ道を通る。盗みに始まり、家の放火、そして大量の殺し。殺人者の道理は次の通りだ。国家が承認したテロという名のもとで、略奪する。その後、暴力抗争が収まった後はどうなるのかと不安になる。略奪された人たちは取り戻しにくるだろうか。復讐を企てるのだろうか。その結果、盗難品を所有し続けるには、元の所有者を殺せばいいと結論づけるのである。しかし、元の所有者だけを殺すだけでは物足りず、その人に関係する人間全員を殺さなければならない。そのため家族までも殺された。そのように暴力抗争のサイクルは常に同じであった。幾度も幾度も繰り返された。略奪、放火、殺害。一九五九年から一九六七年の間、定期的に起きた。今回も他の地域で実際に起きた。そして私が住む地域でも起こりえたことだった。

その後、行政は略奪品を元の所有者に戻すよう促した。そのため私たちの元には、牛と家具がいくつか戻った。牛乳を飲むことができるので、牛が返ってきたのは本当に幸運だった。しかし、主食である豆はなくなった。農園にはバナナがあったが、それはビールを造るためで食用ではなかった。母は、そのバナナをどうにかして食用にできないかと熟すために暑い屋根裏に置いたり、小さく刻んで乾燥させたりした。キャッサバもあったが、とりたての根は苦い。キャッサバの根には天然の青酸塩が含まれており、完全に乾燥させなければ死に至る場合もある。乾燥させるには何日もかかり、子どもたちには到底待ち切れなかった。私たちは腹ペコだった。完全に乾燥する前に食べていた。しかし幸い、誰も病気にはならなかった。

来る日も来る日も、キャッサバとバナナを食べた。それでも足りなかった。十分な食料がないため、母は常に子どもたち全員の食料をどうするか頭を悩ませていた。それでも何かあっただけでもましだった。全く食べるものがない家庭もあり、餓死寸前だった。私たちは幸運だった。

雨期がくると、家の中まで水が入ってきた。トタン屋根を修復するのは不可能だったが、父は破損した部分をバナナの葉で覆いその場をしのごうとした。私たちは、屋根を部分的につなぎ合わせた場所の下で寝るようにしたが、それでも雨は容赦なく衣類やマットを濡らした。すべてが濡れていた。私たちはびしょ濡れの中で座り、食べ、飲み、寝ていた。わらほうきで水を押し出してもなお、家の中はびしょ濡れだった。最悪だったが、他に行くあてもなかった。父が屋根を修復するため、新たな金属を買うには数ヵ月かかった。

《風》（ムヤガ）が過ぎ去ってからすぐに、生活はゆっくりだが元に戻った。学校も隣人との付き合いもまた再開した。バナナが実りビールを醸造すると、お互いの家を行き来し飲み明かした。ツチもフツも関係なく一緒に食べ、ともに農作を助けあった。学校では民族に関係なく、サッカーの選手を選抜しあった。行動はいつも通りで変わりなかったが、お互いの気持ちは確実に以前とは何かが違った。私自身、隣人の民族性に気をつけるようになった。フツかツチか確かでない場合は両親に聞いて確認するか、もしくはツチにこっそりと聞いた。私だけでなかった。後ほどわかったことだが、ツチ、フツどちらの子どもたちも、同じような行動をとっていた。お互い用心深くなり、誰を信用したらよいのかわからなくなった。学校では自然に同じ民族の子同士が小さなグループになり、何事もなかったかのように皆一緒に遊んだりした。そして常に次は何が起こるのかと不安を感じていた。

恐怖、飢え、雨期、疑惑を経た後も、私の両親はフツを嫌うことなど教えなかった。あのような出来事があったにもかかわらず、フツの悪口を耳にしたことがなかった。それよりも、他人を傷つけないようにと両親に言われた。特に血を流したりしないようにと。*"amaraso arasema"*《血を流すことは犯罪者をのろう》。ソロモン王のことわざを使って、進むべき道を教えてくれた。《悪事を恐れる者には恩恵が与えられるが、冷酷な人は困難に陥る》。私はそう信じてきたし、今も信じている。私は平和に生きたかった。

第2章　我々が殺されても、おまえは生き残る

平和とは紛争がないことではなく、紛争に対応するための創造的な選択肢が存在することである――受け身的な対応か攻撃的な対応かという選択肢、あるいは暴力という選択肢。

――ドロシー・トンプソン（Dorothy Thompson）

八月土曜日の昼過ぎだった。私はもともと土曜日が大好きだった。土曜は安息日で、学校も日課もなかった。午前中は教会へ行き、昼食には家に戻り、昼からは兄弟たちと湖へ泳ぎに行った。しかしこの日に限っては違った。私が昼食を食べ終わる頃、母屋から私を呼ぶ父の声が聞こえた。「セバレンジ、セバレンジ、こっちへきなさい」。ルワンダでは、一つだけ名前を与えられる。そして父は私にセバレンジと名づけた。セバレンジは祖父の名前からとったもので、指導者の長という意味がある。なぜそう名づけたのか、父に一度も尋ねたことはなかったが、父が祖父を尊敬しているのは知っていたし、私がいつか良き指導者になってほしいとの切望も込められている、と信じていた。「セバレンジ！」父はまた呼んだ。

私が家に入って行くと、父と母はテーブルの前に座っていた。「調子はどうだい？」父は聞いた。ほほ笑んではいたが、何か真剣な眼差しを感じとった。通常ならば手伝いもない土曜日に、このように話をするために私を呼びつけたりはしない。

「元気です」私は何事かと父と母の顔から読みとろうとしながら言った。

「ほら、ここに座りなさい」父は隣の椅子を示しながら言った。

私は素直に座った。両親はちょうど昼食を終えたばかりだった。太陽は空高く上がり暑くなっていたが、土でできた分厚い壁が部屋を薄暗く、涼しく保ってくれていた。小窓からは風が舞い込んできた。それは一九七四年の夏のことで、あの暴力抗争から一年以上も経っており、ルワンダの生活も落ち着いていた。自身の支持を集めるよう暴力抗争を企てたカイバンダ（Grégoire Kayibanda）大統領はクーデターで追放され、逮捕された。北部出身のジュベナル・ハビャリマナ（Juvénal Habyarimana）が後任となった。彼の政権によりツチにとって希望がみえた。ルワンダ人が皆一つとなって生活できるよう、平和と統一を訴える彼の演説をラジオで聞き入った。ゴキブリという意味の《イニェンジ》（*inyenzi*）という呼ばれ方はもはや使用されなかった。ルワンダ人は皆、ハビャリマナ大統領を《ウムビェィ》（*Umubyeyi*）と呼んだ。我が父、供給者、保護者という意味である。やっとのことで、ツチにも恐怖を感じずに生活を送れる日が訪れたようだった。職場や学校では未だツチに対し公認差別が続いていたが、少なくともそっとしていてくれた。放火、盗み、殺しはもうなく、ルワンダ中にツチの安堵の声が聞こえてくるようだった。やっと平和に暮らせると、皆が思った。

だから父が口にした言葉に驚いた。「学校へ通うためコンゴへ行きなさい」静かに言った。「ここには希望もチャンスもない。ルワンダでは進学ができない」。父の言っていることは本当だった。ルワンダには中高学校がほとんどなかった。一割ほどの子どもしか進学することができなかった。ツチはその一割中、約一％しかいなかった。父は以前、偽造のフツの身元証明書を取得して、私を進学させようとしたが、「ツチすぎる」と言われただけで信じてもらえなかった。

続いて母が言った。「コンゴで進学することであなたの可能性が広まる。もっとすばらしい未来が待っているわ」

「そうだ。行ったほうがためになる」父は言った。でも次に口にした言葉に、私は驚いた。「ここは危ない。いつまた暴力抗争が始まるかわからない。教育を受ければ、逃げることができる。我々が殺されても、おまえは生き残るだろう」

なぜ私たちが殺されるのか？　私は疑問に思った。平和なのに。フツの隣人とも再び仲良い付き合いをしていた。現大統領は平和を呼びかけ、ツチに対し否定的な言葉を述べたりしなかった。また暴力抗争が勃発すると思うなんておかしかったが、私は何も言わなかった。私は父を信じていたし、ただ頷いた。

「私の兄弟の妻がイディウィ島に住んでいる」テーブルを見ながら父は話した。「学校に通っている間、そこに住ませてもらえばいい」。そこで私の目を見た。「行ってくれるか？」

私は躊躇せずに「はい」と返事した。学校に通わせてもらえることは光栄なことだったし、小学校以上の教育を受けられるのは、家族の中では私が初めてだった。父と家族に誇りを持ってもらえる。「はい」私はもう一度言った。「もちろん。僕は行くよ」

父と母が円満の笑みを見せた。父は立ち上がり、私の肩に手をおいた。"*Uri umugabo sha*" 彼は言った。「おまえは勇気がある」。どういう意味かわからなかったが、私を誇らしく思っているはずだったし、私自身誇らしく栄光にひたっていた。「二、三週間で出発できるよう準備しておこう」

台所を立ち去ると、心臓がドキドキしていた。学校に通えるんだ。外国に初めて行ける。私はそれまでの人生で、家から三〜五キロ離れたところにしか行ったことがなく、家族と離れて夜を過ごしたこともなかった。

外国へ行くこと、しかも実際に暮らすなんて、急に成長した感じがした。一人前の男になったような気分だった。信じられなかった。

興奮を抑えられなかった。湖へ向かうため丘を下っていた兄弟姉妹に会った時、質問ぜめにあった。「なんでお父さんに呼ばれたんだ？」「何かいたずらでもしたの？」。私はほほ笑みながら、自慢げに話した。「イディウィ島にある学校へ行くよう言われたんだ」

兄のサムエルが首を横に振り、私を見つめた。「で？　賛成したのか？」

「うん、もちろん」私は答えた。

サムエルは深いため息をついた。「おかしいんじゃないのか？」。彼は聞いてきた。「イディウィ島がどんなところか知っているのか？」

本当のところ何も知らなかった。イディウィ島がキブ湖の真ん中にあり、ルワンダと、島の領土でもあるコンゴから等距離に位置するということは知っていた。だがそれだけだった。

「イディウィ島からきた漁師を見たことないのか？」サムエルは続けた。「服も着ていない」

魚を売りにルワンダの岸辺にきているのを、見たことがあった。実際には着ていたが、確かにあまり身にまとっていなかった。原始的な服装で、ふんどししか身につけておらず、ルワンダではそのような格好をしている人は見たこともなかった。

「それにどうやって島へ行くのか知っているか？」サムエルはまた聞いてきた。

「カヌーで」ぶっきらぼうに答えた。サムエルが馬鹿にしたように私を扱うことに、嫌気が差した。

「そうだ。カヌーだ。ラッキーでなければ、死んでしまう」

どういう意味かわかっていた。キブ湖はまるでアメリカの五大湖のようである。湖というよりも海に近い。岸辺に立っても、湖の反対側は見えない。イディウィ島までは渡し舟を四時間も漕がなければ着かない。もちろん順調にいけばの話だが。カヌーは大変小さく、キブ湖の高い波が押し寄せれば、簡単にひっくり返ってしまう。湖を横断中に溺れた人の話を、何度も聞いたことがあった。イディウィ島へは私も同じ道を通らなければならない。学校へ通えるという期待と興奮は一瞬にして打ち砕かれた。

サムエルは続けた。「知っていたか？ お父さんは、俺やディビッドにも行くよう言ったんだ。でも俺たちは断った」彼は言った。「イディウィ島には絶対に住みたくない」。ディビッドはもう一人の兄である。やっとなぜ父が私に行くよう言ったのかわかった。彼らが断れば、男の子の順番でいけば次は私しかいなかったのだ。娘たちを遠くへ行かせたくなかっただろうし、必然的に私だったのだ。

私は湖に向かっている間、ずっと何も話さなかった。父は私をどこへ送るつもりなんだろう。気になった。だから私に勇気があると言ったのか？ 湖の土手に着くと、いつも目にしている光景が広がった。どこまでも水。このものすごく広大な水の上をカヌーで渡り、行ったこともない場所で滅多に会ったことのない人と暮らし始めることを考えると、腹が痛くなってきた。でも学校へは行くんだ。私はもう一度自分に言い聞かせた。重要なのはそこだ。イディウィ島の子どもはほとんど学校に通っていなかったため、外国人を受け入れる余裕があった。場所がどこであろうと、私は教育を受けられる。祈るようにそのことだけを思い続けた。

兄弟姉妹たちと一緒に水の中をばしゃばしゃと歩いた。いつものようにお互い水を掛けあったり、ふざけあった。私たちの笑い声や叫び声が水の上を響き渡り、空高く舞い上がった。その一瞬はイディウィ島のことを忘れた。

皆で泳いだ後、家へ帰るために丘を登り始めると、姉のベアトリスが隣に寄り添ってきた。「本当にイディウィ島に行くの?」彼女は聞いた。

「うん」。私の不安がばれないか心配になった。

「さみしくなるわ」。ベアトリスと私は一歳しか離れていなかったので、双子のように育った。何でも一緒にした。「これから誰と泳いだらいいの?」

私はかすかな笑みを浮かべた。「僕もさみしくなるよ」

私たちはそれから何も話さず帰った。

イディウィ島へ出発する前夜、母は私が洋服やノートをカバンに詰めるのを手伝ってくれた。「大丈夫よ」私の不安を感じとって母はそう言った。「叔父の家族がよくしてくれるわ」。叔父はもう亡くなったので、私は叔母と暮らすことになる。怖かったが、強くふるまった。今まで一度も両親や兄弟姉妹の元を離れたことがなかった。出発するのが残念だった。

すると母が言った。「渡したいものがあるの」。そう言うと部屋を出て、一足の靴を持って戻ってきた。「はい」私に渡した。「これはあなたのよ」

私は嬉しくて笑みを浮かべた。何日ぶりの笑顔だったか。靴だ! 今まで一度も靴を履いたことがなく、私が知るかぎり、靴を履いている子どもを見たことがなかった。大人しか持っておらず、しかも教会へ行く時のような特別な日にしか履いていなかった。「ありがとう」私はそう言うと、早速履いてみた。革が足に吸いつくように感じ、歩いてみると、薄い靴底が滑るようだった。家の中の土の床の上を歩きまわり、学校に行けるという興奮がまた蘇ってきた。男になるんだ、私はそう思った。

出発の日がやってきた。夕方になると、両親や兄弟姉妹たちとカヌーが待っている湖の岸辺へ向かって下って行った。太陽はもう沈みかかっていた。もうすぐ暗くなる。母は私の腕を強くつかみながら歩いた。「いい子でいてね」母は私に言った。「強く、勇敢に。良い性格でいるよう心がけなさい。誰が何と言おうと、あなたは正しいことをするように」。言い終わる頃には、涙で息をつまらせていた。ここ二週間ほどずっと、大丈夫だと勇気づけてくれていたにもかかわらず、本当は不安だったに違いない。母は正式に教育を受けたことがなかった。字の読み書きもできなかった。危険を冒して遠くへ行ってまで、教育を受けることが価値あるものかどうか確信が持てなかった。母はイディウィ島がどんなところか知っていたし、カヌーで渡ることがどんなに危険か知っていた。心を落ち着かせまた言った。「強い意志を持って」

父が口をはさんだ。「その必要はない」。彼は私の肩に腕をまわして言った。「我が息子を信じている」。父のその一言が私を勇気づけてくれた。

カヌーを見たら、腹が据わった。本当に行くんだ、と思った。カヌーには、一緒にイディウィ島で学校に通う予定の他の三人の子どもたちと、島まで四時間漕いで連れていってくれる二人の大人が乗っていた。私たちは挨拶を交わし、それから家族に別れの挨拶をするため振り向いた。母はひどく悲しそうだった。眉間にしわを寄せ、口をぎゅっとつむんだ。ルワンダの風習通り、別れの握手をするため手を伸ばした。母は私の手をとり、普段より少し長く握りしめた。兄弟姉妹たちとも同じようにした。皆悲しそうにしていたが、その中でもベアトリスが一番悲しそうで、握手をしている間ずっと目をそらしていた。最後に父のほうに向き握手を交わしたが、プライド以外に感情を出さず、もう出発の時間だと言わんとばかりに、カヌーのほうへとうながした。私はカヌーに乗り込み、前方のベンチに座った。父とサムエルが、カヌーを水の中へと押し込んだ。堅い地かすとともに、家族の姿が徐々に小さくなっていくのを見つめた。

イディウィ島の岸辺に沿ってカヌーを漕いでいた。もう朝になっていた。私たちは家から一時間ほどかかった、当時ルワンダの領土である他の島で一晩過ごし、それから日の出とともに、イディウィ島へ出発した。三時間後、湖岸線に向かった。島を見つめ、これからそこで暮らしていくことが信じられなかった。誰かがそこに実際に住んでいることさえ信じられなかった。山の輪郭線はあちらこちら尖っていた。どこを見てもジャングルが続いていた。チンパンジーが木から木へとぶら下がり移動し、叫び声をあげていた。こんなところに家があるなんて、想像もつかなかった。そのうえ学校なんてありえない。

やっと目的地の入江に着くと、男たちは岸辺に近づくようカヌーを漕いだ。私と一緒に乗っていた少年たちは水の中に飛び込み、カヌーを押した。水が膝に打ち寄せ、足元にイディウィの地を触れることができた。カヌーから降りると、六キロも離れた叔父の家に向かって小道をずっと歩き始めた。この密集したジャングル以外は、ルワンダと何も変わりなかった。空気も香りも同じだった。ルワンダ人と同じ服装をしている人も見かけた。他は皆ふんどししか身にまとっていなかったが、想像していたよりも悪くは見えなかった。しかしそこへ突然、私の腕と同じくらいの蛇が前をするすると横切った。私は飛び上がり、甲高い叫び声をあげた。一緒にいた男が笑った。「早く慣れるんだな」彼は言った。「ここではもっと大きい蛇がいる。ここはルワンダではない」

アフリカの蛇は命にかかわる。一噛みで死んでしまう。私の顔がよっぽど恐怖で怯えているように見えたのだろう。「心配するな」慰めようと彼は言った。「噛まれても、ここには呪術治療家がいる。大丈夫だ」

噛まれたらだって？　呪術治療家？　全く慰めになっていなかった。私はジャングルに住んでいて、蛇に殺されるんだと思った。こんなに家が恋しくなるなんて思ってもみなかったが、まだ到着したばかりだ。マイナス思考を頭から追い払おうとした。もうすぐ叔父の家に着く、自分に言い聞かせた。そこはまだましなはずだ。

しかし当ては外れた。なんとか家にたどり着いた時、自分が目にしたものが信じられなかった。すべて草でできた小さな丸い家。ルワンダでは、このような草の家は、牛の寝床用だった。ルワンダではほとんどの人が、特にトゥワのような貧困家族以外は、土で作られた家に住んでいた。この粗末な小屋に住むことを想像すると、失望はさらに深まった。

私の叔母が、歓迎の笑みを浮かべて家から急いで出てきた。私は以前に会ったことがあり、見覚えのある顔を見ることができて嬉しかった。叔母はルワンダ人に見え、ルワンダ人のような服装を着ていた。ただ今まで見たこともないような数え切れないほどのブレスレットを、腕につけていた。優しいが、最高権威で支配する、厳しい女家長だったと記憶している。彼女の感情を害さないように気をつけなければならない。私はほほ笑み返し、温かく抱きあった。不安はさておき、これからは家族であり、家に迎え入れてくれる人である。感謝しなければならない。彼女の娘とその四人の子どもたちも一緒に住んでいた。二一〇平方メートルしかないこの家に、七人で住むことになる。

「お腹が空いているでしょう」叔母はそう言って、台所へ戻った。

長旅で確かに腹ペコだった。もうすぐ食べ物にありつけると思うと、期待で腹の虫がなった。彼女が食べ物を載せた皿を持ってきたときには、腹の虫が今にも飛び出しそうになった。ぎらぎら光った《インドゥグ》

(*indugu*) の目が、私のほうを見つめた。イワシに似たインドゥグは、頭も骨も丸ごと食べられる骨の多い魚である。ルワンダでは、貧しい人しか食べない。ひそかに後ずさりしていた。しかし行儀よくしなければいけなかったので、感謝を述べ手を伸ばした。さらに驚いた。食べ物を口につけた瞬間、口中が強烈に燃えた。魚は唐辛子にしみこませていて、今まで食べたことのないような味がした。熱い灰のように口がひりひり燃え、飲み込むたびに喉に火をつけられたようだった。しかしそれだけではなかった。慣れない激辛料理を食べたことのある人ならわかると思うが、その後の反撃はすさまじく容赦ない。一日かかってお腹の調子を持ち直そうとしても、毎食さらなる一撃がくるのである。私は飢えを我慢するようになり、あまり食べなくなった。しかも叔母の家には牛もいなかったので、幼い頃からいつも飲んでいた牛乳も飲めなかった。ここはルワンダではないんだ、カヌーに乗っていた男が言っていた。この言葉を幾度も幾度も、自分に言い聞かせることになるような気がした。

その夜、家の床の上に横になって子どもたちの横で眠った。子どもたちは私よりも年下で、私には理解できない島の言葉、マハブ語しか話さなかった。お互い話をしようとしたが、あまり理解できなかった。床に横になりながら、食事のせいで胃が燃えているようだった。何もかもが違うように感じた。言葉が違った。食事も違った。家も違った。牛乳なしで寝るなんて、今までの人生の中でほとんどありえなかった。家族を恋しいと思うくらい牛乳が恋しかった。そして今までにないくらい激しく家族が恋しかった。ルワンダにいる家族を思い出した。彼らも今眠りについているだろう。母屋に皆集まって、夜の祈りを捧げ、聖歌を歌っているだろう。目をつぶり、油ランプの光で輝いている皆の顔を思い浮かべた。母が優しく私のこめかみに触れ、おやすみと声を掛けている姿を思い浮かべた。兄弟姉妹が夜、笑いながら床に就く姿を思い浮かべた。牛たちが気持ちを落ち着かせてくれるかのように、モーと鳴いているのを思い浮かべた。すべてを思い浮かべながら、眠りに就いた。

一週間叔父の家に滞在してから、いとこの家へ行くよう言われた。彼は結婚していたが、小さな子どもが二人しかおらず、部屋にもっと余裕があるとのことだった。彼の家に着くと、私の気持ちが少し持ち直した。バナナの葉の屋根に土壁の家で、伝統的なルワンダの家に似ていた。この地域の中では素敵な家で、居心地もよかった。しかし犠牲も払わなければならなかった。そこの生活はとてつもなく孤独だった。今までは、年齢も近い兄弟姉妹たちに囲まれて生活してきたが、今は、大人二人と二人の幼い子どもだけである。話し相手が誰もいなかった。サッカーをする相手もいなかったし、長い聖歌をともに歌う相手もいなかった。毎日、泉から水を汲み、子どもたちの世話をし、ビーズのような目をして意地汚い感じのヤギの世話をしなければならなかった。実家の牛を思い出した。牛の上に横たわり、温もりを感じた。兄弟姉妹のように、それぞれの牛のことをわかっていた。何が好きで何が嫌いか知っていたし、習慣もわかっていた。私が呼べば、すぐに寄ってきた。それに比べてここのヤギたちは、短い足を弾ませながら大股で私から逃げ出す。ルワンダでは、牛の世話をすることは光栄なことだった。ヤギの世話は退屈な日課だった。水汲みや子どもとヤギの世話以外に、ほぼ毎日薪《たきぎ》集めにも行かなければならなかった。今に勉学もそこに加わる。学校までの八キロもの徒歩も。

毎晩、胸に深い悲しみの痛みを感じながら眠った。毎日、長時間働いた。いとこやいとこの妻は、十分な愛情を私に示してくれなかった。一緒に祈ったり笑ったりせず、家族の一員として感じられなかった。召使いのようだった。いとこの家族が悪いというわけではないが、私は居候で親しい家族の一員ではなかった。常に礼儀正しく口にすることに気を使わなければならなかった。ルワンダでは、食事が足りなければおかわりをした。しかしここでは無礼なことだったので、お腹を空かしたまま寝た。ルワンダでは、母が学校の準備ができているか朝に必ず確認しにきてくれた。髪をとかしたか、顔にローションを塗ったか気にかけてくれた。しかしここでは、まるで一人で暮らしているようだった。誰も気にかけてくれず、誰も抱きしめて心を落ち着かせてくれなかった。私は初めて、家族の絆は他のものでは埋め合わせることができないことに気づいた。毎晩寝る前に実家を想い、クリスマス休暇で帰省できる日までの日数を数えていた。イディウィにきてまだ数週間しか経っていないのに、私はもう家に帰ることを夢見ていた。刑の判決を待っているほうが、まだ耐えられるように思えた。

小学校に編入一週間前になると、私といとこはバナナの束、ビールの樽、ヤギを持って学校へ出向いた。入学の許可を得るため、このように寄贈品を持参するのがイディウィの風習であった。ただの賄賂であったが、皆そうしていたし、確実に入学させてもらうにはその方法しかなかった。そのため八月末のある日、校長に会い寄贈品を手渡すため八キロもの長い道のりを歩いた。

学校に着くと、校長といとこは挨拶と話を交わし、その間私は驚愕の面持ちで周りを見渡していた。レンガ造りで床はセメントでできており、今まで目にしたこともないほど素敵な学校だった。ルワンダの学校は建物も床も土でできており、家具類も破損していた。ここの学校の椅子や机はきれいで、子ども向けの学校ではなく、まるで政府機関の建物のようだ。この瞬間また教育を受けることができるという興奮が蘇ってきて、イディウィ島にくる決断は間違いでなかったと感じた。

いとこは寄贈品を渡し、三人でビールを飲み交わした。校長は私を見てほほ笑んだ。「来週から通う準備をしておきなさい」。彼のその一言で正式に認められた。学校に通える。五年生から始めることになる。ルワンダではちょうど六年生を終えたばかりで成績も悪くなかったが、コンゴの公用語であるフランス語が不十分で、進級の邪魔をした。そのため私は現地語のみならず、フランス語も同様に学ばなければならなかった。

学校が新たに始まる前夜、アクロバットをしているかのように私の胃が宙返りをしていた。明日から学校だというのに、言葉が全くわからず、ルワンダ人の男の子二人が同じクラスにいると知らされた以外に、全く知り合いがいなかった。神様に、自分を導いてくれるように、そしてそばについていてくれるように祈りを捧げた。授業についていけるよう、理解できるように、そして何よりも自分を守ってくれるようにお願いした。

翌朝、一週間前にいとこが連れていってくれた学校までの道のり、小道に続いて大通りをひたすら歩いた。ルワンダでは兄弟姉妹とともに、サッカーボールを蹴りながら通学していたのを思い出した。ここの道のりは対照的でとてつもなく孤独であった。

教室に入ると、困惑した蛙のように授業を受けた。先生の言っていることを何とか理解しようと、帰り道にフランス語の授業を復習したり努力したが簡単ではなかった。休み時間に、ルワンダ人の男の子二人と一緒に教室を出て、運動場の端で目立たぬようにしていたが、たまに体の大きい子どもたちに見つかった。「コンゴ人一人は、五〇〇人のルワンダ人と大統領夫婦に匹敵する！」彼らは大声で繰り返し言った。彼らは、自分たちがいかに勝っているのか、コンゴとルワンダの国の広さで表した。ほとんどのコンゴ人は、ルワンダは大変小さく（コンゴの約一〇〇分の一）、ルワンダ人は遅れており、劣っていると決めつけていた。もちろんルワンダではその逆に、イディウィは遅れ劣っていると思われていたが、私も親友も決して口にはしなかった。私たちはずっと目を伏せ、侮辱に耐えた。

これで終わりではなかった。私たちは毎日追いかけられ、からかわれた。いじめは徐々にエスカレートしていった。喧嘩をふっかけてきた。私たちは《インコニ》(*inkoni*) で対抗するぞと言って相手を怖がらせた。インコニとは、ルワンダで牛飼いが闘う際に使用する武器で、男たちは防御用と攻撃用と二つのインコニを手にする。コンゴでは皆こぶしで闘うため、怒り狂ったルワンダ人が長い棒を手に向かってくると想像させるだけで、それ以上近づいてこなかった。実のところ、私は喧嘩に強くなかったため、誰も脅迫しなかったのでよかった。常に大人しくできるだけ目立たぬよう心がけたが、これがなかなか難しかった。顔立ちがいかにもツチで、現地の言葉を話せなかったのでどうしても目立ってしまった。私の顔に「外国人」というハンコが張ってあったのかもしれない。しかしできるだけトラブルから避けるよう努力し、フランス語が上達して学校で良い成績がとれるよう力を注ぎ集中した。

学校が終わると、家に歩いて帰り、日課の手伝いをし、食事をとり眠った。来る日も来る日も、同じことの繰り返しであった。そして日に日に、実家への想いが激しくなった。ルワンダに戻るカヌーがあると聞くと、いつも急いで両親宛ての手紙を書いた。母は字が読めず、父が必ず目を通すとわかっていたので言葉を選んで書いた。ここがあまり好きになれないことや、どんなに苦難に耐えているかを記したが、一番伝えたかったことは絶対に書かなかった。家に帰りたい、と。

赤道近くの夏は、世界の他の地域のようにくることはない。季節の変化はあまりなく、芽をつけた木もなく、その訪れを待ち遠しく待つこともない。カレンダーがなければ、夏も他の月と何の区別もない。しかし私にとって、夏がすべてだった。夏は帰省を意味していた。クリスマスにもイースターにも帰省したが、夏はそれとは全く違った。二ヵ月丸々家に滞在できる。六月の残り少ない日々をルワンダを想って過ごした。湖から家へとつながる小道が見えた。両親や兄弟姉妹たちの顔が見えた。イディウィでの残りの日々が早く過ぎるよう、帰省の日々がゆっくり進むよう祈り続けた。

帰省のカヌーが出発する前夜、嬉しくて気持ちを抑えるので精一杯だった。家まで送ってくれる渡し舟が待つ岸辺までほとんど走って行った。ルワンダまでカヌーを漕いで行ってくれる二人の男たちと、湖の土手で夜を過ごした。まだ空が薄暗く水の流れが穏やかな午前五時頃に、男性一人が私を起こし出発の時間だと教えてくれた。子どものクリスマスの朝のように、興奮して立ち上がった。

今では私にとって船旅はつまらないものでしかなかった。キブ湖を渡るのも六度目になる。危険であることは十分承知していたが、今までの船旅が平穏すぎて、経験豊かな旅行者のようにリラックスしていた。

今日の船旅も今までのと同じように始まった。緩やかな波。リズミカルに水が波打つ音が鳴り響いた。温かいそよ風……。しかし三時間も経ち、太陽が徐々に上がってきた頃、何かが変わった。太陽とともに、突風がやってきた。波がカヌーの側面にぶつかってきた。

「漕げ！　漕ぐんだ！」男たちが叫んだ。

オールを手にし、カヌーがひっくり返らないように死に物狂いで漕いだ。このような大波は見たことがなかった。容赦なく揺れた。船体が真上に持ち上がったかと思えば、また水面に叩きつけられた。私はベンチから投げ出され、船底に倒れた。立ち直したと思えば、またもや投げ倒された。カヌーが転覆するのは時間の問題だった。転覆によって生き延びたとしても、確実に溺れて死ぬと思った。下を見ると、かかとまで水が入ってきていた。片方の男が漕ぐのをやめて、水を汲み出すよう大声でどなった。私はオールを手放し、急いで木のバケツで水をすくい始めた。しかし無意味だった。横に大きく揺れるたびに、新たに波がやってきて、かき出した水の穴埋めのように入り込んだ。

一時間以上も経って波が静まった時は、疲れ果てて座り込んでいた。顔を手で覆い、目の涙をぬぐっていた。手は震え、心臓がドキドキしていた。やっとのことで目を上げ、周りを見回した。見渡すかぎり水だった。陸も見えず他のカヌーも見えなかった。カヌーが転覆していたら、間違いなく溺れていただろう。そう考えると寒気がし、静かに目を閉じ神様に感謝を述べた。

強風にあおられて、コースから外れてしまったのだ。四時間も湖にいたが、まだ陸地が見えなかった。私と男たちはカヌーから水を完全にかき出し、また漕ぎ始めた。一時間後、遠くに陸が見えた。岸辺に近づくにつれて、家がある丘を見上げた。もう少しで家族に会える。胸がいっぱいになり嬉しさのあまり涙がでそうになった。カヌーから降りると、旅の疲れでまだ足が震えていた。足が地に触れた。ルワンダの地。地上に足を踏み込むのにこれほど歓喜あふれることは今までに一度たりともなかった。

私は丘を駆け上った。家に近づくと、叫び声をあげていた。「パパ！　ママ！」。母は家から走ってきて、私を抱きしめた。

「セバレンジ！　帰ってきたのね」。彼女は一歩下がって肩に腕をのせたまま私を見つめた。喜びの表情が急に心配の顔に変わった。理由はわかっていた。前回会った時よりも、確実に体重が減っていたからだ。あまりのホームシックで、食欲もなくなり、与えられた食事も十分ではなかった。それに加え、毎日学校まで往復一六キロも歩かなければならず、身体的に酷使する日課の仕事も課せられた。食べる量よりもカロリーを消費していたのが明らかだった。母は、私がクリスマスとイースターに帰省した際も体重が減っていることに気づいたが、さらにひどくなった。

「セバレンジ」首を横に振りながら言った。「やせすぎだわ」

その言葉に後ずさりした。他の発展途上国と同様に、ルワンダではやせすぎは貧困に比例する。私の家族の社会的地位から言うと、子どもたちはしっかり食事をとらなければならないことになる。私の貧弱な体格は父の裕福さを裏切っている。私はすぐさま話題を変えた。「パパはどこ?」

「別の奥さん（義母）のところよ」彼女は答えた。「入って座りなさい」。家の中へ一緒に入った。

すぐに兄弟姉妹たちが家の中に入ってきて、私の船旅やイディウィでの生活について聞いてきた。カヌーが転覆寸前だったことを伝えると、「ほらね」と兄のサムエルが言った。「だから絶対にイディウィなんかには行かないんだ！」

兄にからかわれたが、私は笑った。誰が何と言おうとかまわなかった。私はもう家にいるんだ。

母は《イキヴグト》（*ikivuguto*）をコップに入れて持ってきてくれた。それは牛乳のようなもので、三日間ねかせると表面に脂肪のかたまりの皮ができる。その後、濃くクリーミーになるまで混ぜるとでき上がりだ。私はそれをごくごくと飲み込んだ。

日中は兄弟姉妹と過ごし、その後、義母の家に向かった。父を見つけると、父は誇らしげに私を抱きしめた。「セバレンジ、会えてよかった」彼は言った。父は私の体重については触れなかった。気づいてはいたが、やる気をなくさせるようなことは何も言いたくなかったのだ。

その夜は家族と夕食を食べた。いつもそうであったように一緒に祈り、一緒に聖歌を歌った。包み込むような温もりを感じ、私はそれを常に手元に置いておき、ずっと手放したくなかった。食後になると父は、義母の家に泊まりに行った。寝る準備ができると母が私の元にきた。「セバレンジ」私の手をとり、心配そうに私の目を見つめて言った。「顔色がよくないわ。もっと食べないと」

「ママ、イディウィの食べ物はおいしくないんだ。それに少ないし！」

「そう。家にいる間に、たくさん食べないと。ここにいる間に少しでも太って、帰る頃には少しでも骨に肉をつけないと」

イディウィ島に帰ると口にされた瞬間、目から涙がこぼれ出た。こんなにも簡単に涙が流れ出てくるとは思ってもいなかった。「あそこは嫌いだよ、ママ」頰の涙を拭きとりながら訴えた。「きついよ。食べ物も少ない。勉強も仕事もきつい。今日の船旅では死ぬかと思った」。下を見て、去年からずっと言いたかった言葉をとうとう口にした。「家に帰りたい」

母は私を抱きしめて言った。「なら、帰ってくるべきだわ」

私は驚いて母を見上げた。

「向こうではあなたは幸せじゃない。やせすぎているし。こんなに体重が減っていては体をこわしてしまう。あなたのためにならないわ」

安堵感を体中に感じた。

「それに」母は続けた。「学校に行かないからといって、よい人生にならないわけではない。お父さんを見てごらん。教育は受けてないけど、成功しているし幸せだわ。学校には行ってほしいけど、体をこわしては意味がない」

「でもパパがここは危険だって」

「私たちが殺されるなら、皆一緒に死にましょう」母は即答した。

私はまじめに頷いた。隣人の家のベッドの下に隠れた恐怖の夜を思い出した。

「明日、お父さんに話しましょう」

その夜は、昨年の夏から忘れていた心の安らぎをまた胸いっぱいに感じながら、眠りに就いた。もう戻らなくていいんだ。何度も何度も自分に言い続けた。神様、ありがとうございます。また家にいることができます。ありがとうございます。私は深い安堵の眠りに就いた。

翌朝、父が帰ってきた。私と子どもたちは母と家にいて、その日の用意をしていた。父が入ってくると、母がすぐさま彼のほうを向いて言った。「セバレンジがものすごくやせてしまったわ。気づいた?」

父は首をかしげた。「そんなにひどくないだろう」

「いいえ、そんなことないわ」彼女は言った。「体重が減りすぎよ」

父はまた聞き流した。「ちょっとおおげさだよ」

私は口をはさんだ。「おおげさじゃないよ」

父はちらっと私のほうを見てから、また母を見た。二人からの攻撃を感じとった。

母が先に口をひらいた。「イディウィへ戻すべきではないわ」彼女は言った。「体調がよくない。もしまた戻ったら、今度こそ体をこわすわ」

父は私を見た。「お願いだよ、パパ」私は母の援護に励まされ、父に懇願した。「あそこは嫌いだ。戻りたくない」

彼は首を振って、静かに言った。「だめだ」。そして今度は力強く「だめだ、おまえは戻るんだ」。まるで私たちの話を全く聞いていなかったかのように言った。少しも考えた様子を見せなかった。

「でも、パパ……」

まだ抗議しようとする私を父は手をかざし黙らせ、母を見た。「何を言ったんだ?」問い詰めた。「この子は戻らなければならない。おまえだってわかっているだろう。ここに未来はない」

「ひ弱で病気になっては、向こうにどんな未来が待っているというの?」母は言い返した。「見てごらんなさい。やせすぎよ」

父はまた首を横に振った。「だめだ、戻るんだ」

この言葉で終わりだとわかっていた。私の心はまた引き裂かれてしまった。父は私の気持ちを察したのか、私を見つめ、声を和らげ言った。「セバレンジ、教育こそが一番大事なんだ。ここには未来がない。イディウィに戻って、高校を卒業しなければならない。それしか方法がないんだ」

他の兄弟たちと必死に話を聞いていた兄のサムエルが急いで言った。「でもそんな価値ないよ、パパ。こんなにみじめでいるなら、教育の価値はない」

父の心はゆるがなかった。「教育は絶対だ」。彼は振り向き私をまた見た。「セバレンジ、夏が終われば、戻るんだ」

私は無言で頷いたが、心の中では叫んでいた。あのバカなイディウィに戻らないといけないなら、教育なんて受けなくてもいい! それに、ルワンダはもう平和な国になっている。父がばかげていると思った。残りの人生を農民として働き、生きていけばいい。それで何が悪いんだ。そんな人生じゃだめなのか?

二ヵ月後、私はカヌーに乗り込みイディウィに戻った。三年もそこで過ごした。その後は、コンゴ本土の東部の地方都市ゴマの全寮制学校、そして大学に通うことになる。ルワンダはずっと平和であった。しかしその時父がすでに気づいていたことを、私はまだ知らなかった。新大統領はルワンダの平和と統一を主張していたが、どちらも実在しなかった。ハビャリマナ大統領政権の平和とは、消極的平和であった。ツチは身体的には安全であったが、未だに差別を受けており二流階級の扱いだった。私のようなツチの子どもたちは未だ中等学校に通うことを制限され、雇用の差別もまだ続いていた。

一九六〇年代と一九七三年の暴力抗争を生き延びたツチにとって、これくらいのことは我慢できたのだ。「少なくとも、そっとしておいてくれる」そう言うのだった。「誰も家に放火しないし、殺そうとしない」。しかし父は、一部の市民が迫害された国は、暴力抗争が必ず繰り返されることをわかっていた。彼はさらに気になるサインも見逃さなかった。父が言うには、一九七三年の殺戮の際に、ハビャリマナは防衛大臣だった。それなのに、政府が支持した殺害に関与しなかったのはおかしいと思っていた。その後、ハビャリマナが権力を奪取し、誰も殺戮の責任を果たせなかった時、その疑惑が真実であることが証明された。またハビャリマナはカイバンダ大統領を家で逮捕し、彼の側近を多数拘束した。その後彼らは皆殺されたという噂が流れた。父は、ハビャリマナが自分の仲間たちも殺せるのであれば、当然ツチも殺すだろうと判断したのだった。

父はまた、ハビャリマナが、ベルギー植民地時代に制度化された民族証明書を廃止しなかったことを指摘した。彼が本当にルワンダを統一したいと願っているならば、それこそ最初に実施すべきではないのか？　国民休日の祝いの談話も不快だった。ルワンダ独立記念日を、ツチは、植民地支配からの勝利の祝賀というより、フツのツチからの勝利の祝賀であると受けとった。しかしツチが毎年恐怖をもって迎えた祝日は、九月二五日のカマランパカの休日で、君主国の廃止を祝うものであった。ハビャリマナが政権奪取した後のカマランパカの休日は、それまでの年同様に、同じ不快な口調と言葉で満ち溢れていた。翌年の独立記念日では、祝賀の口調がほとんど変わらなかった。偶然でないと思うが、父が私にコンゴへ行くよう提案したのは、その祝賀の直後だった。ハビャリマナ政権が始まって一年後、ツチの尊厳が徐々に崩れると父は判断した。統一と調和を訴える政権として、いい前兆ではなかった。

私はこれらのことを、年々少しずつ理解し始めた。実家に帰省すると、父は私に政治や経済について話し、独裁者のうまい言葉に油断しないよう忠告したからだ。父の話を聞けば聞くほど、なぜ私がイディウィに送り込まれたかわかった。しかし父には絶対口にしない、もう一つ別の理由があったように思う。一九七三年に父がバナナ農園に隠れ、殺されると感じたあの日だ。私が母、弟、姪と隣人の家のベッドの下に隠れて、もうすぐ殺されるところだったあの日。私たちの家が放火され、他の家々が破壊された。すべての食料が盗まれ、飢えに苦しんだ。私たちの家族にあれほど暴力抗争が身近に迫ったのは、あの時が初めてだった。それに何より、一九七三年の殺戮は平和な時期が続いた後に突然訪れた。国民は全員、文民は大丈夫だと思っていた。ツチがまた標的になるとは、誰も思ってもいなかった。国民が間違っていると父が気づいた時から、ルワンダの平和が長続きしないと信じていたと思う。父は差別の汚点が隠されたうわべだけの平和は、永遠に続くはずがないと気づいていたのだろう。父は正しかった。暴力抗争はまた始まり、今回は、想像をはるかに超える最悪なものへと発展したのだった。

第3章　誰も紛争の終わり方を知らない

人類が戦争を終わらせなければ、戦争が人類を滅ぼす。
——ジョン・F・ケネディ（John F. Kennedy）

私を逮捕するために軍人がキガリの家にやってきた時、私は恐れてはいなかった。今考えるとおかしな話だが、何日もの間逮捕を予期していたので、やっと逮捕された時は恐怖感はなかった。恐怖とは危機そのものに対してではなく、危険が差し迫っている時に感じるものである。そのため反逆罪で軍のジープに乗せられた時には、すでに恐怖は消えていた。運命は神様の手にある、そして神様は必ず自分を守ってくれる、そう信じていた。たとえ私は無力だとしても、神様には力があると自分に言い聞かせた。不可能を可能にする力を神様は必ず持っていて、実行してくれると祈っていた。

一九九〇年一〇月、それまでの人生は悪くなかった。私はリベラタという素敵な女性とコンゴで在学中に出会い、その後結婚した。彼女は経済を学び、私は社会学を学んでいた。初めて出会った時から、いつか彼女と結婚するだろうと運命的なものを感じていた。彼女には優しさがあり、他の女性があまり持ち合わせていない落ち着きを持っていた。結婚を申し込んだ時、ルワンダに帰国したいと伝えると、彼女は言った。「あなたを愛しているわ。だけどあそこでは暮らせない」。彼女はツチで、一九六〇年代初期に彼女がまだ赤ん坊の頃、家族でルワンダの迫害から逃げた。それからずっと、ブルンジで難民生活を強いられてきた。ルワンダはもう平和な国なんだと納得させた。「一度、旅行に行こう」私は彼女に言った。「もし好きになれなかったら、止めればいい」

「いいえ」彼女は言った。「あの国に、足を一歩も踏み入れたりはしないわ。私の家族はやっとのことで生き延びたのよ。私は戻らないわ」

私は何とか一度でいいからチャンスをくれるよう頼み込み、彼女はしぶしぶ賛同してくれた。そして彼女をルワンダの首都キガリに連れて行った。帰り際に望みを託して、彼女に聞いてみた。「で？ どうだった？ 一緒にここで暮らせそう？」

「想像していたよりもよくなってる」彼女は認めた。「それでも住むのはよくないと思うわ」。彼女は冷静に私を見てため息をつき、首を横に振った。「あなたを愛しているから、ここで暮らすのよ。でも私はまだ、ここが十分安全になったとは思えないの」

私はほほ笑んで彼女を抱きしめた。「ルワンダで素晴らしい人生を送ろう」彼女に伝えた。「絶対に幸せにするから」

そして一九八九年四月に私たちは結婚し、キガリでともに新たな人生を始めた。私は最初に高校の教師として働き、それからＮＰＯ（非営利団体）で研究員とトレーナーとして働いた。私たちはさらに小さな店を経営し、売上も順調だった。一九九〇年二月に、長男レスペが生まれた。さらに私の一番下の弟ジョンも学校に通う間、私たちと一緒に住み、彼も私にとっては同じく息子同然だった。私たちの人生は順調で、ルワンダに戻ったことは正しかったと確信していた。

ある晩私は教師の仕事を終え、隣人と一緒に帰宅した。彼とは帰る道が同じ方向で、よく一緒に話をしながら帰った。彼もツチで、ここ数ヵ月間に大変親しくなった。ともに丘を下って、いつものように経済の話で盛り上がっていた時、彼は思いがけなく私に言った。「我々の兄弟（*Bene wacu*）は、この国に攻撃を仕掛ける。ハビャリマナ政権に終止符を打つんだ」

私は今耳にしたことが、信じられず目を大きく見開いた。「だめだ」私は首を横に振りながら言った。「それはよくない」

彼は不思議そうに私を見た。私もツチであるため、戦争を始める考えに賛同すると思っていたのだ。

「もしツチの難民が攻撃を仕掛けたら、ルワンダに住むツチの報復殺人行為とみなされてしまう」私は言った。

「しかし我々は戦わねば」彼は言った。「ハビャリマナはツチに正当な権利を与えてはくれないだろう」

「確かに、それはわかっている」私は口をはさんだ。「しかし反乱が答えだとは思わない。もし攻撃などしたら、ツチの殺戮が始まるということは君だって十分にわかっているはずだ」

彼は首を振った。「勝てばいいんだ」

「勝てるわけがないだろう！　ハビャリマナの背後には、フランスもベルギーもコンゴもいるんだぞ」私は言った。「ツチが攻撃しようものなら、その国々が加勢して政府を守るだろう。勝てるはずがない」。フランスの言い伝えを引用した。*On sait comment la guerre commence, mais on ne sait pas comment elle se terminera*《戦争がどう始まるかは皆知っているが、どう終わるかは誰も知らない》。私は、戦争の本質的な弱さよりも、勝てない戦争の現実とそれが引き金となる殺戮のほうが心配だった。分裂した社会において、戦争の勝利など存在しない。共同体での暴力は、死、破壊、そして敗者には屈辱と憤りしか残らない。結局、憤りは再び沸騰し、暴力へと変貌する。悪循環が続き、勝者などいない。

「では、どうすればいいんだ？ ずっと今のように抑圧されながら生き続けるのか？」

「もちろん違う」私は言った。「しかし平和的に、民主的に解決していかなければならない。戦争は、流血に終わるだけだ」。彼は私が言っていることがわかっていた。過去にもツチ反政府勢力が地方の州において攻撃を仕掛けたことがあったが、結局罪のないツチが犠牲になった。ルワンダの独立直前の一九六二年に、一部のツチが北東部のビュンバ州を襲撃した。その報復として、政府は約二〇〇〇人ものツチ男性、女性、子どもたちを殺戮した。彼らの家は放火され、略奪され、彼らの所有物はフツの市民に配布された。一九六三年の終わりと一九六四年の初めの数ヵ月間にも、同じことが起きた。その時は約一万人ものツチが殺戮された。

私は彼に伝えた。民主主義の回復のための、平和的な努力が始まりつつあると。その努力とは、ツチ以上にフツの間にある意見対立に関するものだ。ツチは少なくとも表向きは運命に身を任せているが、南部出身のフツは、ハビャリマナ独裁政権の終わりを執拗に訴えている。民主主義に対する不平は、国中に広がりつつある。私が思うに、この意見対立は最終的に変化につながり、それはツチにとって有益になるだろう。

彼は戦いこそが答えであると主張したが、私はそれではツチにとってもっと苦難が待っているだけだと反対し、家に着くまでの間ずっと、私たちは口論していた。丘の下にたどり着き、それぞれの家へと別れる際、彼は私の手をとり言った。「またこのことについて話し合おう」

帰宅すると、私はリベラタに、今日の会話について話さなかった。不必要に心配をかけたくなかった。反政府勢力の噂はいつも同じで、今回も他のものと同じで静かに消え去ってくれるものと願った。その日の会話のことは考えないように、数ヵ月後の一〇月になるまで忘れていた。私はルワンダ中央部にあるＮＰＯで働き始めていた。首都からは一時間ほどかかり、私は毎日、事務所まで小さなバスで通勤した。この日、いつも通りバスが走っていると、郊外に軍人が路上バリケードでガードしているのが見えた。「何があったんだ？」乗客はお互いに尋ねあった。

　すると、バスの後方にいた男性が言った。「聞いていないのか？　イニェンジ（ゴキブリ）が攻撃したんだよ」その瞬間、私は近所の男性と交わした会話を思い出した。とうとう起こってしまった。ツチ難民が攻撃を始めてしまったのだ。なんてことだ、そう思った。これは大変なことになる。私は家にいるリベラタとレスペを想った。リベラタがニュースを知ったら、どんなに恐怖感を抱くかわかっていた。すぐに家に戻って、そばについていてあげなければならなかった。

　私は出勤時間に遅れていた。路上バリケードでかなり遅くなっていた。事務所に着くと、いつも優しく接してくれているフツの女性上司のウムテシに、帰宅してよいか尋ねた。「もちろん」躊躇せず彼女は答えた。「すぐ奥さんと子どものところに帰りなさい」

　私は再び通勤バスに飛び乗った。一、二時間ほどで帰れると思っていたが、キガリに近づくにつれて渋滞にはまった。軍が検問所で車を止め、武器を所持している乗用車や町に忍び込んでくる反政府勢力を探していた。街の緊張感が明らかに高まっていた。バス内の会話によると、今回の反乱は、過去のものに比べると成功していたことは確かだった。一九六〇年代の反政府勢力は、経験も武器も十分備わっていなかった。今回は、装備し訓練を受け組織化された反政府勢力だ。私は、隣人との会話で、今回は反政府勢力が勝利するという彼の主張を思い出した。不可能だと思っていたが、彼のほうが正しかったのだろうか。しかし勝利へ導くまで、ツチが果てしなく苦しむことになることは想像できた。帰宅途中の長い間、何をすべきか考えていた。リベラタとレスペをすぐさま、国外へ脱出させなければならない。彼女の家族はブルンジで難民生活を送っていたので、落ち着くまで彼らの元へ行けばいい。しかしどうすれば終わるのだろうか？　戦争の始まりは知っているが、どのようにして戦争が終わるのか誰も知らない。この言い伝えの真理が、耳に鳴り響いた。

七時間後に私はバスから降り、急いで家に戻った。玄関から入ると、リベラタは息子を抱きしめながら、応接間に立っていた。彼女は冷たいキスをした。「こうなるとわかっていたわ」彼女は言った。言葉はきつかったが、声はやんわりしていた。彼女は怒っているというより、むしろ怖がっていることがわかった。「やっぱりルワンダにくるべきじゃなかった」

私は何も言わなかった。結局彼女が正しかったのだ。

「私たちはどうすればいいの？　ひどくなるだけだわ」彼女は言った。

「おまえとレスペは逃げなければ。両親の元へ、レスペを連れていくべきだと思う。あそこのほうが安全だ」私は言った。

彼女が用心深く私を見つめた。「で、あなたはどうするの？　ここは危ないわ。あなたも一緒に行ったほうがいい」

「だめだ」私は答えた。「私は残って、後で出発したほうがいい。店を売却する時間ができるし、ここにいれば仕事も続けられる。それにすぐに収まるかもしれない」

「そうならなかったら？」

「私一人のほうが、逃げたり身を隠しやすい。おまえとレスペは、今すぐ去ったほうがいい。私は後で落ち合う」

彼女の口にした言葉に驚いた。「いいえ、私は行かない」

「ママ・レスペ」ルワンダの風習で、長男が誕生したら使用する妻の呼び名で言った。「おまえは行かないと」

「あなたも一緒じゃないと行かない」

「君はどんなに深刻な事態かわかっていない」私の声が高まっていた。「殺されるかもしれないんだ。ここにいてはいけない」

「皆一緒に逃げるか、一緒に死ぬかよ」彼女は表情を変えずに言った。

「いや、おまえは逃げるんだ！」私は力強く言った。結婚以来初めて、彼女に要求した。「レスペを連れて、ブルンジへ行くんだ。これは選択肢じゃない。行かないといけないんだ」

彼女は何も言わないで、ただ私を見つめた。

私は声を和らげて言った。「つらいのはわかる。でもそんなに長くはかからない。すべてが落ち着いたら、ブルンジに迎えに行く。約束する」。私は彼女が私と離れ離れになるのを怖がっているのがわかっていた。私なしでブルンジへ渡ることは、彼女とレスペにとって危険なことだった。そして彼女は口にはしなかったが、万が一私が殺されでもしたら、どんな人生が待っているか不安だったのだろう。アフリカでは、未亡人の生活は厳しい。自分や子どもたちが普通の生活を送れるのはほんのわずかで、再婚できるのもその中でもさらに少なかった。彼女は私を置いて去ることにより、かなりのリスクを背負うことになるのだ。

翌日、リベラタが逃げるべきかどうか、何人かの友人に相談しに行った。これはアフリカの習慣で、さまざまな意見が出た場合、家族や友人の意見も聞くのである。私たちは状況を説明した。私はリベラタが行かなければならない理由を述べ、リベラタもまたなぜ残らなければならないのか説明した。私たちの友人は私に賛成した。「リベラタ」彼らは言った。「息子を連れて出発しなさい。あなたにとってそのほうが安全だ。ジョセフは後々合流するとして、今は状況がひどくなる前に逃げるべきだ」

ルワンダにくることをしぶしぶ承諾したリベラタが、今度はしぶしぶ去ることになった。

翌日、一〇月三日、私とリベラタ、レスペはバス停まで歩いて行った。レスペはリベラタの背中に背負われていた。私は荷物を持った。二人とも何も話さなかった。私たちは、今日が永遠の別れかもしれないとわかっていたので、自分の中に引きこもっていた。彼女がバスに乗り込み、窓際の座席に座ったのを見ていると、心臓が飛び出しそうに感じた。私が愛したものはすべてバスの中にあり、今にも連れ去られてしまう。手を振りながら、涙をのみ込んだ。妻の膝の上に座っている八ヵ月の息子を見ながら、頭の中にある言葉を思い出した。い、い、い、い、い、い、い、い、い、もし私が殺されても、おまえは生き残る。何年も前に父が私に話した言葉は、今まさに出発するバスを見つめながら、私が我が子に向かって囁いている言葉と同じだった。

二人が出発した夜、私と弟ジョンは遠くで聞こえる爆発音と発砲音で目が覚めた。

「早く」。「ベッドの下へ」私は爆発が近づいてくるかもしれないので、そう言った。

「何があったんだ?」彼は聞いた。

「わからない。反政府勢力が、都市を攻撃しているのかもしれない」。私はもうブルンジに着いているはずの、リベラタとレスペのことを想った。二人ともここにいなくてよかった。私は思った。二人がともに安全でよかった。

私たちは一晩中、時おりベッドの下に潜って、交互に鳴る大砲の轟音が徐々に大きくなっていくのを聞いていた。翌朝には、また静けさが戻っていた。私とジョンは、昨夜何が起こったのか外を見に行こうと決めた。もしかしたら、反政府勢力が勝利を収めたかもしれないと思った。もしかしたら、ハビャリマナが敗北したかもしれない。「もし彼らが勝ったら」ジョンは言った。「すごくいいのに」

私はかすかにほほ笑み返した。そうだね、そう思った、でももし敗北したら、状況はもっとひどくなる。ジョンにはこのことをあえて伝えなかった。彼はまだ若かったし、傷つきやすい。彼を怖がらせたくなかった。

私たちは道路を歩いていると、この四日間パトロールをしていた同じフツの軍隊を見かけた。私はジョンのほうを見て首を振った。「反政府勢力は負けた。よくないな」

その後私たちは、キガリの周りを歩き回り、何かおかしいことに気づいた。建物は一つも破壊されていなかった。何も焼けていなかったし、壁には銃弾の跡の穴がなかった。私たちは家に帰りラジオをつけると、反政府勢力が都市を攻撃し政府軍によって弾圧されたと放送していた。しかし本当に反政府勢力が攻撃を仕掛けていたならば、なぜ痕跡がどこにもなかったのか。つじつまが合わなかった。それから数日間、親友や隣人と同じ疑惑について話した。そしてやっと明らかになった。反政府勢力はキガリを攻撃しなかったのだ。政府が勝手に紛争をでっち上げ、反ツチの感情をフツに駆り立てたのであった。政府系ラジオ局の声明では、お互いの違いはひとまず忘れて、共通の敵イニェンジに立ち向かおう。我々は警戒しなければならない。イニェンジはずるがしこいぞ。どこにでも隠れている。見つけたと思っても、常にもっと多くのイニェンジが隠れている。ツチは再び、イニェンジと描写されたのだ。さらに悪いことに、ツチ反政府勢力とツチの文民との区別はない。私たちは全員一つにまとめられた。

　ハビャリマナはきっと、反政府勢力が攻撃したことを、密かに喜んでいたに違いない。民主運動が南部のフツを中心に台頭し、彼の政権が終わるのは時間の問題だと思われた。しかし今、すべての関心がツチに集中している。彼は、国中を敵のツチに対し逆上させ、自分への支援をかき集められる。ハビャリマナは、この戦争が野党を一気に取り除くことができるチャンスだと見込んだのだ。

　予想通り、政権に反対していたツチとフツの大量逮捕がすぐさま始まった。しかしそれだけではなかった。攻撃が仕掛けられた付近のある地域では、ツチの市民が囲まれて殺害されたという噂も流れだした。キガリの警備は一層厳しくなった。他の地域への移動は大幅に制限され、検問所は細菌のように増えた。軍人は道のあちこちに配置された。

　私は九ヵ月ほど前、最後に父に会った時のことを思い出した。父は、ルワンダを繋いでいるもろい平和に疑いを抱いていた。ルワンダは一七年間も平和であったが、彼は未だハビャリマナを信じていなかった。この時点で、私は少しでいいから確たるものが欲しかった。最初、ハビャリマナは我が国の「父」とされ、フツとツチの結束の希望であったにもかかわらず、彼にはツチを同等の市民にすることなど全く関心がなかったことがはっきりとした。この時点まで、ハビャリマナ政権下では、ツチの州政治家や市長は一人も存在しなかった。ツチの将校も事実上おらず、フツの将校はツチの女性との結婚を妨げられた。ハビャリマナ内閣に所属していたツチは一人だけおり、またツチの議員はどんな時でも一人だけいた。一九八〇年代後半に一度だけバチカンで指名された以外、ツチは大使の職を与えられなかった。ツチが安全で邪魔されずに日々の生活を送れていたにもかかわらず、私たちは自由ではなかった。向上心は抑圧され、私たちは常に疑問をもっていた。なぜ軍や政府で高い地位の職に就けないのか。なぜ私たちの子どもは同等に教育を受けられないのか。誰も答えてはくれない。

それだけでは不十分なのか、ハビャリマナは連立政権による法の支配を重視しなかった。五年に一度選挙が行われたが、いつも不正行為が行われた。毎回ハビャリマナが九九パーセント以上の票を集め勝利した。一党で独裁支配だった。彼はまた、人命にほとんど敬意を示さなかった。クーデター後、彼が捕えた政府関係者――カイバンダ大統領とその元側近五六人――は全員、政府政権下で不可解な死に方をした。カイバンダ大統領は家で逮捕された際に餓死した。カイバンダの悪質な政策への怒りを抱き、また自分が行った行動に対してアカウンタビリティーを果たすべきだと断固信じるが、あのような死に方は不当である。誰もがそうだ。罪を犯しても、すべての人類は尊厳と敬意でもって扱われるべきだ、どちらも否定された場合、人間性に危害を及ぼすのである。

ハビャリマナは、自分の独裁政権を強固にするため他の手段をとった。ルワンダの独立記念日を、七月一日から彼が政権を奪取した七月五日に変更した。とんでもない話だ。独立記念日を個人が勝手に、特に非民主的に権力を得た者が変えてはならない。ハビャリマナはそもそも、国民から選ばれたわけではない。彼は政府をクーデターにより転覆させたのだ。しかしハビャリマナの最大ミスは、ツチの難民問題に怠慢であったことだ。一九六〇年代と一九七三年の迫害行為で国外逃亡したルワンダ人が帰還の許可を申し出たところ、ハビャリマナは国境外に住み続けている何十万人ものルワンダ人を受け入れるには、国が小さすぎると主張した。逃亡していたツチは、母国に戻る当然の権利があると感じていたため、これに対し怒りを覚えたのだった。

国外に亡命した者の中に、私が小学生時代お世話になったイディウィ島の親族も含まれている。叔父とその家族は、一九六〇年代初期に起こった最初の対ツチ殺戮の際に島に逃れたのだった。戻ることを許されず、訪ねることさえ許されなかった。それにもかかわらず、叔父は年老いた母や祖母に会うため、時おり、母国にこっそりと戻っていた。暗闇の中キブ湖を漕いで渡り、真夜中にルワンダの岸にたどり着いた。彼はそれからカヌーが見つからないよう、水を入れ沈め隠した。そして祖母の家に忍び込み、滞在中はずっと家の中に隠れていた。外出は危険だった。見つかりでもしたら、彼はもちろんのこと、私の家族も同様に、難民をかくまった罪で厳しく罰せられる。そのため、ルワンダへの旅路は毎度同じであった。真夜中の船旅、沈ませるカヌー、忍び込み訪問。子どもながら私はこれを見て、実家への帰還を拒否することはただ怒りと憤りを生み出すだけだと学んだ。ハビャリマナは、全員が住むには国が小さすぎると主張したがために、私の祖母は、イディウィにいる孫やひ孫を一度も目にすることなく亡くなってしまった。私の家族は、同じ経験をした何十万人のうちの一家族にすぎない。リベラタの家族もそうだ。時が経ち、政府は、家族の間に渡ることができない国境線を引いたのである。

やがてこれらの難民の多くは団結し、反政府勢力を結成し、難民危機に平和的解決策が見出せなければ、ルワンダに攻撃を仕掛けると脅威を与えた。ハビャリマナは彼らを無視し、攻撃が始まり、そしてルワンダ人はまた苦しむことになる。私は、ツチ難民が紛争を始める理由がわからないわけではなかった。わかっていた。しかし賛同はしなかったし、できなかった。紛争がもたらす犠牲はあまりにも大きかった。

キガリの生活は緊迫していた。反政府勢力の成果が上がり、テレビやラジオ放送の言葉遣いが、ますます悪意に満ちるようになった。地方でツチが殺戮されている噂が、どんどん広がった。キガリから八〇〇〇人ものツチが国立競技場に召集され、刑務所に送られた。これはまだ始まったばかりだ、そう思った。まだまだ続く。私はまだ仕事を続け、可能なかぎり普段通りの生活を送っていたが難しかった。私はまだ交渉の末に解決されると希望をもっており、ツチがまた静かな生活を送れるようになると信じていた。するとある日、フツの隣人が、地域の集会で、私の名前がでてきたことを教えてくれた。「彼らが言うには、あなたが攻撃の企みに何か関わっていた」彼は言った。「何が起こるか、事前にわかっていたと言うんだ。気をつけて」

私は腹を殴られたような衝撃を受けた。「でも私は何も関係ない！」

「わかっているよ」彼は言った。「だが他のやつらがそう言うんだ」

ルワンダでは、いつもこのようにして起こる。危機が勃発する時、指差し（*gutunga agotoki*）で始まる。初めは無駄話のような小さいものでも、それが噂になり、最終的には皆真実だと信じる。「誰が言ってるんだ？」私は聞いた。

他の隣人だと教えてくれた。その隣人はフツで、しばしば私の店にきており、私から借金をしていた。「彼が言うには、あなたが奥さんと息子を攻撃が始まる前に国外に行かせたので、あなたはすべてを知っていた」

「でもそれは嘘だ！　リベラタと息子は反政府勢力が攻撃した二日後に出発したんだ」そう伝えた。しかし、私を訴えた男は、真実に興味がないことがわかっていた。彼はただ単に、借金をなくしたかっただけである。もし私が拘束または殺されたら、借りていた金を返す必要がなくなるのだ。これも危機の際に、ルワンダではおなじみのことだ。人々は政府が引き起こした狂乱を利用して、個人的な恨みをもっている人にやり返すのである。

「そうか。でも彼は攻撃の前に出発したと言っている。そのうえに、政府を倒すためにあなたの兄弟が立ち上がっていることも彼に言った、と主張している」

私は信じられず、首を振った。

「気をつけるんだ」彼はまた言った。「背後に気をつけろ」

私は彼に感謝を述べ、すぐさまキガリを脱出するには、どうすればいいか考え始めた。もしこの男が噂を広め皆が信じたら、私が逮捕されるのは時間の問題だった。それは確かだった。毎日私は軍の視線の重みを感じながら、道路を歩いた。

だから軍がやっと私を逮捕しに玄関の戸を叩いた時には、安堵感のようなものを感じた。このようにして起こるんだ、と私は思った。もうハラハラすることもない。背後に気をつけることもない。私は言われた通りジープに乗り、私の親友でもある隣人の二人の男の隣りに座った。マコンベは教師で、カベルカは統計学者だった。どちらも陰謀を企む人には見えなかった。しかしその時点で、政府は事実をあまり重視していないと感じた。

ジープは、陸軍中佐でもある市長のオフィスがある、行政の建物に到着した。私たちは車から降ろされ、倉庫として利用されていたかのような小さな部屋に連れていかれた。そこは間に合わせの場であった。部屋に入ると、七人の男たちが床に座っていた。一つの小さな窓からしか、明かりが射さなかった。部屋に鍵がかけられるのが聞こえた。窓のほうへ行き、外をのぞいた。建物は柵で覆われており、武装した兵士が一メートル間隔でパトロールしていた。逃げる方法はないのは明らかだった。路上バリケードがあちこちにあり、逃げられたとしても、すぐに捕まってしまうだろう。

私はジョンのことを考えた。学校から帰ってきて、私がいなくなったことに気づくだろう。そして何が起こったのか、隣人の誰かが伝えてくれるだろう。その時自分に実際起こったことに、衝撃を受けた。私は逮捕されたんだ。私は馬鹿だ！　刑務所の中で何をしているんだ？　私は何も悪いことをしていない。私はリベラタとレスペのことを考え、彼らがブルンジに無事でいることを神様に感謝の祈りを捧げた。私が刑務所にいることを知ったら、リベラタは何と言うだろうか。だから言ったでしょうと絶対に言うだろう。ルワンダに住みたくなかったのは、彼女だった。彼女とともにブルンジに行くよう言ったのは彼女だった。私は大丈夫だと彼女に約束したが、間違っていた。

来る日も来る日も、刑務所での生活は同じだった。私は友人とともに座って、お互い囁きあい、同室の他の人たちにあまり本性がばれないように気を配った。「皆スパイかもしれない」ここにくるや否や私の友人は私に囁いた。「誰も信じてはいけない」。そして私たちはずっと囁きながら、外の世界では何が起こっているのか思索し、他の友人たちのことを気にかけていた。私たちには、新聞も雑誌も本も何も読むものがなかった。テレビもなければラジオもなかった。窓の外を眺め人が行き来しているのを見るしかすることがなかった。夜になると床に丸まって横になるが、ほとんど眠れなかった。その退屈な日々の中、兵士だけは時おり顔を見せた。何日かおきに、兵士が部屋にきて、一人ずつ連れていった。そして多くの者は、戻ってこなかった。私たちは、彼らに何があったのか囁きあったが、彼らは殺されたんだという恐ろしい結論にいつも達していた。次は誰なのか、皆密かに心で思っていた。

私たちは食事を全く与えられなかった。弟のジョンが毎日食料を差し入れしてくれなければ、飢えていただろう。私に会いにきてくれたのは、彼だけだった。面会にこないキガリの友人や家族を、責めるつもりは全くない。私に面会にくることは共謀者と疑われるし、協力者として有罪を受けるリスクがある。それだけではなく、面会にくるには、並列した兵士の間を歩いてこなければならない。それにもかかわらず、ジョンは毎日きてくれた。毎日食料を持参し、ここから私を出す方法を考えた。私の一番の希望はフツの友人だった。「上司のウムテシさんに連絡して」私は彼に伝えた。「そしてピエール・レグランさんと話をするんだ」。ピエールはベルギー国籍で、私の出身地の女性と結婚している。彼とは親しく、私を解放するため何かを手助けをしてくれるとわかっていた。「それからムゲマナ少佐を探しだすんだ」。ムゲマナは軍の少佐で、ハビャリマナ大統領府で働いていた。私を解放できる者がいるとすれば、彼しかいなかった。私とリベラタは彼から土地を借用しており、毎月私は、他の土地の賃貸料も集金して彼に渡していた。彼は私の誠実さに感謝の意を示し、親しくなった。軍での彼の地位から考えると、私との間には相応の距離が生じたが——彼は権威を持つ人物で、私を二流の男の子のように扱うのだが——彼は私を尊敬してくれ、その影響もあって私を解放してくれるものだと願っていた。

日々が過ぎ、新たに男たちがこの監禁室に連れてこられ、私たちは外の世界での出来事を聞いた。反政府勢力の戦いは続いており、時の経過とともに、私たちをさらに危険な状況へと導いていた。監禁室にきてから一週間以上も過ぎた頃、友人と私は小声で会話をした。私は疲れ果て失望し、また脅えていた。「このような扱いを受けるほどツチは何をしたというんだ」私は聞いた。「三〇年間の迫害を耐えてきたんだ。そのうえなぜだ」

「心配するな」教師のマコンベが答えた。「紛争はすぐに終わり、我々もここから出られる。希望を持って」

カベルカは首を横に振った。「期待しないほうがいい。今回こそは殺される。今回は生き延びられない。最悪を覚悟しておかないと」

マコンベは彼を黙らせた。「これ以上話をしないほうがいい。誰が聞いているかわからない」。彼は部屋の他の男たちのほうにひそかに目配りをしながら言った。

彼は正しい。私たちはまた口を閉じ静かになった。

監禁室での生活も二週間経とうとしていたある日、私が呼ばれた。「あなたに面会しにきた人がいる」。兵士はそう言いながら、建物を囲んでいる庭へと連れ出した。そこには一台の車が待っており、その中にムゲマナ少佐の姿が見えた。彼の顔を見た瞬間、胸が高まった。私は彼と話すため車窓まで近寄った。

「調子はどうだい？（*Bite, mwa?*）」彼は言った。

私の顔を見ればわかるはずだろう。体重が落ち、睡眠不足で目の下にクマができていた。「あまりよくありません」私は言った。「ここから出なければ」

「そうだな。私は、あなたへの訴訟に目を通していたんだ」少佐は言った。彼は優しかったが、以前よりも控えめだった。私が実際罪を犯したかどうか、確信が持てない様子だった。「あなたを訴えた男が言うには、攻撃が始まる前日にあなたが彼に話したそうだ。あなたが、自分の兄弟たちが立ち上がり政府を倒すと言った、と言うんだ」

「知っています」私はでっちあげられた話をまた聞きながら、首を振りながら答えた。「しかしそれは嘘だ。私は攻撃が企てられていることを知らなかった。私は無関係だ」

「そうか。攻撃の前日にあなたが彼に話したと、彼が頑強に主張している。彼はあなたが話している瞬間、店のカレンダーを見たそうだ。九月三一日だったと」

「なんだって?」私は聞き返した。

「攻撃が始まることを、あなたが彼に話した日付は九月三一日だったと、彼は言っている。確かだそうだ。すると一〇月一日に反政府勢力の攻撃が始まった」

私の顔に笑みがこぼれた。「しかし九月三一日など存在しません」私は告発者の過ちを発見し、なんとか喜びを表に出さないよう抑えながら答えた。

「なんだと?」

「九月には三〇日しかありません。どうやったらカレンダーを見て、九月三一日だったと言えるんですか? 彼は嘘をついている。それが証拠だ」

少佐は大声で笑った。「そうだな、あなたは正しい!」。彼は前のめりになり運転手に向かって言った。「この男は裏切り者ではないとわかっていたんだ! 彼は誠実な男だと言っただろう」。そしてまた私のほうを見て言った。「市長と話をして、何とかしてみよう」

彼の車から離れ監禁室に戻っていると、私はふわふわ浮いているように感じた。これでやっと解放される、と私は思った。逮捕後初めて、希望の光が見えた。

翌朝、いつもと同じように日が明けた。私はいつもと変わらぬ浅い眠りから起きた。前日のよい気分がまだ残っていたが、頭のどこかで疑いが残っていた。私と友人は反政府勢力が敗北したという悪い噂を耳にした。

これが何を意味をするのか、私たちにはわからなかった。これで私たちを監禁する理由がないのだが、もし私たちを見せしめに使おうとしたらどうなるのか。

その朝遅く、私たちは窓から軍服で正装した少佐が庭に立っているのを見た。すぐに兵士たちが私たちの監禁室にきて、私たち全員を庭に案内した。少佐は私たちを調査しながら立ち、一人ひとり質問をしながら列に沿って歩いた。「おまえ、名前は？　何の罪で捕まった？」

彼が私の前にきた時、私も同じように答え始めた。「ジョセフ・セバレンジ。私は……」

私がまだ答えている途中、彼は短く言った。「家に帰りなさい」

少佐は約束を守ってくれたようだ、と私は思った。私は喜びを抑えられなかった。

少佐は二人の友人にも自由を言い伝えた。

私たちは顔全体に笑みを浮かべながら、刑務所の門を歩いて出た。私たちはまた自由になった。

＊＊＊

家に戻るや否や、私はルワンダ脱出計画を立て始めた。簡単にはいかないだろう。警備はますます厳しくなってきた。政府は確かに反乱を抑えたが、生き残った反政府勢力はウガンダに逃亡し再結成していた。勝つ可能性があるとすれば、それが唯一の道だった。敗戦前、反政府勢力は従来型の戦闘を企てており、数週間で勝利すると考えていた。そもそも反政府勢力のルワンダ愛国前線（ＲＰＦ）と呼ばれていたのはツチ難民の集団で、何年もウガンダ奥地で戦ってきた。それに対し、ルワンダ軍は二〇年以上も大きな戦争を経験していなかった。その経験により反政府勢力の戦闘能力は飛躍的に高まっていたので、反政府勢力は政府軍がすぐに降伏すると考えていた。逆にハビャリマナは、反政府勢力は大国の支援がないのですぐに負けると想定していた。しかしどちらも間違っていた。ハビャリマナにはベルギー、フランス、コンゴの掩護があり、反政府勢力RPFが一九九〇年の侵攻の際に勝てなかったのは事実だが、ゲリラ戦では反政府勢力はどうにかして勝ってきた。RPFがハビャリマナ政府に応戦し、ゲリラ戦が続くことは、軍も国民も、死傷者が多数発生することだとわかっていた。ゲリラ戦は、より一層混戦して対処が困難になる。どちらにも勝利が見えなかった。

私を含め、ルワンダにいるほとんどのツチは、RPFが一見無意味な戦争を始めたことに対し、不愉快な思いを抱いていた。しかしハビャリマナ政府がさらに逆上して言葉遣いがますます悪意に満ち、罪のない多くのツチの人たちが報復で殺されるにつれて、心情が変わってきた。反政府勢力とともに戦うためツチの若者が国外に脱出したり、年老いて戦えない親たちは我が子を反政府勢力に送り込むようになった。ルワンダでは、ツチとフツの距離がどんどん離れ、ルワンダがもう元に戻れない道を歩み出したのではないかと不安になった。

逃げなければならなかった。しかし誰にも知られてはならない。私は仕事に戻り、可能なかぎり、普段と変わらぬ生活を送る努力をした。釈放の条件として、私は週一度諜報機関に近況を報告しなければならなかった。毎週、私はそのオフィスに出向いた。待ち続けながら、ほとんど話すこともなく帰される日もあった。そうかと思えば、同じ内容の質問で何度も尋問される日もあった。「今週はどこに行った？ どのような仕事をした？誰と話した？」。毎回私は同じように答えた。「私はNPOに働きに行き、調査と経営訓練をしました。私は弟と、同僚たちと、話をしました」。うんざりするような質疑であったが、毎度脅えていた。オフィスに行く度に、諜報機関の職員が不機嫌で気まぐれな思いつきで、私を投獄するかもしれないと不安だった。

少なくとも週に一度、リベラタと電話で話すことができ、彼女の声に絶望感を聞き取れることができた。電話をかける度に、もうすぐブルンジに行き彼女と合流できると伝えた。しかし彼女は私を信じなかった。「今横断するのは危険すぎるわ」彼女はそう言った。「殺される」。彼女の恐怖は正しかった。ＲＰＦとの戦いが激しくなるにつれ、国境を越えようとするツチは、反政府勢力に加わるため脱出するものと思われてきた。私は絶対捕まらない、殺されないと彼女を安心させた。電話の向こうで彼女は何も言わなかった。私を信じなくても彼女を責めることはできなかった。そもそもルワンダに住むべきではないと私に言ったのは、彼女だった。彼女がブルンジ行きのバスに乗り込む時、一緒に行こうと言ったのは、彼女だった。自分が彼女の言うことを聞かなかったから、二週間も刑務所で過ごす羽目になったのだ。以前よりも状況が悪化している中、私がブルンジへ行くことを彼女は疑っていただろう。しかし他にどんな手段があったというんだ。

私はそれから数ヵ月、国外脱出の道を探りながら過ごした。地域間を通過するにも正式な許可が必要なほど、ルワンダ内の移動は厳重に制限されていた。私は計画を実行しやすいように、仕事場の近くのアパートを見つけ同僚と部屋を借りることにして、キガリの家から引っ越した。ジョンは学校に通うために首都に残らなければならなかったので、寄宿学校に入学させた。五月のある日、私は彼に会いに行った。

「ブルンジに行こうと思っている」二人だけの時に私は伝えた。

彼は心配そうに私を見つめた。

「情報局が、また私を刑務所へ送り返すんじゃないかと不安なんだ。それにここの状況はさらに悪化してきた」

彼はずっと黙っていた。

「私が国境を越えられたら、おまえも越境できる方法を考えてやる。一緒には行けない。危険すぎる。でも私が成功すれば、おまえも脱出できる方法を考えよう」

「わかった」彼は言った。

別れる際に私は彼の手をとり、お小遣いを渡し、連絡を取り続けるよう伝えた。私の前に立っている彼は若く見えた。彼はもう十分大人だったが、一番末っ子の弟で、私にとっていつも息子のようだった。どんな危険にさらされようと、私は彼を守ってやりたかった。そしてその危機は必ずやってくると心配だった。


川幅は五〇〇メートルあった。私の足はルワンダの地を踏んでいたが、目線は川の向こう側のコンゴに向いていた。もうすぐ神様の意とともに、反対側に行くことになるだろう。コンゴにさえ行ければ、簡単にブルンジにたどり着ける。直接ブルンジに行くのは不可能だろう。ブルンジとルワンダの関係は、長年緊迫していた。二国間で紛争は起こっていなかったが、お互いを信用していなかった。コンゴは対照的に、ルワンダと同盟を組んでいた。国境も厳しく取り締まりをしていなかった。そのため私は一度コンゴへ渡る。しかし今日は駄目だ。川岸には警備が多数配置されているため、すぐに捕まってしまうだろう。一度捕まってしまえば、殺されてしまう。

私は、ツチ難民でコンゴの国籍を取得した友人フランソワ教師と一緒に立っていた。彼は私を手伝うのを買って出てくれた。彼は川や道、誰にも見つからない最適な場所を知っていた。彼も今夜は危険であることに賛成だった。「今夜、泊まる場所を探しておいたほうがいい」彼は言った。「また明日試してみよう」そう言うと、彼は家族の元へ帰るためコンゴへの橋を渡った（彼はコンゴ市民なので、それが容易にできた）。

近くのホテルへ歩いて行くと、私はこのルワンダ南西部にある、国境横の町へくるためでっち上げた複雑な嘘を思い出した。私は上司に、週末キブイェにいる両親に会いに行くと伝えた。「月曜日には戻ります」私はそう言いながら、他に手段がないとわかっていながらも、自分に親切にしてくれている人に嘘をつくことに罪悪感があった。

「わかったわ。よい旅を」彼女は疑いもなしに言った。「両親によろしく伝えておいて」

「わかりました」私はほほ笑みながら言った。もう二度と彼女には会えないかもしれないと思った。

移動するには、通過する地域すべての公認許可が必要だった。私はルワンダ南西部を通ってキブイェへ行く旨申請して、両方の地域の通過証を取得した。その朝、私は小さなカバンに少しの着替えと少しの重要書類を詰め込み（大きなスーツケースを持っていると質問攻めにあうため）、アパートの戸を閉め、二度とここへは戻らないと思いつつ立ち去った。

今私は国境付近にあるホテルのロビーにいて、部屋を予約していた。待っていると、背後から私の名前を呼ぶ声が聞こえた。「ジョセフ！」筋肉が硬直した。「ジョセフ！」また聞こえた。私はゆっくり振り返り、キガリでの知り合いの男が、ほほ笑みながらこちらへ近づいてくるのが見えた。

私は握手をし、できるかぎり温かくほほ笑んだ。

「ここで何をしているんだ?」彼は遠く離れたキガリでの顔見知りに出会えたことに喜びを隠せず、愛想よく尋ねた。

「明日ここで、仕事のミーティングがあるんだ」私は心臓の鼓動音が彼に聞こえないことを願いながら、なるだけ平穏を装って言った。この男は、私の妻と息子がブルンジにいることを知っていた。彼が、私がここにいるのは仕事と全く無関係であると疑いを持ち始めないか、不安になった。

「そうか」彼は言った。私たちは少し話をして、彼は立ち去った。部屋へ歩いて行きながら、私は普通に振る舞い、彼が何も疑いを持たなかったと自分に言い聞かせた。そもそも彼は善人だった。何か感じとっても誰にも話したりはしないだろう。たぶん。

私は寝るため横になったが、ごろごろしていただけだった。頭の中には、川、兵士たち、ロビーで出会った男がぐるぐる回っていた。私は頭からすべて追い払って、リベラタともう一五ヵ月になるレスペのことを思い浮かべようとした。私が渡るべき川は二人が八ヵ月前に渡ったものと同じである。彼らは幸い、状況が悪化する前に逃げた。彼らは橋を渡ってコンゴにたどり着くことができた。私はカヌーで密入国しなければならない。私は、神様に守ってもらえるように、妻と息子とまた合流できるように祈った。息子が誕生したばかりの頃を想った。どんなに小さくて弱々しかったか。なぜあんなにも小さなものが、数多くの希望をもたらせるのだろう。よりよい未来、自由な人生、平和への希望。私はその希望の気持ちも込めて、レスペ（尊敬）と名づけた。ツチはもう何年も尊厳のない扱いを長年受けてきた。ツチが拒否され続けたその名を与えることで、彼が具現化してくれることを願ったのだ。彼自身に、そして他人に対する尊敬。私は目をつむり、眠りに就いた。

翌朝、私はホテルでフランソワと会った。お互い気を落ち着かせるためほほ笑みあったが、どちらも確信は持てなかった。彼は私を川へとつなぐ小道へと案内してくれた。「ここが、密輸入者がコンゴへ行くのに利用する場所だ」彼は言った。「ここで私たちを連れていってくれるカヌーを探すことができる」。私の心臓はバクバク鳴っていたが、怖くはなかった。私は神様の手の中にある、そう思った。

私たちはすぐに、密輸品をカヌーに乗せている男の元へ、ゆっくりと近寄った。私たちは何も言わなかった。私たちはただ彼に金を渡し、カヌーに乗り込んだ。カヌーが岸から離れると、これが私の新たな人生の始まりになるのか、もしくは終わりなのかと思った。兵士がカヌーに乗っている私を見つけ逮捕し、私に銃を突きつけ発砲する、そしてすべてが終わる。用意周到に準備してきたこの何ヵ月が、この瞬間にかかっているのだ。しかし兵士には見つからなかった。銃も発砲されなかった。私たちはほんの数分で川を渡りきっていた。川の反対側に着いた時、私は急いでカヌーから降り、足元に地を感じた。やったぞ！　信じられなかった。やっとやり遂げた！　喜びが顔からあふれ出ていた。私とフランソワは川から上って行く道を見つけ、急いでそれに沿って歩いて行った。ルワンダから遠く離れれば離れるほど、私はより安全になる。急ぎながら、私は一瞬振り返り、ルワンダをもう一度肩越しから見ながら、また戻れる日がくるか考えていた。そして私はまた背を向け、妻と息子を探すため前へ急いで進んだ。

フランソワは私をバス停まで案内してくれ、乗車する際に握手を交わした。私は感謝を述べ、彼の助けがどれほどありがたかったか目で伝えようとした。彼なしでは渡りきることはできず、彼自身を私のために、危険な目にあわせてしまった。本当の親友の証しであり、私がどれほど感謝をしていたか彼に伝えたかった。

バスの中で座る席を探そうとしたが、このバスが本当に動くのか不安になった。バスの中は満員だった。座る席がない人は、サンドイッチ状態で押し合いながら立っていた。一年後私がアメリカにいた時、私は《鮭缶のように積まれる》という言葉を耳にすることがあり、このバスのことを思い出した。バスはよろめきながら前進した。このすし詰め状態で平らな舗装された道路を走るのでも十分危険なのに、ここは山やきつい傾斜の間の細く、曲がりくねった土の道路を通って行った。曲がり角ではいつも、バスは不安定に横へ傾いた。私は、バスが元の位置に戻るまでの間、窓の外へ目をやり、三〇メートルもの急斜面が目の前まで上がってくるのが見えた。私はまた神頼みをした。川を渡ることが今回の移動で一番危険なことかと思っていたが、せっかく生き延びても、バスの事故で殺されてしまうかもしれないと心配になってきていた。

約二時間後、バスはコンゴ国境の町に着いた。私はそこで、リベラタが暮らし働いているブルンジの首都ブジュンブラ行きのバスに乗り換えた。ちょうど一五分ほどの短い乗車が、またリベラタと息子に会えるという強すぎる期待で果てしない時間に思えた。興奮が高まり、私の顔全体に笑みが広がった。バスが停車すると私は飛び降りた。足が地に着くやいなや、私は妻が帳簿係として働いているガソリンスタンドの方向を聞いた。ガソリンスタンドまで大股で早歩きで歩いた。たどり着くと、私はすぐさま受付に行って、そこに立っていた人に尋ねた。「リベラタを探しているんだが」

そう言った瞬間、目の端に彼女が下を向いて座りながら仕事をしているのが見えた。彼女は私の声を聞いた時、信じられない思いで頭をあげた。私たちの目が合った。彼女は椅子から立ち上がり、私の腕に飛び込んだ。抱きしめると彼女が震えているのがわかった。彼女が泣いていると気づくのに時間がかかった。ルワンダでは、人前では涙を見せない。リベラタは今まで人前で泣いたことがなかったが、今彼女は私の背中に腕をまわし、私の胸の中に頭をうずめて、体全体で泣きじゃくっていた。「信じられない！」涙を流しながら彼女は言った。「信じられないわ！」

私も信じられなかった。私は妻を抱きしめていた。やっと一緒になることができた。しかし彼女は八ヵ月前ルワンダでバスに乗り込んだ同じ女性でなくなっていた。彼女はやせ細り、心配のあまり目の周りがくぼんでいた。私が以前に知っていた女性の抜け殻のように見えた。

「あなたがここにいるなんて信じれないわ！　生きているなんて信じられない！　殺されると思っていた」。また涙があふれてきた。

「私はここにいるよ」私はこみあげてくる涙をこらえながら言った。「私はここだ。皆安全だ」

私の腕に彼女を抱きながら、将来がどうなるのか全く見当がつかず不安だった。この国にこれからどんな未来が待ち受けているのかその時はわからなかった、そして結局、その後三年間も戦争が続き、ジェノサイド（虐殺）にとつながった。私は戦争が地域にもたらす大混乱を、完全には理解していなかった。そう、戦争は殺す、それは知っていたが、それは大破壊の一部分にしかすぎない。戦争によって、未亡人や孤児が大量に生まれる。戦争は腕や足を切り落とし、完全に癒えることのない心の傷を植えつける。戦争によって、人々は家を失い――今回に限って、何十万人――、貧困と移動の生活を余儀なくされた。ジョン・F・ケネディはかつてこう言った。「人類が戦争を終わらせなければ、戦争が人類を滅ぼす」。ガソリンスタンドでリベラタを抱きしめながら、これがどういうことを意味しているのかわかっていなかった。一九九〇年に反政府勢力が始めた戦争は、ルワンダの歴史を永遠に変えてしまうだろう。もしこの戦争が始まっていなければ、ジェノサイドは起こらなかったはずだ――少なくともこれほどの大規模なものは。戦争の始まりは知っているが、どのようにして戦争が終わるのか誰も知らない。各国は、紛争を終わらせる一番手っ取り早く簡単な手段として戦争へと急ぐが、結果的に想像していた以上のものを失い、何年も苦しみ困惑しながら自問する。「我々はなぜここまできてしまったのか」。戦争に「勝利」は存在しない。

しかしその時は何もわかっていなかった。自分自身が生きているということと、妻をまた抱きしめている、そして、後には息子も抱きしめるということだけ実感していた。他はどうでもよかった。

第4章　信じがたい悲劇

民族対立や内戦は、権力を奪い取り維持するために何でもする指導者がきっかけになることが多い。自分自身の政治的目的のために、最も恐ろしい民族暴力を時おり扇動する。

——マイケル・ブラウン（Michael Brown）

キガリ郊外の町ンタラマの教会には、死体が重なりあって山積みになっていた。ジェノサイドの残酷な詳細はこの時点で十分わかるだろう。フツ軍は戸や窓から手榴弾を投げ込んだ。爆発後、暴徒が教会の中に入り最後の仕上げとして、生存者たちを一人残らずナタでめった切りにしたり、息絶えるまで、くぎの沢山あるこん棒マスス（*masus*）で殴りかかった。最終的には、五〇〇〇人もの人がここで殺害されたと報告された。遺体はほとんど女性と子どもで、もうすでに骨と化していた。骨や所有物で床は埋め尽くされ、高さもくるぶしほどまであった。私は歯がまだ残っている頭蓋骨をこの目で見た。ナタで腕や足がバラバラにされている死体を見た。私はすべてを見て外へ出た。これ以上見る必要はなかった。殺害から一年経っており、私は新生活を始めるためルワンダに戻っていた。死に感情を抱かないよう努めていたが、ジェノサイドで荒らされた国では、心情的に無理があった。道で出会った顔見知りとは皆喜びを分かちあい、お互いの生存を神様に感謝し、その後に共通の友人や親族について尋ねると「いいや、彼女は死んだ」「彼は殺された」「家族全員亡くなった」と、同じ答えが返ってきた。

ンタラマの教会は、私が数ヵ月前に帰国してから目にした最初の集団墓場だった。信じられない光景だった。あの教会で死体の山を見、そこで何が起こったのかは一目瞭然で衝撃的だった。避難する場を求め、絶対に安全だと信じていた唯一の場所に逃げ込んだのに、容赦なく殺されたのだ。そして国中でその恐怖が何度も何度も繰り返されたことを思うと、耐えられなかった。以前起きた対ツチの暴力抗争の際、教会は避難所であり、人々が身を隠し守られる場所であった。どんなに深い憎しみを持っていても、誰も教会で人殺しをしなかった。しかし今回は違った。保護を求め教会に逃げ込んだが、羊が群がるように集まった結果、無残にも殺害された家族の話が次から次へと出てきた。殺人者たちは標的を求め祭壇に血を流し、救いを求める男性、女性、子ども、聖職者、そして十字架を背負った牧師を殺害し、神聖な場を襲うことに恥らいが全くなかったのだ。

私は教会から歩きながら、死体、その家族、殺人者への怒り、そして世の中が何もしないでただ見ていたことへの怒りに対し、深い悲しみが入り混じったようなものを感じていた。私はホロコースト後に繰り返される決まり文句《もう二度とあってはならない》を思い返していたが、ここでまた目の前で、テレビの前で、動かぬ証拠として起こってしまったのに、何も対策が打たれなかった。こんなことがありえるのか？


一九九四年四月六日、私はミシガン州デトロイトにおり、カナダ行きの便を待っていた時、ルワンダのジュベナル・ハビャリマナ大統領が乗った専用機が襲撃されたニュースを聞いた。私はすぐにまたジェノサイドが始まると思った。ルワンダの情勢は不安定で政府の反ツチ・キャンペーンが激しく、大統領の死がすべてを爆発させるのは確実だった。

ツチは大統領の死を責められた。外出禁止令が設定され、すべての道路に検問所が設置された。フツ過激派のラジオ局ラジオ・ミル・コリンズ（ＲＴＬＭ）は、ツチとフツ共犯者全員の死を呼びかけた。殺害はすぐさま始まり、フツ軍と大統領警備により、首都キガリから田園地帯まで殺害が広がっていった。ツチだけが標的ではなかった。ルワンダの民主化と統合を説き勧めるフツや、ジェノサイドに反対するフツもまた殺害された。民兵だけが殺人者ではなかった。暴力抗争が広まるにつれて、フツの民間人も、ツチの隣人や時には家族も殺すようになった。

毎朝私は目を覚ますと、テレビをつけた。そして毎日同じ報道、死体の山、黒こげの車、死体で埋まった川の映像を見た。私は理解しがたい無慈悲な残虐行為の報告を読んだ。母親の腕から赤ん坊を取り上げ、殺した。女性や女の子は夫や父親の目の前でレイプされ、その後殺された。あまりにも野蛮すぎ、現実の話とは思えなかった。私は国の将来のことを考えた。フツとツチはともに暮らす日が再びくるのだろうか。《ムヤガ》（風）が過ぎされば、皆また何もなかったかのように、以前の生活に戻ることだろう。私たちはまたフツの隣人と交流し、フツの友人とサッカーをするのだろう。しかし私には、そのようなルワンダの将来は想像できなかった。こんな後で、どうして何もなかったかのように振る舞えるのか？

私は夜、浅い眠りの中で、ナタを手に追いかけてくる男の夢や、幼い自分が母と一緒にベッドの下に隠れている夢を見た。家族が死ぬまで滅多打ちにされ、それを何とか助けようとするが何度も失敗する夢を見た。彼らに許しを嘆願する声や叫び声が聞こえてきた。朝目が覚めると、汗だくで心臓がバクバクしていた。そして私はテレビをつけ、また悪夢を見るのだった。

報道機関は、なぜ暴力抗争が勃発したのか説明していた。ほとんどがフツとツチの長年の民族紛争のせいであると誤って伝えていた。そしてそれは全くの作り話だった。ルワンダの歴史に詳しい人であれば、二民族間の憎しみは植民地時代に始まったが、ジェノサイドのちょうど三〇年前の一九五九年まで、迫害行為は起こったことがないことがわかる。他局は、今回のジェノサイドは、フツ大統領の殺害をきっかけとした衝動的な行動であると説明した。現実的には驚きはなかった。約二年前、ラジオ・ミル・コリンズがツチを敵と呼び、憎しみをこめたメッセージを放送し始めた。政府はツチを殺害するため、インテラハムウェ（Interahamwe）という特別な民兵を訓練し装備させた。政府支持派の新聞は、ツチに対する迫害行為を公に刺激した。フツはツチと関わりあってはいけないと指令する「フツの十戒」を出版する会社までできた。ハビャリマナ大統領の暗殺はただの引き金にすぎず、原因ではない。彼が生きていたら殺戮がこれほど恐ろしい水準まで達していなかったかもしれないが、ジェノサイドの種は着実に彼の生前にばら蒔かれていた。

後にツチ主導の反政府勢力ＲＰＦが首都を支配し、暴力抗争がやっと終わった七月に、死者数が明らかになり始めた。九〇日間で少なくとも八〇万人、もしくは一〇〇万人近くと言われた。ルワンダのツチ人口の四分の三、全国民の一〇分の一が破壊された。ジェノサイドは全国各地で繰り広げられた。隣人が隣人を殺した。地元の暴徒が最後まで仕事を終えなかった場所では、武装した軍人や兵士が介入し後始末をした。武器はナタ、槍、こん棒といった伝統的な武器、そして銃や手榴弾だった。粗末な武器にもかかわらず、殺人者の効率は前例のないものだった——ナチスのユダヤ・ホロコーストを三倍も上回る速さだった。

ルワンダは重要でなかったために、国際社会は助けようとしなかった。私たちには、採掘できる天然資源もなく、守るべき港もなく、戦略的な重要性もなかった。人間しかなかった。どうもそれでは不十分だったらしい。国連のジープやバスが去っていく際に、自分も乗せてくれとルワンダ人が追っかける姿や、ナタで殺される前に銃で撃ち殺してくれと訴える人々の映像を見た覚えがある。囚人が刑を待っているかのように、彼らの顔には絶望感が一杯だった。胸がむかむかしてきた。世界はなぜこんなにも簡単に見捨てたのか？

　自分が逃亡できたことは本当に幸運だったと思う。大統領専用機が撃墜された二ヵ月前、私はブルンジで暮らし、ＮＰＯ団体で働いていた。ルワンダの国外で暮らしていたが、暴力抗争が広がるのは時間の問題であることはわかっていた。反ツチ・キャンペーンがかなり攻撃的になり、国境の反対側にいても危なかった。暴力抗争が飛び火する――すでに飛び火した。ブルンジで、フツとツチの暴力抗争はエスカレートしていた。私はこれまで《ムヤガ》（風）を十分目撃したので、次に何が起こるかわかっていた。

　私とリベラタは計画をたてた。私がアメリカの観光ビザを申請する。もし家族全員でビザを申請したら、国外逃亡の疑惑を持たれるかもしれず、そうなれば却下される。とりあえず、私一人でビザを取得するほうが賢明だった。幸いにも、私はブルンジで信頼ある仕事に就き、妻と二人の息子がいた（前年にリベラタは二人目の息子パシフィックを産んだ）。誰が永遠にここを離れたいと思うだろうか？ 仮に私がビザを取得できたと想定して、私が最初にアメリカへ渡ってから、友人がいるカナダへ行く。そこでリベラタと息子たちを迎えるため、事務の仕事に就く。私たちはそのプランがいいと合意し、私たちが安全で、良き人生への可能性があり、平和に暮らすことのできる国に行ける一番手っとり早い方法であった。

　私はブルンジのアメリカ大使館へ出向き、ビザを申請した。その時期多くの申請が却下されており、自分の分が正式に認定された時には驚いた。これでうまくいく！ そう思った。計画通りに進む！ しかし妻や息子たちを置き去りにしていくという、現実が待っていた。レスペはやっと四歳で、二男のパシフィックはまだ二歳にもなっていなかった。出入国管理の状況で、私たちがまた合流できるまでには長い年月がかかることは十分承知していた。少なくとも一年、もしくは二年はかかるだろう。息子たちは私の顔も忘れてしまうだろう。このような不安定な国に、どうして置いていけるだろう。リベラタにビザが取得できた旨伝えると、彼女が私と同じことを考えているのがわかった。

「私たちはどうやったら合流できるの?」彼女は聞いた。「今度はいつ会える?」。私は答えられなかったが、良き人生を送るためにアフリカから脱出する方法しかないことはわかっていた。「すぐに何とかする」私は言った。「カナダに行くにはこの方法しかない」。彼女を抱きしめた。「行かなければならないと思う」

「そうね」彼女はいつもの冷静さで言ったが、彼女の声が震えているのがわかった。「わかっているわ」

そして一九九四年三月の温かい日、妻、息子たち、義父母、弟エマニュエル、そして二人の姪甥がお別れを言うため、空港まで見送ってくれた。飛行機に搭乗する際、私は最後にもう一度振り返り涙しながら手を振った。次会えるのはいつになるだろうと不安になった。その一ヵ月後にジェノサイドが始まった。ハビャリマナ大統領の専用機に乗っていたブルンジの大統領も殺害され、ブルンジにおいて暴力抗争が拡大し、リベラタと息子たちは一刻も早く国外に脱出しなければならなかった。私は彼女に電話をかけ、真剣に計画を練った。「ウガンダへ行きなさい」彼女に言った。「そこで私たちの友人のところに行けばいい。あそこのほうが安全だ」。彼女は賛成し、ブルンジの家族に別れを告げ、すぐさま息子たちとともにウガンダへ飛び立った。

ウガンダで安全を確認すると、私たちはルワンダで今何が起こっているのか電話ですべて話した。国民性もあり、私たちは泣かなかった。その必要がなかった。私たちの深い悲しみが言葉をすべて包み込んだ。ルワンダにいる家族について何か耳にしたか聞いてみたが、「何も」と彼女は静かに答えた。「ルワンダとは全く連絡がつかないの。すべて遮断されてしまったわ」

「子どもたちはどうしている？」

「あなたのことをひたすら聞いてくるわ。パパはどこ？　パパはどこ？　といつも言っている」

胸が痛んだ。「すぐに一緒になれるさ」

「わかっているわ」彼女はそう答えた。

私は電話を切り、それが果たしていつになるのだろうと不安になった。五月には私はアメリカから出国し、カナダで他のルワンダ難民とともに暮らしていた。私たちはまだアフリカにいる親族からのわずかな情報を分かちあいながら、一日中出来事を明らかにするため話していた。私たちはほとんどツチだったが、この地域にはフツも同様に住んでいた。彼らは殺害とは全く関係がなかった。とてもよい人たちで、彼らも私たち同様に苦しんでいた。彼らもまた母国や家族から遠く離れて暮らしていた。多くのツチの親族や友人がいたが、ほとんどが亡くなっていた。ジェノサイドの手は、奥深く幅広く伸びていた。その手から誰も逃れられなかった。

そうしている間にも、ＲＰＦがルワンダに侵攻し始めていた。ＲＰＦはウガンダ、ブルンジ、コンゴ、そして世界各国のルワンダ亡命者によって結成されていた。私や他のルワンダ人は、彼らが唯一のルワンダの希望だと思い込んでいた。もし政府過激派を打倒するのに成功すれば、殺戮は終わり、ツチに差別がない生活が送れるような政府が成立されるだろう。生存者は、これ以上恐怖心を抱きながら暮らすことはない。長年、国外で亡命生活を強いられた人たちは帰国できる。ルワンダはまた一つになる。私はずっとそう信じていた。少なくとも何かが変わる、そう思った。

しかしテレビの映像は、まだ死のことを嫌味のように思い出させた。六月のある日、最新報告を読んでいた時、胸の鼓動を高まらせる記事を目にした。国際社会による唯一注目すべき介入についてだった。フランス主導の「トルコ石作戦」。その介入は遅く、ほとんどの殺戮が起こった後の、人道的価値がお世辞にもよいとは言えない時であった。トルコ石作戦が表明した目的は、ルワンダ南西部に「安全地帯」を設置することだった。しかしフランス政府の動機は疑わしかった。フランスはハビャリマナ大統領政権の強力な支援国であった。実のところ、大統領専用機はフランスのフランソワ・ミッテラン（François Mitterand）大統領からの贈り物だった。フランス政府が言うところでは、人命を助けるための人道的任務であったが、それ以外にフツ政府の地位を支持し、著しい勢いを得ていたＲＰＦを抑圧することも任務にあったようだ。フランスが本作戦に関する声明を発表した時、ＲＰＦと私自身を含む国外在住のツチの両方から厳しい反発を招いた。中立な勢力による介入であれば、私は真心こめて支持していたが、フランスは中立国ではなかった。私はフランス大使館への抗議活動に加わったことがあるが、フランスの介入はフツ過激派の勝利を意味することは確かだった。反対運動にもかかわらず、六月二三日に、フランス軍二五五〇人の最初の部隊がルワンダに着いた。

テレビのニュースでは、ツチの家族がフランス軍によって救出される映像が報道された。自分が目にしたものが信じられなかった。私の義姉ブリジットと彼女の家族だ！　そして彼女の横には私の弟ジョンがいた。彼らは生き延びたんだ！　目から涙があふれ、私は手を組んで感謝を述べた。彼らは生きていた！　ジェノサイドが始まって以降ニュースを録画していたのだが、報道が終わると巻き戻して再度見直した。彼らの顔を見、間違いないか確認した。私は間違ってはいなかった。確かに彼らだった！

フランスの介入の影響についてはもっと盛んに討論すべきだが、その時は彼らに対し深い感謝の気持ちで一杯だった。ミッテラン大統領はフランス軍が「何万人もの命」を救ったと主張したが、批評によると彼らは到着するのが遅すぎたためにあまり役に立たず、いわゆる「安全地帯」の中でツチの殺戮が続いていた。そのうえに、フランスは占拠中、その地域へ移ったラジオ・ミル・コリンズの伝送器を強奪しなかった。それでも彼らは間違いなく、私の義姉を含む命を救った。フランス政府に対する気持ちは複雑だった。長年ツチを不当に圧迫する政権を支持してきたことに関して怒りを覚えるが、彼らがジョン、義姉とその家族六人、そして他のツチを救出してくれたことに口では言い表せないほど感謝していた。

神様、ありがとうございました、私は幾度も幾度もつぶやいた。彼らを守ってくれありがとうございました。まるで死から生き返ったような気分だった。二ヵ月以上前に暴力抗争が始まって以来、初めて希望を感じた。もっと生存者がいるかもしれない、そう思った。他の人たちも逃げ切ったかもしれない。

暴力抗争が始まってから、ブルンジで暮らしていた弟エマニュエル・ニヨムガボが、七月に電話をしてきて、家族の消息を探すためルワンダの村に戻ったことを聞いた時、彼の声ですぐに私が抱いた希望は間違っていたことに気がついた。

「大惨事だったよ」彼は淡々と言った。「家族は死んでいた。皆ね。母も、父も、サムエル、ディビッド、エディス……」

「ジョンは？」私は割り入んだ。救出される映像を見てからずっと彼の消息が気になっていた。「ジョンは見つけたか？」

「いいや、ジョセフ」彼は一瞬間をおいた。「彼も死んだ」

信じられなかった。「いいや、そんなはずはない。私は彼をテレビで見た。彼は逃げ切ったはずだ」

エマニュエルはまた言った。「いいや、ジョセフ。彼は死んだよ」

「そんなことはありえない！　私は見たんだ！　彼は生きている。彼が避難させられているところを見たんだ」。私はさらに追及した。「ブリジットは生きてる？　もし彼女が生きているなら、ジョンも一緒にいるはずだ」

「ジョセフ、僕は彼の死体を見たんだ。彼は殺された。彼は死んだんだ、ジョセフ」。エマニュエルは、ジョンの死体が家から数キロ離れた丘の斜面で発見されたことを教えてくれた。安全を求めて義姉フツの姻戚の元へ走って行く途中、その家族の孫に出会い、その彼にナタで殺されたと。私がビデオで見た男は、妹の家族の友人であると彼は教えてくれた。ジョンではなかった。私の心は新たに引き裂かれた。私は受け入れることができなかった。迫害行為が始まる前、ジョンがキガリを離れ両親の元で教育を続けるためキブイェに戻ってから、私が友人を通して、ルワンダを離れ私とブルンジで合流しようと手紙を送ったあの時から、まだわずかしか時間が経っていないというのに。その時、友人は彼の返答を伝言してくれた。「私は両親と一緒にいる。彼らが殺されたなら、私も一緒に殺される」。そしてその通りになった。

エマニュエルはさらに続けた。彼は、母と二人の姉妹マーサ・イリバギザとブデンシヤナ・ムカンクンディイェを茂みの中で発見した。そこで狩りだされ殺されるまでの二週間、彼女らは二人の義母、義姉、そして彼女らの幼い子たちと一緒に隠れていた。彼女らは二週間ずっと一緒に歌い、祈り続けていた。彼女らはもう殺されることはわかっていたが、他に行くあてもなく、奇跡を信じて神様に祈り続けた。しかし奇跡は起こらなかった。

父の死体は家の近くで発見された。頭は離れた場所で見つかったそうだ。皆迫害行為が始まって間もない四月に殺されたようで、死体の腐敗はもう始まっていた。それでも、弟エマニュエルが言うには、皆認識できた。「パパを見たら、パパそのものだったよ。パパを見たんだ」

姉のベアトリス・ムカムナナも死んだ。彼女はルワンダ南部のギコンゴロで暮らし、小学校の先生として働いていた。ベアトリスと五歳の息子と三歳の娘の目の前で、最初にベアトリスの夫が撃ち殺された。そして次にベアトリスの番だった。彼女の子どもたちは奇跡的に逃げコンゴへ避難した。最後にベアトリスに会ったのは、ちょうど九ヵ月前だった。私はブルンジに当時住み、ＮＰＯで働いていた。一〇月に仕事のため上司に付いてコンゴ東部とルワンダ南西部に行った。出張中、予期せぬ襲撃でフツのブルンジ大統領がツチ兵士に殺害された。そのニュースを耳にした時、急速に状況が悪化するとわかっていた。すぐさまブルンジのすべての道路が封鎖された。そこへ行く唯一の方法はキガリからの飛行機で、私たちはまだ首都まで車で半分の距離までしかきていなかった。しかし国外脱出する望みが少しでも残っているならば、私たちは空港へ向かわねばならなかった。それは恐怖のドライブとなり、緊張が一気に高まった。銃で武装した男たちが道路を警備していた。《ムヤガ》（風）は今にも起こりそうで、切迫していた。一番恐怖心を抱いたのは、何千人ものツチが一九六〇年代に殺害されたギコンゴロを通っている時であった。私たちの車がその中の細い小道を慎重に通過していると、ベアトリスが道路際を歩いているのをたまたま見かけた。私は運転手に止まるよう伝え飛び降りた。「ベアトリス！」私は叫びながら走り寄り抱きしめた。彼女は私より一歳しか離れておらず、常に身近な存在だった。その日彼女に会えたことは、恐怖の真っただ中で、神様からのささやかな贈り物のように思えた。しかし彼女は私が以前から知っていたあのベアトリスではなかった。彼女は急いで私を抱きしめ、すぐに私がそこにいることに対し強く非難した。「ここで何をしているの？」彼女は怒りながら質問した。「ここにいるべきじゃないわ。危険すぎる」。彼女の眼がキョロキョロと、外国のナンバープレートの車に乗ったこのツチ男性と彼女が話しているのを誰かが見ていないか警戒していた。私は、ブルンジに戻るため首都に向かっていると、何が起こったのか説明しようとしたが、彼女は聞こうともしなかった。「ここにいてはいけないわ」彼女はそう言い続けた。「行って。ここは安全じゃないわ。お願いだから行って。できるかぎり早く去る方法を見つけて」。私たちはまた抱きあい、それで終わりだった。私は車に戻り、彼女の恐怖の目と絶望に満ちた声が私の頭の中に写真のネガのように焼き付いて離れなかった。私は車が動き出すと同時に、後ろの窓から手を振ったが彼女はもうすでに歩き去っていた。

エマニュエルは私たちの兄弟姉妹についても話してくれた。その話はフツの隣人や生存者からの話をなんとかつなぎ合わせたものだった。義兄ディビッドは迫害行為が始まった頃、病気で地元の病院にいた。彼は病院を退院して、村へ戻り家族の元に帰ろうとした。過去にも隣人にいつも守ってもらっていたため、今回も村に戻れば大丈夫だと考えたのだろう。しかし母、妻、学校に通っていた四人の子どもたちは死んでいた。彼は一九七三年に命を助けてもらったフツの家族アブラハムさんの家へ向かった。しかしアブラハムさんの孫が彼を殺してしまった。この話を聞いて、私は気分が悪くなった。

エマニュエルは、キガリ郊外に住んでいた義弟ゲラルドについても話してくれた。ゲラルドはとても強く、身長が一九五センチ以上もあり背が高かった。彼はバレーボールをし、バイクを乗り回していた。子どもの頃、女の子にモテモテだった。高校で、フツの父を持つ一人の女の子が彼の心をつかんだ。彼らは高校卒業前に結婚した。暴力抗争が始まる前に、彼は妻の親元はフツで実家のほうが安全とわかっていたので、妻や二人の子どもを帰省させた。彼自身も行けばよかったのだが、ピストルを持っており、家に残って戦うことに決めた。暴力抗争が始まる前に、ルワンダが危険なので彼に出るように伝えたが、彼は断った。「私が死ぬ時は死ぬんだ」彼は言った。「しかし私が先に彼らを殺してやる。戦わずして自分の命を奪わせない」。その通りになった。

ゲラルドは、フツの加害者にピストルの弾が空になるまで打ち続け反撃した。そして彼は殺された。

エマニュエルはもう一人の兄サムエル・ビタフルガンバのことも教えてくれた。彼の二人の娘と息子は、暴力抗争が始まった頃に殺された。子どもたちが殺害された後、彼の妻タビサは教会へ逃げ込んだが、そこで殺害された。サムエルは、母が幼い頃育ったキブイェの山脈がそびえたつビセセロへ行った。そこはツチ人口が多く過去にフツの攻撃からの防衛に成功したことのあるところで、常にツチの戦士の地域で今回も同じだった。そこはツチが組織化され、槍、岩、弓矢でフツと戦う数少ない地域であった。サムエルは戦いに加わった。彼は強い男で前進してくるフツと勇敢に戦った。しかし戦闘中に彼は足を撃たれた。彼は山中にいたため治療を受けられず、傷がひどい感染を起こし、結果的に亡くなってしまった。

義兄アモス・カレラもビセセロに逃げた。姉エディスの夫アモスは喘息持ちで、いつも体調がよくなかった。ビセセロでは生き延びるためには走り回らなければならない。フツから逃れるため常に走り続けることと、この山々の寒さがアモスの健康に悪影響を与えた。数日後には走り続けることができなくなった。しかし彼は殺されるのを待つのは嫌で、早く死にたかった。そこで仲間の戦士が近寄ってくる民兵の銃撃から逃亡している中で、彼はそれに向かって走り、銃撃された。

彼の妻で、私の姉エディス・イェホファイエと三人の娘は、他のツチも集合し安全と信じていたムネゴロのセブンスデー・アドベンチスト教会の施設に保護を求めた。しかし四月一六日に、フツの民兵が施設に到着するや否や、一一時間で約八〇〇〇人もの男性、女性、子どもたちを殺戮した。

エマニュエルは、誰が死んだか、どのように死んだかという話を延々と続ける中、私は口をはさんだ。「誰が死んだかもう言わなくていい。誰が生存しているか教えてくれ」。残念ながら、生存者の話のほうがかなり短かった。義姉のブリジットと彼女の家族、フツ男性と結婚した三人の義理姉妹、そしてフツの夫と子どもたちとコンゴへ逃亡し生き残った姉のアグネスだけだった。それだけだった。両親も、義理の母たちも死んだ。私の母の一〇人の子どものうち、七人が死んだ。義理の母の六人の子どものうち二人が死んだ。そのほとんどの子どもがそれぞれ五歳から二五歳までの子どもをもうけていたが、ほとんどが死んでしまった。私の家族の大半は、いなくなってしまった。

エマニュエルはその地域で殺された遺体を集め、私たちの土地で集団墓場を作った。あまりにも大量の死体のため、どの部分がどの死体のものか認識できなかったが、それでも彼はすべて集め埋葬する準備をした。三〇年間の亡命を経験した妻リベラタと彼女の家族は、息子とともにルワンダに戻り、キガリに住んでいた。彼女はキブイェに行き、葬式に参加してくれた。私は滞在先のカナダで、家族、私自身、そして何十万人もの死者を嘆き悲しんだ。ジョン――私がジョンだと思い込んでいた人――が、義姉と救出されているビデオを観て、彼であることをまだ確信していた。私が自分の弟を見間違えるなんて。私は思った。あれは絶対ジョンだ。エマニュエルのほうが間違っているに違いないと思った。彼はジョンの遺体を見つけたんじゃない。他の誰かのだ。彼は殺害後三ヵ月も経った遺体を見ていたから、ジョンだという確信が持てるはずがない。今ここで彼が元気に生きている姿をテレビで見ている。まだ彼が奇跡的に生存している望みを捨ててなかった。彼の生存を伝える手紙や電話をずっと待ち続けた。しかし、何もこなかった。それよりもさらなる死亡者の報告ばかりが届いた。

大勢のフツがルワンダから避難している映像をテレビで見た。ＲＰＦがルワンダの権力を奪取し、今度はフツが命の危険を感じ脅えていた。約一七〇万人ものフツがコンゴに避難したが、その難民キャンプでは、千人単位でコレラで亡くなった。どのような呪いがルワンダに降りかかったというのか。私は難民全員に罪があるとは思ってはいない。罪のない人も苦しんでいた。子どもたちや高齢者、障がい者たちが死にかかっていた。私の姪でフツの父を持つパトリシアは難民となり、コレラで亡くなった。何も悪いことをしていない人々が罪を償っていた。

殺害後の最初の数週間は、私は深い悲しみと怒りの中をさまよっていた。人生の中で初めて、神様への信仰が揺らいだ。私は古代ルワンダ時代からの言い伝えを思い出していた、*"Imana yirirwa ahandi igataha I Rwanda"*《神様は日中どこかで過ごしているが、ルワンダでは眠ってしまう》。男性や女性、子どもや高齢者や弱者が情け容赦なく殺害されている間、神様はどこにいたのだろう。彼は眠っていたに違いない。私の母や姉妹、そして他の殺された皆が保護を求めて祈っていたのに、神様は彼らの祈りに耳を傾けなかったのか。神様はただ深い眠りにつき、一〇〇万人近い人々の苦しみに気づかなかっただけなのか？

私の人生は全く無意味のように感じられた。何をしたらよいのかわからなくなった。ルワンダへの帰国も考えたが、周辺の人は皆私が正気でないと言った。絶対安全でないので帰国するのは間違っていると言った。なぜこのように美しく平和なカナダを去って、戦争で破壊されたルワンダに戻るのか。私はしばらくその考えを引っ込めていたが、一九九五年二月に戻ることを決心した。国はめちゃくちゃだった。ほとんどのツチは殺され、大勢のフツは国外避難した。二〇年以上も前、父が私を教育のためコンゴに送りだした時、私に言った父の言葉を思い出した。「我々が殺されても、おまえは生き延びろ」。彼は正しかった。今では家族の生存者の中で、私が一番年上となった。私は教育を受けていた。その教育に、私の両親は大変大きな犠牲を払った。もしかしたら私が、変化をもたらすことができるかもしれない。私は今までも常に母国を愛し、そして再建させたいと思っていた。それにリベラタと息子たちのカナダへの入国手続きは全く進まず、のろのろとしていた。このすべての死と破壊の後、離れ離れになっているのは無意味に感じた。私は妻に電話で、ルワンダに帰国したい旨を伝えた。

しばらくの間、彼女はだまっていた。「なぜ?」彼女は聞いた。「あんなにもひどいことがここで起こったのに、なぜまた戻りたいの?」

「母国を助けたいんだ」私は答えた。

「誰を助けると言うの? 誰も残っていないわ」

「わかっている」私は言った。「うまく説明できないが、私は戻らないといけないんだ。それしか方法がない」

「いいえ」彼女は言った。「ここにきてはいけないわ。今まで散々戻るべきか話し合ったじゃない」

彼女の言いたいことはわかっていた。暴力、混乱、そして命からがら国境を越え逃亡してきて、やっともう少しで私とともにカナダで安心して暮らせる生活が手に入ろうとしていた。彼女は今さら、この殺しの地で新生活を始めることに全く興味がなかった。

しかし戻ることは私の責任であり、義務であると伝えた。自分が生き残ったのには理由があり、母国を再建し、新たにスタートをする手助けをしなければならない。

在カナダのルワンダ人にこのことを伝えると、彼らも皆衝撃を受けていた。「何を修復しようとしているんだ?」彼らは皆尋ねた。「皆亡くなった、もしくは逃亡した」。ルワンダに帰国した人は、唯一新政権に支配的地位を与えられた人たちだけだった。私はそのような高い地位との繋がりはなかったし、仕事の保証も全くなかった。それでもなお、私は戻りたかった。私はルワンダで新しい生活を始めたかった。私の意志が固まっていることに気づくと皆、私に別れを言いにきた。フツもツチも民族は関係なしに、私の旅費をカンパしてくれた。私はそれを見てルワンダの言い伝えを思い出した、"*Turi bene mugabo umwe*"《我々は同じ父の息子と娘である》。家に戻る時期がきた。

一九九五年五月初め、私が乗った飛行機は隣国ウガンダに着陸した。ルワンダへの直行便がなかったからだ。飛行機が止まると、そこにはルワンダからわざわざ迎えにきてくれたリベラタと彼女の姪、そして家族の友人がいた。私たちは抱きあい、キスをしながら彼女の頬に涙が流れているのを感じとった。家族の死を知ってから初めて、愛情と温かみと生命を感じた。しかし皆の死はずっとつきまとった。彼女は葬式のため私の実家の村を訪れたこと、彼女が目にした廃墟——死体、破壊された家々、以前は人が働いて暮らしていたはずの広大な空虚のことについて話してくれた。「あなたの家族は皆いなくなったわ」彼女は言った。「こんなことが起こるなんて」。彼女は、彼女の姉が四人の子どもとともに殺されたこと、そして彼女の姪の夫もまた殺されたことを教えてくれた。

あくる日、私たちはルワンダ行きのバスに乗り込んだ。バスはスクールバスよりも小さく、定員を超えるたくさんの人が乗り込んでいた。私たちは肩と肩を押しあい、乗客が多すぎギュウギュウ詰めで、その悪臭から逃れるため、途中売り子から食べ物を買ったり一時の休憩をとりながら、四時間かけてルワンダまで向かった。その混雑の中でも、皆優しくお互い我慢強く耐えた。悲劇はある意味で人々に人間性を取り戻してくれる。それはまるで生き延びた者への贈り物で、人生の大切さを急に思い出させてくれているかのようだ。

ルワンダの国境を渡る時、今まで目にしたことがない風景が目に入った。ツチの兵士だ。自分の少年期は、軍や警察は常にフツだった。だが今ではどこを見回しても、銃を所持しているのはツチの男性だった。少年期以来、私が台所で初めてツチとフツの意味を知った時以来、私は初めて安全だと感じた。キガリに到着した時、恐れず兵士に近づくことができることに感動を覚えた。武装した男が横切っても、落ち着かない感情を抱かず、体がこわばることを初めて感じなかった。親戚が軍で働くのは、人生で初めてだった。政府から守られていると感じる重要性を理解した。またフツが逆の気持ちを抱いていることにも気づいた。今や彼らが恐怖心を抱いていた。ツチの友人が話してくれたが、フツが信じられないような様子で彼に尋ねたことがある。「ツチもこのような感じだったのか？　三〇年間もこのように恐怖を感じながら生きてきたの？」。友人はぶっきらぼうに答えた、「そうだよ！」。今では立場が逆転し、フツが、私たちツチが長年感じてきた安全の保証のない感覚を味わうのだった。

しかしこの変化を身体で感じながらも、私はフツの本当の苦しみを理解できていなかった。フツに対する迫害を耳にした時、それは戦後の危機のせいで、いつかは通り過ぎるだろうと思っていた。私は新政権を信用し、RPFの軍事指導者であるポール・カガメ（Paul Kagame）を尊敬していた。やっとのことで、ルワンダはツチもフツも関係なく一つの国民を代表する民主政府の下で平和になると思った。その時には私が政府に関わりあいを持ち、その後その見せかけに失望感を感じるなどとは全く想像もしていなかった。

しかしその時、自分は何も知らなかった。私はただ未来への楽観的な期待感だけがふくれあがっていた。私は家族とともに、ルワンダでの長く幸せな人生だけを想像していた。以前のように店を開いてもいいかもしれない。もっと子どもを産もう。私が子どもの頃そうしたように、いつか地元へ連れていき、湖へ泳ぎに行ってもいい。両親はもう亡くなってしまったが、いつも親しくしている妻の家族が生き残っている。私の義母がかつて彼女を実の母のように慕うべきだと教えてくれた。私の本当の母が亡くなった今では、その言葉が特別な意味合いを持っていた。彼女らに会うことが、家族の死を聞いてから大きく開いている私の心の穴を埋めてくれた。彼女たちは私を実の息子のように、私への愛情だけでなく、娘の元にまた戻った夫に対する安堵も含めて抱きしめてくれた。私たちは皆一緒だった。これこそ我が家である。

私は職を探し、いくつかのコンサルタントの職に内定した。その中の一つに、アメリカ国際開発庁（USAID）で働くローレル・ローズというアメリカ人女性の通訳と調査助手をし、ルワンダの分割された法律制度を調査した。一緒に国中を旅し、フツが殺人の疑いで捕えられた刑務所を訪れた。それは非常につらい任務だった。ルワンダ中で一〇万人近くの人々が一時しのぎの刑務所に監禁されていた。私たちは、かすかに座る場所があるだけの部屋に、男性・女性で埋め尽くされた刑務所の中に入った。汚い状態で、汗や吐き気を催す匂いが充満していた。郊外の小さな刑務所はさらにひどかった。時おり刑務所の戸が開けられた瞬間、匂いがあまりにもひどく、足を一歩も踏み込めなかったこともあった。

キガリの大きな収容所では、ローレルとともに溢れかえった人々の中を歩いて行くと、誰かが私の名前を呼ぶのが聞こえた。「セバレンジ」か細い声だった。

私が振り返ると、驚いたことに私の故郷の村長がいた。彼も私同様驚いた様子だった。彼は以前、私の家族と親しくしていたが、私の家族を含む村に住むツチの殺害を指示した罪で訴えられていた。彼がフツに、隣人を殺せばその土地は自分のものになると言い、村のフツに殺害するよう促した。彼は暴徒をかり集め、一人でも生存者がいれば土地を正当に主張されると念を押し、ツチを一人残らず殺すよう煽動したのだ。

今、彼はここで目の前に立っていた。彼は病的でやせ衰え、絶望に満ちた目はくぼんで、まるで人間の抜け殻だった。もしもっと前に対面していたら、憤怒以外何も感じなかったかもしれない。彼に叫び罵《ののし》ったかもしれない。しかし驚いたことに、今彼と実際顔を合わせていても、特に何もしたいと思わなかった。

「元気ですか?」

「あまりよくありません」彼はそう答えた。それは確かだった。私たちは短い会話を少し交わし、はっきりと聞いた。「あなたは関与していたんですか?」。何に対してかは言う必要はなかった。彼は知っていた。

「いいえ、いいえ」彼は頑なに言った。「私は関与していない。私は無実だ」

私には彼が嘘をついているのがわかったが、何も言わなかった。私たちが話すにつれて、私が昨年感じていた怒りや恨みはすべて静まっており、それよりも他の感情がゆっくりと表に表れてきているのを感じた。それはあわれみであった。怒りでも嫌悪でもなくあわれみだった。うまく言葉では説明ができないが、彼が何をしたかにかかわらず、私は彼がかわいそうでならなかった。私たちが別れを告げ去ろうとした時、私はポケットに手を伸ばし、お金を取り出し彼に渡した。「これで食べ物を」私は言った。

「ありがとう」彼は声を詰まらせた。

「当然のことです」。それで私は去った。それ以来彼には会っていない。数年後彼が刑務所で亡くなったと聞いた。

USAIDのアメリカ人女性ローレルは後に、この予期せぬ出会いについてこう書いている。「ジョセフは、彼を無実と信じたのかどうか、告訴のことを全く気に掛けなかったのか、もしくは彼をただ困っている村の知り合いとして扱うと決めたのかどうかはわからない」。別に英雄ぶるつもりはなかった。私は主張の正しいことを証明するつもりも、独りよがりの敬虔を演じるつもりもなかった。実のところ、そんなことは全く考えていなかった。私はただ困っている人を見つけ、手を差し出しただけだった。それ以上でもそれ以下でもない。彼が何をしたとしても、私は彼を助けなければならなかった。彼によって、私の態度が影響を受けるべきでないとわかっていた。

その時には気づかなかったが、その偶然の出会いが、私の人生を変えた。村長に会い、彼の深い苦しみに気づき、彼を助けたことで私自身の苦しみの奥底を見ることができ、私の何かが変わった。私はルワンダでの人生が心に描いたものと違うものになることに気づき始めた。それは、罪は裁判にかけられ、罪のない人は立ち直るという満ち足りたところを想像していた。しかし現実には、罪があまりにも多すぎた。フツ過激派政権はできるかぎりの人を殺害に関与させた。全員が全員手を血で染めたら、誰が死の責任をとるのだ？　誰も自白しないだろう。会う人皆が無実を訴える。もちろんそんなことはありえない。一〇〇万人近い人々が殺害され、殺人者が一人もいない国などありえない。彼らは罰を受けるべきだとは思うが、収容所は受け入れられない状態で、無条件の釈放ももちろん受け入れられない。私たちはもっと柔軟に対応できる司法が必要だと気づき始めた。ジェノサイドを計画した人たちには厳しいが、その他大勢には大目に見るシステムだ。しかし何よりも重要なのは、お互いに赦しあい、前進する方法を見つけなくてはならないと思った。前進できるために、お互いを赦しあう方法を見つけなければ。

ＵＳＡＩＤの助手として働き始めた頃、妻は私が殺人者と会ったり話していることに大変動転した。警備が事実上ない中で、刑務所で私が攻撃を受けたり殺されるのではないかと心配だった。彼女に、ジェノサイドの容疑者の言い分を聞きたいことを伝えた。彼らに直接会い話すことで、無分別なジェノサイドの意図が少しでもわかるのではないかと思った。しかし実際には何もわからなかった。大勢が耐えてきた恐怖の意味を理解できる会話や事実が存在しなかった。ジェノサイドの間、フツ政権とインテラハムウェは、普段優しく思いやりのある人々を血に飢えた狂気へと変貌させた。良き人々に残酷なことをさせた。義兄ディビッドを殺した、隣人の子どもを思い浮かべた。ジョンを殺害した、義理の姉妹の姻戚の孫息子を思い浮かべた。ジェノサイドにおける市長の役割を考えた。友人や隣人が殺人者へと変貌した何千もの話のことを思い、自問した。こんなことがありえるのか？　納得できる答えは一つもなかった。

答えを探し求めていると、何かもっと重要なものがあると考えるようになった。自身の苦しみの外へ目を向け、他人の苦しみに目を向けるようになった。私はもう一度フツを隣人として友人として、そして必要な仲間として見ることができるようになった。

ＵＳＡＩＤの仕事が終了すると、私は、ＮＰＯで働き始め、主にフツが住む地域へ出向き、そこでツチの反政府勢力による大量な人権侵害の話を聞くようになった。以前ならば、このような話を聞いても、聞き流していた。「ツチがそのようなことをするはずがない」とそう思っていた。「フツは同情を得るため嘘をついている」。彼らの話が嘘でないことがわかり始めた。ツチもまた残酷な面を持ち合わせ、あれほど信頼していたＲＰＦが実際にひどいことをしていたのだ。

フツが自分の家族を守るためもがいている姿を見た。ツチ生存者や帰還者が貧困を乗り越え、自身の生活を築きあげようと苦労しているのを見た。フツがツチ隣人の再建の手助けをしているのを見た。ツチ生存者の両親が、逃亡したあるいは死んだフツの姪や甥のことを気にかけているのを見た。フツの夫を刑務所から解放するため、ツチの妻が働きかけているのを見た。私はすべてを目にし、私たちの暮らしぶりが複雑に絡みあっていると気づいた。私たちは、ともに沈むかともに生き延びるかどちらかに転ぶと気づいた。私たちは皆ここにともにいる。今、私は改革への道を見つけなければならないのだ。

第5章　神様の示した道

神様はほこりから貧困層を育て、灰山から貧困者を引き起こす。また王子と彼らを席に座らせ、名誉の王座を継承させる。
——1サムエル（Samuel）2：8

私は女性が体重を交互にかけ、体を左右に揺らしているのを見つめていた。彼女の眼は見開き、顔は天井のほうを向いていた。彼女は歌っていた。何の歌かは覚えていないが、彼女のことはしっかりと覚えていた。片腕を失っていたが、今まで見た人間の中で一番完全なる人間らしく見えた。彼女が神様とともにいて心安らいでいるのがわかり、うらやましく思った。

キガリにある、小さくかすかに明かりがついた教会に、その完全なるものを探しにきた。私は辺りを見回し、腕や顔を上げ、皆が体を揺らしながら歌っているのを見つめていた。その歌声は、もっと奥深い場所から響いていた。彼らの体中から聞こえてくるようで、まるで皆の魂が喉から通り抜け、天国まで伸びているかのようだった。人がこんなにも情熱的に賛美する姿を見たことがなかった。カトリックとセブンスデー・アドバンチストが主流であるルワンダでは、教区民が静かに礼拝式を進めるようなもっとおとなしい礼拝が主流であり、歌や祈りでこんなにも心魅かれる人々を見たことがなかった、私が求めていたのはこれだ、そう思った。私はこんな人になりたかった。

神様は常に自分の人生の中にいたが、その存在を実際に感じたことは一度もなかった。子どもが毎週礼拝に通い家族とともに祈りを捧げ育つように、私は神様がある種抽象的で遠い存在のように感じていた。私は宗教に関わってはいたが、信心深い人間ではなかった。

ジェノサイド後、私は持ち合わせていた信念をなくしてしまった。神様から見捨てられたような気分だった。神様がなぜこんなにも無実な人々にあのような恐ろしい運命を背負わせたのか全く理解できなかった。なぜだと何度も神様に問いかけたが、何の返答もなかった。なぜ何人もの牧師たちがジェノサイドの共犯となりえたのかも理解しがたかった。カトリック牧師やアドバンチスト牧師がそこに集まった人々が殺害されるのを横でただ立って見ていた、もっとひどい場合は、殺戮に加わっていたという話を耳にした。彼らは神様の使いではなかったのか？ 手が血で染まった教会のリーダーにどうやって信仰心を持てというのだろう。子どもの頃からすべてを愛する神の教えを信じてきたが、それを失ってしまった。

そんなある日、私はコンゴの首都キンシャサへ出張し、他のＮＰＯの代表者とともにセミナーに参加した。そこで私は同じセミナーの参加者の、コンゴからきたムラー・ルヒンビカと相部屋になった。毎晩寝る前に彼は祈りを捧げた。朝も起きると彼は祈りを捧げていた。自分も子どもの頃、家族とともに毎朝晩祈り讃美歌を歌ったのを思い出した。私はムラーを見て、彼がいかに他人への思いやりや平穏な心を持ち、信仰深い人かがわかった。自身の中の信仰をどんなに懐かしがっていたのかを思い出した。自分の家族を殺した者に対する復讐は慎みつつ、再建に力を注ぐことができたが、毎日が苦闘であった。ある夜ムラーに尋ねた。「どうしたらあなたのように信仰深くなれるんですか？」

彼は優しくほほ笑んで答えた。「祈りの人生を歩まなければなりません。あなたの周りに祈りを捧げ、神様を愛する人々が必要です」

「しかしどこで探せばいいですか?」。ルワンダではそのような信仰深い人々に知り合いがいなかった。義姉ブリジットは大変信仰深かったが、彼女から影響は受けなかった。私は彼女に会っても、「私たちは同じ家族だ。同じ出身である。なぜ彼女に本物の信仰があると言える?」と思うだけだった。ルカの聖書にもあるように、《彼の故郷で提唱者は受け入れられない》。私もブリジットに対し同じような感覚だった。彼女はいい人で優しい女性だったが、彼女に何か特別なものは感じられなかった。子どもの頃から一緒に遊んできたこの人間が、自分よりも神様を理解できているとは到底信じられなかった。

「ルワンダに紹介したい人たちがいます」ムラーが私に言った。「キガリで教会の牧師の友人がいます。彼と連絡をつけましょう」

キガリに戻ると私は早速牧師に連絡をし、教会に招待してもらった。

そして私は今ここにいる。人々の魂に筆舌しがたいほど感動した。明らかに何かを、私が思っていた以上にずっと長く探し求めていた何かを見つけたことに気づいた。

月日が経つにつれて、私はもっと教会に関わるようになり、私の信仰も徐々に育った。私の魂の源に、水を注いでくれた。長い間探し求めていた答えがゆっくりと静かに表に現れ始めた。子どもが親に「どうして」と尋ねるが、その答えが理解できないように、私はなぜ自分の家族が、そして大勢の人たちが殺害されたのか繰り返し必死の嘆願をしたが、神様の答えが理解できなかった。「謎とは意味不足ではなく、我々が理解できる範囲をはるかに超える意味合いを持っている」[8]ことに気づいた。結局、神は絶対ではないのか?信仰とは目に見えないものを信じることではないのか？　私はそれを理解し始めた。

ある日、私の牧師マナッセ・ンゲンダハヨが自分のために祈っている時、彼は私が政府の上層部として人々を導く姿を見たと教えてくれた。「あなたを運命のように感じます」彼は私に言った。

私の運命？　もう何年もツチが政府のリーダーとして働くのは不可能だと思っていたが、今となっては状況が変わっていた。もしかしたら彼が正しいのかもしれない。しかし今が時期ではない。今から数年後のことであろう。「そのうちね」と私は答えた。「神様の考えることは誰もわからないさ」

その後、私はキブイェにいた少年の頃からの親友と夕食をとっていた。「自由党に入党するべきだと思うよ」彼は私に言った。

「自由党？　どうして？」私は聞いた。

「あまり議員が残っていないからだよ。ジェノサイドでほとんどが殺されてしまったんだ。君は教養がある、数少ないツチ生存者だ。国の手助けができる。閣僚の地位も任命されるかもしれないぞ」

私はあいまいな表情で答えた。

「君は絶対入るべきだ」彼はまた言った。「少なくとも関わりを持つことから始めれば、皆に君のことを知ってもらえる」

もしかしたら、彼が正しいのかもしれない。ルワンダに戻ってから、国の新リーダーに対しますます幻滅を感じ始めていた。ＲＰＦは今やジェノサイド後に設立された、暫定政府の与党だ。彼らは大統領にパスター・ビジムングゥ（Pasteur Bizimungu）を選んだ。ビジムングは大統領ではあったが、実際は彼が国で最も権力を持っていた人ではなく、その権力はすべて副大統領のポール・カガメにあった。彼は優秀だが、ＲＰＦの冷酷な軍事の指揮官であった。ＲＰＦが国の政権を奪取後、ツチのカガメが大統領になることが期待された。しかし限られた教育しか受けておらず、ルワンダ政府の経験もない軍人であるがゆえ、カガメは、再建と和解を心底必要とするこの国の大統領にならなかった[9]。その代わりにビジムングが選ばれた。筋は通っていた。ビジムングはフツとしてルワンダの顔となり、国の再建にとって重要である。彼がフツという事実が、命かながらルワンダへ避難した二〇〇万人以上ものフツを帰還させるのを納得させられる意味合いもあった。さらに、彼はツチ女性と結婚していたので、フツとツチの橋渡し的存在となりえる。彼はまた、教育を受けており、フランス語も英語も流暢に話せた。そのためビジムングが大統領に指名されたが、カガメがすべての権力をふるっていた。カガメの暗黙の了解なしに、重要な判断は下せなかった。

（8）Covington, Dennis. *Salvation on Sand Mountain.* New York: Penguin, 1995.

（9）ハビャリマナ元大統領専用機の襲撃に関して、フツ過激派によるものだと主張する者がいる一方で、その撃墜を命令し、ジェノサイドを奮起させたのはカガメだと信じる者もいる。二〇〇六年に、フランスの判事により、犯罪に関与した罪でカガメと他の九人のルワンダ人高官に対し、国際逮捕令状が発行された。ジェームズ・カバレベ将軍（James Kabarebe：軍参謀長）、フォースティン・ニャムワサ・カユンバ准将（Faustin Nyamwasa Kayumba：在インドのルワンダ大使）、シャール・カヨンガ少佐（Charles Kayonga：歩兵隊長）、ジャクソン・ンジザ准将（Jackson Nziza：元軍諜報局長）、サムエル・カニェメラ・カカ（Samuel Kanyemera Kaka：元参謀長）、ローズ・カブイェ少佐（Rose Kabuye：カガメの儀典長）、ジャコブ・ツムウィン陸軍中佐（Jacob Tumwine）、フランク・ンジザ大佐（Frank Nziza）、そしてエリック・ハキジマナ（Eric Hakizimana）。二〇〇八年に、ローズ・カブイェ少佐が逮捕され、二〇〇八年の執筆時点では、フランスで裁判中であった。

RPFが国の指導権を握るや否や、政治が独裁政権に匹敵するほど悪化しているのは確かだった。人権は迫害され、一般市民の声は無視された。もちろんまだ判断を下すには早すぎるが、この隠しきれない実態が表に出て、多数のルワンダ人が囁き始めた。*"Ababyinnyi barahindutse ariko imbyino iracyari ya yindi"*《踊り手は交代したが、踊り自体は変わらない》。

そこでこのような話がある。私が仕事のために、フツが多く住む地域を訪ねた時、非常に貧しい農民や村人から、RPFによって皆苦しい思いをしている話を耳にした。最初は信じていなかった。私はもともと先入観を持ち、ツチがそのような態度をとるとは思ってもみなかった。しかし何度も何度も、アムネスティ・インターナショナル、ヒューマン・ライツ・ウォッチや国連の報告が公表された。無視できなくなってきた。殺されるかもしれない、拘束されるかもしれないと脅えながら、表面では平気なふりをしている男性や女性の顔を目にするようになった。ある人が言った。「誰でも目をつけられたら、それでおしまいだ」。彼らを見ながら、偽の告訴で刑務所に入れられた過去の自分と重なった。自分の人生は常に恐怖がともない、今のフツと同じ気持ちだとわかった。ツチにとって、RPFとカガメは救世主と思われているが、フツにとっては反対であった。これは分裂社会の「勝利」のパラドックスである。フツの人権は迫害され、ツチが何十年も迫害されてきたのと同じである。

民族や宗教、富や貧困に関係なく、誰でも悪になりえるという悲しい現実が見えた。誰もが悪の部分を内に秘めている。アメリカ・インディアンのチェロキー族の言い伝えではこのように表現している。老人男性が孫に善と悪の本質について以下のように説明している。「我が息子よ」彼は言った。「我々の中には二匹の戦っている狼がいるのだ。一匹は悪魔。それは怒り、ねたみ、嫉妬、欲望、横柄さ、自己憐憫、憤り、劣等感、プライドやエゴだ。そしてもう一匹は善。それは喜び、平和、愛情、希望、謙遜、共感、寛容、真実、あわれみや信頼である」

孫は脅えた目をして祖父の顔を見、聞いた。「どっちの狼が勝つの？」

「おまえが餌を与えたほうだよ」

私が自由党に入党して間もなく、議員の一人が亡くなった。党は空席を埋めるため新たに一人選ばなくてはならなかった。驚いたことに、友人は私を推薦したのだ。

とんでもない話のように思えた。私はまだ、入党したばかりで全く政治の経験がなかった。「勝てると思っているのか？」私は信じられない思いで友人に尋ねた。

「ああ、もちろん」彼は疑いもなしにそう言った。

「どうして？」私は聞いた。「私は全くのど素人だ」

「それでも皆あなたのことが気に入っている」

「気に入られているからできるものではないが……」

「あなたは改革を働きかけている。だから皆あなたを気に入っているんだ」彼は言った。自由党に入ってから、本党がＲＰＦからもっと独立するように、他の人たちと働きかけてきた。現在の自由党のリーダーはＲＰＦの言いなりになっている。私はとても失望し、他の人たちをも失望させていた。「それに」友人は続けた。「誰もあなたのように資格を持っていない」

私は笑ってしまった。「どんな資格だ？」

「一つを言えば、教育。それにNPOで働いてきた専門的な経験。そしてあちこちを転々とし、多数の国々で暮らした経験がある。アメリカ、カナダ、ブルンジ、コンゴ。他の人々よりも世界に詳しい。絶対立候補すべきだ」

「考えてみるよ」そう答えたが、実際に行動に出ようとは思わなかった。私が適任だとは思わなかった。五年くらい経てば、その可能性もあるかもしれないが、今ではなかった。

すると自由党の行政委員が、選挙は日曜日に行うと声明を出した。友人はまた私に薦めてきた。今回、私は賛成した。勝てる可能性は少なかったが、党での知名度を上げることができると判断した。私は他の一二人とともに立候補届を提出した。驚いたことに、行政委員により投票の権利が与えられる最後の三人に絞られた中に、自分の名前が残っていた。私の相手はもう何年も議会の一員として籍を置く薬剤師で、死亡した元議員と友人関係にあった。もう一人はサーシッセ・ムタカと言う以前高等教育省に籍を置いていたが、ジェノサイドの祝賀をどうするかで、RPFとの意見が合わず解任された人だった。ほとんどの人がこの不当な扱いに憤慨しており、彼こそまた議会の籍を勝ちとるべきだと考えていた。そしてそこに私がいた——若く（当時三〇歳代半ば）新人で経験なし。チャンスはほとんどなしに等しかった。

選挙の前夜、同じ自由党の一員の友人と夕食をともにした。選挙の話になると、医者である友人が私にあからさまに言った。「おまえは勝てないよ。サーシッセが勝つだろう」。そして付け加えた。「誤解するなよ。おまえは皆に好かれている。相手が他の奴だったら、勝てたかもしれない。でも皆サーシッセが選ばれるべきだと感じている」

私は頷いた。彼の言っている意味を理解したし、彼が正しいと思った。

もう一人の友人が言った。「でもおまえが立候補したのはよかったと思う。選ばれなかったとしても、今後のためにもよい印象を与えてくれるはずだ」

私は彼の言っていることも正しいと思った。その夜家に戻ると、翌日党で発表する私の考えをまとめた。法の役割と自由党の独立の重要性を訴えたかった。明確には表現しなかったが、自分が言いたいことが理解してもらえるよう望んだ。自由党はＲＰＦに従属すべきではなく、国民にとって良き政府になるよう、共通のゴールに向かうべき仲間であるべきなのだ。

翌日、私は選挙が行われる会議所に到着した。四十人余りのほとんどの人が自由党市議会に出席していた。最初の無記名投票は捨てられ、それから投票が一つ一つ大きく読まれた。薬剤師が一番投票数が少なかったため、彼の名前が切り捨てられた。次は、サーシッセと私の決選投票だった。二度目の投票が引き続き行われ、また名前が大きく読まれた。すると私の名前がずっと読まれた。また、そしてまた。すべてが読み終わると、私が勝っていた！　信じられなかった！　私が議会の一員となる。考えられなかった。数週間前に入党したいかどうかもわからなかったのに、今や議員に選ばれてしまった！　私が人々を導く姿を思い描いた牧師のことを思い出し、彼が見たものが果たしてこのことだったのか気になった。神様のお導きは誰にもわからない、と私は思った。私の改革の時期がきたのだ。

私は一九九六年一〇月に選ばれ、公式に議会の一員となり働き始められる宣誓儀式を今か今かと待ち望んでいた。

私は待っていた。そして待ち続けた。宣誓はずっと遅れていた。一ヵ月。二ヵ月。三ヵ月。私はイライラしていた。現役の議員にもならないで、どのようにして「国を助けること」ができるのか。四ヵ月、五ヵ月。するとニュースが広まった。議会の現下院議長ジュベナル・ンクシ（Juvenal Nkusi）が解任された。議長はルワンダでは大統領と副大統領に次いで、三番目に権力を持っていた。しかし実際には、大統領が死亡したり退任した場合、大統領代行として役割を果たすため、議長はある意味で副大統領よりも権力を持っていた。ンクシが解任されたのは、彼が政府を転覆させようと企んでいる国外に亡命中のフツと彼が協力していたから、という噂が広がった。しかし公式に告訴はなかった。一般の人に向けて企てられた嘘であったことが明らかになった。彼に対して敵意が向けられた汚れたキャンペーン。彼が追放された本当の理由は、他に解任された人たちと同じ理由だった。カガメに嫌われたからである。理由に関係なく、彼がいなくなるということは、議会の権力関係がひっくり変えることを意味した。議長の職が空席になるだけでなく、代理議長も同様に空席になるということだ。暫定政府の連立政権の下で、社会民主党と自由党はそれぞれ一人ずつ議長の立候補を推薦できる。議長を獲得できなかった党は、議長代理に立候補を二人推薦できる。

この展開に興味はあったが、それが自分にどれほどの影響を及ぼしているのかは考えていなかった。そこで二月のある日、私はＮＰＯの仕事を通して知り合いになったティト・ルタレマナ（Tito Rutaremara）に会いに行った。ティトはルワンダにおいて多数の人から《ムゼー》（*mzee*）、尊敬される賢い人、と認識されていた。その時、その通りだと思った。しかしすぐに彼の賢明さに疑問を持つようになった。ティトはＲＰＦの年長者だった。党の創立メンバーの一人で、議会の多数党院内総務を務め、そして議会の政治委員会の議長でもあった。これらの役職から、彼がカガメの追従者であることがわかるが、二月のある日の午後、私が彼の家を訪問した際、そんなことは何も知らなかった。「議長はたぶん投票で除席されるだろう」彼は言った。「議会であなたに指導的な地位が与えられるかもしれない」

指導的な地位？　その時点で、私はただ議会で席を手に入れたかっただけであった。「私は普通の立法者で十分です」私は言った。「早く宣誓就任されたいだけです」

「まあ、見てなさい」。すべてを知り尽くしているような笑みを顔に浮かべた。「ＲＰＦは、あなたには議長代理になってほしいと思っている」

私は驚いた。なぜ政治にも議会にも経験のない者に、そのような高い地位を与えたいというのか？　全く意味がわからなかった。私は異議を唱えたが、またも彼はほほ笑み言った。「まあ、そのうちわかるよ」

数日後、ＲＰＦが私に議長代理になってもらいたいことを自由党のリーダーが耳にした。彼らもまた、間違った選択をしようとしていると思った。彼らはもっと経験のある他の人を推薦しようとしたが、ＲＰＦは他の人は応援しないと言った。ＲＰＦは私以外の者を望んでいないことを明らかにした。なぜ私を？　疑問に思った。私は、私とティトや他のＲＰＦの幹部との関係に、何か関わりがあるのではないかと思った。ＲＰＦの事務総長は私の故郷の出身で、彼は私をブルンジで知り、私を尊敬していた。そして私はカナダの党代理議長席でパトリック・マジンハカ（Patrick Mazimhaka）という男性に会い、それ以来ずっと連絡を取りあっていた。きっとこの人たちが、私を強く推薦しているんだ、と思った。しかし他にもたくさんあった。当時はわからなかったが、後になって、私がかつてＲＰＦの支援者であり、自分がまだ若く経験がなかったので、自分が容易にＲＰＦに従順になると思われていたことに気づいた。

誰が議長代理になるかが議論されている間、ＲＰＦの影響力に愕然とした。決断は自由党の単独の判断で行われるべきである。しかし自由党は、ＲＰＦの支援なしには自由党の推薦者は勝てないとわかっていた。憲法の下で、議会の四つの党、RPF、自由党、社会民主党、共和民主党はそれぞれ一三議席ずつを有する平等な立場でなければならないが、RPFは平等の権力に興味を持っていなかった。自分たちの意見を通せるように、カガメが支配していた軍が議会で代表になれるよう、改正案を画策していた。軍は新政権樹立に重大な役割を果たしていたが、議案を提出する権利はなかった。RPFを支持する議会席をもっと確保するために、RPFは露骨に権力を横取りしたのだ。

RPFは次のように選挙を進めた。社会民主党が議長に経験豊富な立法者アロン・マクバ（Aaron Makuba）を指名し、自由党が私を指名する。RPFはマクバが選挙で勝つよう裏から支持する。私の名前は同じ党からの他のもう一人とともに、形式的には議長代理として提出される。

本選挙が、宣誓と同日に予定されていた。意図するところは、マクバが議長として選ばれ、私が彼の代理として選ばれる。すると、選挙の一週間前に、私は友人から電話をもらった。「RPFが、マクバの支援から手を引いたと聞いたんだが」彼は言った。

「何だって?」。このようなことが起こるかもしれない、と私たちの間でしばらく噂が流れていたが、それでも私はこのニュースを聞いて驚いた。「本当なのか?」

「いいや、本当かどうかはわからない。ただ耳にしただけだ」

「何人か当たってみて、いったい何が起こっているのか聞いてみる」

私はその午後、ティトの家を訪ねた。何が起こっているか知っているとしたら、彼しかいないと思った。

「ああ、本当のことだ」。彼に尋ねると私にそう言った。

「どうして?」

フツであるマクバが、一九七三年の暴力抗争の際にツチを迫害したため、他のＲＰＦメンバーから告訴されたと教えてくれた。詳細には、議員女性の一人が、夫がマクバの指示で迫害されたと主張したとのことだった。「明らかに、今となって我々は彼を支持できない」ティトは言った。代わりにＲＰＦはジャン－バプティストゥ・ハビャリマナ（Jean-Baptiste Habyarimana）(10)という男性を支持することになった。もし社会民主党が彼らの党から議長を出したければ、彼らはジャン－バプティストゥを推薦しなければならない。

日が経つにつれ、私たちは皆、ジャン－バプティストゥの名前が提出されるのを心待ちにしながら待った。しかし社会民主党は、ＲＰＦに脅されるのに疲れ果ててしまった。彼らは結局マクバを推薦した。ＲＰＦにとっては大きな平手をくったようだった。圧倒的な政治影響力と戦争に勝利したという特権意識を持つＲＰＦは、社会民主党の反抗的態度を挑発と捉えた。選挙まで後数日しかなく、ＲＰＦはどの議長候補も支持しなくなった。

そうしている合間に、いつの間にか私の名が代わりに現れた。ばかばかしい！　私には議長代理、ましてや議長になる資格がないと感じていた。それでも私の名がずっと挙がった。明らかに、私の知っているＲＰＦの人間が背後にいると思った。私はまた、ティトに会いに行った。噂は間違いないと彼が言った。ＲＰＦは、私に議長になってほしいと思っていた。自分にはその資格がないと伝えたが、彼は首を振った。「あなたはすばらしい議長代理になれるだろう。そして同様に、すばらしい議長にもなれると確信している」

彼が果たして正しいのか自問した。これだけの経験の後に、ルワンダ政府は一体、どこまでたどり着いたと

(10)　ジュベナル・ハビャリマナ元大統領とは無関係である。

いうのだろうか。大した進歩はしていない。自分に足りない政治の経験は、他のもので補うことができた。人への奉仕、法の統治や和解に対する献身さ――こういったものは、新たに得た信仰により高まった価値観である。私たちは皆平等に生まれたと信じており、人々は皆平等な扱いを受けるように働きかけたかった。教会で教わったことを覚えている。神様は地球で善の仕事をするために、人間を遣わされている。もしかしたら、自分は議長になれるかもしれない。もしかしたら、これが私に用意された神の示した道かもしれない。

全員が私の候補を支持していたわけではなかった。議会の一人が、私に立候補しないように助言した。「あなたは軍隊と強い繋がりをもっていない。簡単にいかないだろう。普通に議会の一員としてとどまっているべきだ」。この議員は、私が後に知ることとなる事実を、教えようとしてくれた。それは、ルワンダ政府は民主主義政権ではなく、軍事政権であるということだ。後見人のような人が軍隊にいなければ、私は高い犠牲を払わなければならない。私はその不安を頭から打ち消した。よい案と賢明に働くことで、政府を軌道に乗せることができると楽観的に考えた。それがどんなに困難なことであるか、見当もつかなかった。

私の宣誓就任式、そして選挙の日がやってきた。立法機関の前に立ち、左手にはルワンダの国旗を掲げた重いさおを持ち、右手は高く上げて誓いを述べた。

「私、ジョセフ・セバレンジは、全能の神の名の下で、厳粛に国に誓いをたてる……」

七歳の息子レスペと四歳の息子パシフィックは、議会議院の後方の壁側のバルコニー席に座り、四番目の子どもを身ごもった妊娠九ヵ月目のリベラタとともに議会を見下ろしていた。一歳の娘エスターは家で預かってもらった。弟エマニュエルもきていた。手にした旗の重さと同様に、彼らの存在の重さを実感した。

「……私に任された責務を忠実に果たすこと、常にルワンダ共和国に忠誠を誓い、国家元首を尊重し、国家機構……」

私はそこにいない父、母、ジョン、ベアトリスの重みも実感した。父のことを、そして教育のために犠牲にしてきたことを思い浮かべた。コンゴへ勉強しに行くためのキブ湖の危険な船旅を思い出した。家に帰りたいと頼んだが、父が残るよう強く主張したことを思い出した。「我々が死んでも、おまえは生き残る」。母のこと、母の静かな激励を思い浮かべた。彼女は常に私は人生で高く上り詰めるだろうと言ってくれた。私を含め、誰よりも私のことを信じてくれた。

「……基礎法とその他の法に応じて、ルワンダ国民の利益を促進し、……」

一九九七年三月七日に述べたその言葉で、私は晴れてルワンダ議会の一員となった。バルコニーに着席している一般市民と議会に着席している七〇議員から、丁寧な拍手が沸き上がった。私は、首相、裁判長、そしてパスター・ビジムング大統領に手を差し出した。それから私は自信と期待が内に膨れ上がるのを感じながら自分の席に戻った。ビジムング大統領はバルコニー席の一般人のほうへ向き、新指導者の選挙を行うため席を外すようお願いした。

私が議長に選ばれるのは間違いなかった。駆け引きは始まっていて、もうカードは配られた。私は軍とRPFの代表者、そしてもちろん自由党の後ろ盾があった。それでも私は名前が呼ばれる度に、投票数を頭の中で数えた。マクバに二八票で、私に四二票。

私が議会の下院議長になった。

拍手が沸き上がった。ビジムングは一般人をまた議場へ案内した。議会の階段を降り議長席に向かいながら、私は上を見上げ妻と息子たちを見た。左右交互に足を前へ進めながら、自分が妙に落ち着いているのを感じた。心臓は激しく鼓動しなかった。喉も乾いていなかった。私はそこにいるべきだと感じた。変化をもたらすため、そして家族の死や多数のルワンダ人の死が無駄に終わらぬために、神様が私を送ったのだ。私は議会の前方にたどり着き、大統領、首相、裁判長とまた握手を交わした。それから私は振り向き、目の前に並ぶ多数の顔と目をあわせた。大統領と首相の間の席に座り、承認声明文を取り出した。母国語キニャルワンダ語で、出席者の政府指導者に慣習の挨拶をし、それから国会議員に演説をした。「尊敬すべき議員の皆様、私を信頼してくださり、議会の議長にご指名いただき感謝を述べたいと思います。私は嬉しくありがたく思うと同時に、神様へも感謝の意を述べたいと思います」。ここで拍手が沸き上がった。私の心は希望で満ち溢れた。神様の存在は、ルワンダでは公に引き合いに出されることはほとんどない。神を引き合いに出したら、どのように受け止められるか正直わからなかった。実際に私のスピーチを見直してくれた友人は、宗教的に受け止められる可能性があるので、スピーチから抜いたほうがいいと助言してくれた。しかし私は、皆が私を必ず理解してくれると自信があった。結局、個人の無宗教の権利を含む宗教の自由や寛容を採用した。しかし私は自分の人生の中の神の重要性を否定することはできず、何よりも我が国の再建における神様の役割を信じている。

次のように続けた。議会は、人々を尊重する法を制定するべきで、今存在する法はよい統治を妨げていないか確認するため再検証すると。そこで重大な点をも付け加えた。「しかしながら、法が未だ変化や修正されないかぎり、そのまま実行することが重要である。なぜなら、法を侵害することは、特にそれが行政によって犯される場合、無数で卑劣な悪につながるからである」。この声明は、議長の在職期間中に何度も繰り返し伝えることになる。法の支配の緊急の必要性。市民にふさわしい公平な社会を築く唯一の方法は、成立された法律に従うことだ。法の支配が放棄され、自警主義的な司法が根を下ろしたハビャリマナ政権の下で、どのような結果が生まれたかを目撃した。それを証明するものとして、国が大量の墓場で埋め尽くされた。残念ながら、ジェノサイド後に政権を握った指導者は、法律をあまり尊重しなかった。その指導者は時おり、軍の勝利こそが独裁的な支配に自動的に導くものだと振る舞っていた。私は政治に新しい道筋を吹き込みたかった。

私は続けた。「統一と和解へ向けて取り組みを続けましょう」。ほとんどのルワンダ人が経験してきた過重な貧困に立ち向かう必要性を話し、ある諺を引用した。「空腹で眠ると、腹をたてて目が覚める」。また平和的共存と和解と同様に、正義を強調する教育の必要性を訴えた。「将来起きうる犯罪を防ぐために、殺戮に関わり続ける人々を厳しく罰しなければならない」。ジェノサイドから三年も経っているにもかかわらず、ルワンダでは未だに残虐行為が起きていた。ある地域では、ツチと地方の役人がまだ殺害されていた。孤立した場所で、フツが未だに暗殺された。この背景についてはあからさまに発言できなかったが――抗議の声が間違いなくるかもしれないので――、私が言っていることの意味は理解された。平和はまだ達成困難だった。平和を取り戻し和解を促進するために、正義が不可欠である。

「議会は、他の機構と補完しあうよう誠心誠意努めます。しかし、各機構もそれぞれ自主的にそうすべきです」。議会は、他の政府組織から独立して役目を務めなくてはならず、またどの政府の組織も他の組織以上に権力を有してはならない——。当日の傾聴者は、この黙示的なメッセージを注意深く聞いた。「それにより、各機構がベストを尽くし、また国民のために発展するという共通のゴールが達成できるでしょう」

私のスピーチは拍手を受けて終了した。閉会後、私は議会の外へ出た。大統領や他の職員たちとの写真撮影のため建物の正面に立った。兵士たちがこれから私の警備にあたるため私や妻、息子たちに挨拶にきて、運転手つきの車まで案内してくれた。これから劇的に変化する私の人生を肌で感じた。ルワンダでは公には感情を表さないため、リベラタは車内に入ってから私を抱きしめた。「嘘みたい！」彼女は言った。「こんなことが起こっているなんて、信じられないわ！」。レセプションに着くまでの間、私たちはずっと手をつないでいた。

長男は新しい車に乗り、私たちを囲う警備に興奮で舞い上がった。「これからどこに行くにも警備がつくの？」満面の笑みを浮かべ、誇らしく聞いてきた。「それからこのきれいな車にも乗れるの？」

二男のほうはあまり感激していなかった。「僕たちの車はどこにいったの？　なんで車を置いてきたの？」。彼らの無邪気さに、私は思わず笑みがこぼれた。私の新役職は、彼らにとっては車が変わったという事実に比べると小さいものでしかなかった。

私たちはレセプションのあるジャリクラブに到着した。そこはすべての政府レセプションが行われる場所で、政府高官やその配偶者に迎えられた。国の指導者たちに囲まれて興奮はしたが、その後家で待っていたパーティーと比較するとイベントは色あせていた。家では長らく会っていないキブイェの友人、弟エマニュエル、姉アグネス、二人の義理の姉妹テレーズとジュネビューブ、妻の家族、そして他にも多数の友人と家族が私を祝うために集まってくれた。祝いの言葉を聞き、家に集まってくる人々をぼんやり見つめながら、私の目は妻の姿をずっと追っていた。彼女はもういつ出産を迎えてもおかしくない体だったのに客のおもてなしをし、何か足りないものがないか確認していた。彼女が疲れていたのは手にとるようにわかったが、不平を言わなかった。自己中心的で気取っているという政治家の妻の典型は、リベラタには全く見られなかった。私の地位が変わろうと、彼女には全く関係なかった。大学時代出会った女性のままであった。優しく、控えめで腰が低く。

パーティーもお開きになり、客人が戸口へと少しずつ流れて行くと、私とリベラタは寝室に向かった。リベラタはすぐに深い眠りに吸い込まれ、彼女の優しい寝息が部屋中に流れた。私たちの一番下の子どもエスターは、私たちのすぐ近くの小さなベッドで寝た。私はベッドの上に横たわりながら、一日を振り返っていた。私のスピーチはとても歓迎された、と私なりに思った。どれだけの人が私の発言、特にあの議会の独立性について話した時、眉をひそめていたのかに気づいていなかった。議会がＲＰＦの傀儡《かいらい》であることに私が関心がないことを、演説中に強調した声明である。私は、ルワンダ人にとって最適な法律を制定し施行する、抑制と均衡の本物の政府、そして法によって統治される国が欲しかった。その当時私は、権力があり独立した議会が備わった政府に、カガメが興味を示していなかったことに気がつかなかった。彼はすべての権限を求め、それを得られるまで絶対に立ち止まることはなかった。私の演説中、カガメは欠席していたが、後に耳にしただろうし、私を支持したＲＰＦは、果たして正しい選択をしたのか考えていたに違いない。

しかし、今はこのようなことを全く気にしなかった。私が知るかぎり、私の見解に賛同が集まった。これから始まる仕事を前に興奮していた。深い眠りに誘いこまれながら、同じ屋根の下に眠る三人の子どもたちのことを、そして数日後に生まれる四人目の子どもが私の隣で横になり、リベラタの寝息で安らかに眠る姿を考えた。恐怖とは無縁の生活で、これから成長し栄える国のことを想像してみた。両親のことを想った。その日の私を見てどんなに喜んだことだろうか。私はこのようなことを思い描き、心が希望で満ち溢れた。私は旅に出る準備ができていた。

第6章　署名欄に賭けた人生

もし人間が天使であれば、政府は不要だろう。もし天使が人間を支配するならば、政府に対する内外の支配は不要だろう。
――ジェームズ・マディソン（James Madison）

一九九七年三月、雲ひとつない澄んだある日、車が国会の前に止まった。国会議事堂はキガリの中で最も美しいものの一つである。近代的で民主と自由を証明するもので、ルワンダが望むすべてを表している。丘のてっぺんに建ち、裁判所と行政府ビルを見下ろす位置にある。遠く離れた場所にキガリの下町が見え、その向こうには山々がそびえたつ。車から降りると、私は地平線を見渡し、真青な空につながる地球上の青々と茂った緑を見た。そよ風が私の肩を通りすぎた。木や草や生命の香りが私を包み込んでくれた。ルワンダの美が国の歴史を覆い隠してくれる日で、訪問者に「ここでは二度と悪いことは起こらないよ」と伝えてくれる日であった。しかし建物自体は全く違うことを伝えていた。ジェノサイドが起こった際に、最初のターゲットにされたのである。銃弾や手榴弾を受けた穴跡が正面に残っていた。爆弾で側面には大きく開いた傷跡のように穴ができていた。

しかし国会議事堂の壁だけがジェノサイドの爪跡を残しているわけではなかった。私は時おり、キガリの道路で腕や足や手を失った男性や女性、子どもが歩いているのを見かけた。郊外には、ルワンダに帰還した元難民が新たな人生を歩むために、一時しのぎに組み立てたテントの村が並んでいた。キガリや他の地域に帰還したツチが、難民化したフツの家を占有するという不安定な状況が続き、やがてフツが帰還した場合、ツチとフツの両帰還者の感情を爆発させるだろう。ほとんどのルワンダ人が貧困に陥っていた。食料も足りない。住宅も足りない。衰弱したインフラ。遅々とした裁判制度。

残念ながら、空、山、風が何と言おうとも、ルワンダの歴史をかき消すことはできない。

私のボディーガードの長である副官は、先に車を行かせた。私には常に、ボディーガード――軍の大統領専用の警備の兵士――が配置されていた。議長選挙が行われた夜、彼らは郊外の自宅まで付き添い、庭の壁の内側に監視装置を設置した。このようにあらゆる行動を監視されるなんて、妙な気分だった。私を守らないといけない状況にあるということは、私に死んでもらいたいと思っている人がいるのだろう。それは逆に私を動揺させた。

私は車から降りてビルに近づき、一般出入口に向かう道を歩き出した。「アファンデ（*Afande*）」副官が呼んだ。アファンデとは軍で使用される言葉で、上官に対する尊敬をこめた呼び方である。私はそのまま歩き続けた。「アファンデ」彼はまた言った。「道を間違っています」

その時初めて、彼が私に話しかけていたことに気づき、違う道を歩き進んでいた彼のほうを向いた。「そちらは一般市民用の出入り口です。あなたの入り口はこちらです」。彼は開き戸を開けた。

アファンデ？ 私専用の入り口？ 運転手付き車？ ボディーガード？ このすべてになかなか慣れることはないだろう。この数日間に、自分の人生が全く変わってしまった。私自身は以前のまま変わりないのに、周りが同じように接してくれない。考えることが多すぎた。しかし気にしていられない。そんなことを考えている暇はなかった。私にはすべき仕事が山積みであった。国中の心配をしなければならなかった。

ルワンダには危機が十分に足るほどあった。議会はジェノサイドの際に、致命的な打撃を受けた。前議員は皆逃亡し、すべての議員は新人で、一九九四年以前の議員席を誰一人として所有していなかった。それに加え、人権侵害も存続していた。私はルワンダがまた崩壊するのではないかと恐れていた。フツの顔は恐怖にかられ、それは私が今まで常に実感していたものと同じであった。フツ議員のジャン・バプティストゥ・ムベラバヒジ(Jean Baptiste Mberabahizi)は私が議員に選ばれる数週間前に、ベルギーへ逃亡した。ほとんどのツチが彼のことを大げさだと考えていたが、私には彼の恐怖心を理解することができた。人間はどれほど耐えることができるのだろうか。安全とは、基本的な人間のニーズだ。人間の生活が恐怖に支配されると、不安をかき消すためなら人間は自らの安全を脅かす者への殺害を含めて、何でもするだろう。その考えが私の頭から離れなかった。もしフツ過激派がまた結成されたら、再びジェノサイドは避けられないように思う。それは何としてでも防ぎたかったし、なぜだかわからなかったが、私は何とかして防ぐことができると密かに確信していた。革命を起こせると信じていた。ここにいるべくして、いるのだと感じていた。神様が私に与えた運命なのだと感じていた。

だから私はすぐさま仕事にとりかかった。戦争から立ち直ろうとしている国では、するべき山積みの仕事が驚くほどあった。ジェノサイド後、国は自由で公平な選挙を実施するには混乱しすぎて、従来の五年政府が設立された。アルーシャ和平協定の下で、ＲＰＦは与党であった。他の主な政党である自由党、社会民主党と共和民主党とともに、議会に平等な代議制度を割り当てた(11)。またこの四党は、政治的指導者においても代議制度を割り当てた。大統領と副大統領はＲＰＦ出身で、首相は共和民主党から、議長代理は社会民主党から選出された。誰一人として国民に選出されなかった。それよりも私が見るところ、彼らは皆政党から選出されていた。二年後の一九九九年に国民の選挙が予定されていた。

初めて自分の事務所に入った時、あまりにも閑散としていて驚いた。机。電話。椅子。政府の中で三番目の地位にいる者の事務所とは思えなかった。シャワー付きの個室トイレは備わっていたが、水は出なかった。ほとんどの家具がジェノサイドの際に略奪された。特に木製の家具は、料理用の薪として使用されたためである。必要最低限の物だけが事務所に備えられていた。ルワンダが失ったすべてを思い出させ悲しくなった。しかし私が仕事をできるかぎり、事務所がどう見えようが気に留めなかった。

私は他の議員と意見交換を始めた。ある日、私は議員の一人を家に招待した。私と家族は、郊外から町の中心部の公的住宅に引っ越したばかりだった。あずまやに座り温かい午後を感じながら、彼に言った。「定期的に報道陣と会いたいと思っている」

「どれくらい？」

「月一回」

彼は困惑したようだった。「月一回？　どうして？」

「議会の議長は報道関係者とよい関係でいるべきだと思うんだ。月一回彼らと会談して、質問に答えられるよう予定を組み込もうと考えている」

彼は頷いたが、困惑した表情は消えなかった。

後に自分の個人秘書に話した。「週に一度、政策の公開を計画したい」

「誰に公開するんですか?」

「皆に」

「皆?」彼は繰り返した。

「週に一度午前中に、一般市民が私と連絡をとれるようにしたい」私は言った。「日にちを決め、もし人々が私に会って彼らの考えを話したいと思っているならば、いつでもきていいと皆に知らせたい。私が街中にいるかぎり、市民と会うよう心がけたい」

彼はほほ笑み、尊敬を含め頷いたが、家で話した議員と同様に、彼も私のことを半分おかしいと思っているのが手にとるようにわかった。彼らの驚きを理解できないわけではなかった。指導者はたまにしか記者会見をせず、たまにしか国民と話をしないが、報道陣も国民も手の届く範囲に置いていた。情報をあまり公開しすぎると、危険な場合もある。誤解を受けるようなことを言ってしまい、大統領と副大統領を怒らせる場合もある。できるかぎり沈黙を保ち、誰にも悪く思われないようにするほうが安全である。しかし私はこの考え方に賛成ではなかった。国民に役に立つ最適な方法とは、直接彼らから望むものを聞くことであると信じていた。そして報道が、その部分で欠くことのできない存在だと思っていた。彼らを近くに置くことで、私の行っていることを理解してもらい、何をすべきかについて直接彼らから聞くことで、私が本当に人々の役に立つことができる。

こうして私は、報道陣と一般人の両者と会い始めた。しかしただ会うだけでは何もならなかった。本当に変

(11)　他にも小さい政党が存在したが、議席数が少なかった。

化をもたらすには、もっと強い議会にしなければならない。私は当時も今も、独立した強い議会こそがよい統治の指標であると信じている。私が議長に選ばれる前に、国会は、行政機関を監視するために議会にもっと権限を与える、監視法案を通した。それはとても重要な法で、とりわけ憲法に要点が明記されている。それにより議会が行政機関のどの書類も提出させ職員も招集でき、職員を質問し、必要ならば不信任投票を与えることもできる。憲法が設立されている西洋諸国では、当たり前のようにこの抑制と均衡の制度が設けられている。しかしルワンダでは、画期的な立法行為であった。史上初めて、議会が政府に対して問責を決議する権限を手に入れることになる。

議会は法案を採用し、最高裁判所は承認した。しかしパスター・ビジムング大統領は、署名を先送りしてきた。明らかに、行政機関が権力を奪われてしまうと心配になったのだ。議会に監視されるのが嫌だったのだ。

私の見解では、この法はよい統治の土台となりえる。議会の監視なしには、行政機関は自由に統制することができない。もし国民の代表からなる議会が、大臣や首相を召集でき、よい統治を実証できない場合は彼らに対して問責を決議する権限を持ったら、行政機関は国を効率的に誠実に統制しようと励むしかないであろう。

私は、辞任する議長のジュベナル・ンクシと話し合うために、面会した。「この法案をどうすべきだと思いますか?」私は聞いた。

「あなた次第です」彼は言った。

「あなたがまだ現役であればどうしていましたか?」

彼はまた淡々と答えた。「あなた次第です」

彼が無口で通す理由がわかっていた。大統領が法案に署名しないということは、RPFが反対しているということだ。ンクシは、政府を転覆させようとしたフツ反政府勢力との共犯の罪で訴えられるという入念に準備された中傷キャンペーンにより、解任された。彼は裏切り者として、すでにターゲットにされていた。この法案について私に助言することは、彼にとってさらなる痛手を負わせることになる。

さらなる指導を求めて、私は議会の委員議長や議長代理との会議を開いた。また同じ回答が返ってきた。「あなた次第です」彼らは言った。彼らはそれ以上この話題について触れなかったが、私を支持していることはわかった。議員全員がそうだった――しかし、恐ろしくて口に出せなかったのだ。

私は最高裁判所の裁判長に会うことにした。もしかしたら、本法案に大統領が署名を拒む何か法的問題が隠されているのかもしれないと思ったからだ。私は全文にしっかり目を通し全く問題ないと思ったが、確認のため彼に話を聞きたかった。私は数回彼の家を訪ねたが、毎度同じことを言われた。「本法案に問題は全くない。合憲性に疑う余地なし」

二週間ほど経った頃、直接大統領に会って話すことにした。しかし彼に面会の目的を知られたくはなかった。私はまだ彼に面識はなく、少しでも法案の話を出すと、議論を呼び起こすとわかっていた。面会前から身構えてほしくなかった。そのため私は自己紹介もかねて、議会における緊急問題について意見を伺うための儀礼上の訪問をお願いした。

大統領府に入ると、彼は温かく、しかし少し控えめに私を迎えてくれた。彼は私のことを知らず、私を信用していいものだろうか確信がもてないのであろう。彼は私に椅子を勧め、一緒に座って挨拶を交わした。

「議会入りして議長として新しい仕事に就いてから、一度お目通りし、私にオリエンテーションをしていただければどんなにありがたいかと願っていました」と私は言った。

彼は、私の努力を喜んでいるようで、議会が抱えている些細な問題について丁重に話してくれた。

そこで私は言った。「監視法案について、お話をさせていただきたいと思っているのですが」

ビジムングの笑みは消え失せ、目を細めた。

そっと歩み寄らなければいけないことはわかっていた。「この法案は議会を通過しており、最高裁判所にも承認を受けています。後はあなたにご署名していただくだけです」

「本法案は必要ない」彼は言った。

「しかし本法案は憲法に必要です」私は言った。「この法案なしには、国が再度簡単に大混乱に追い込まれてしまうのではないかと私は心配なんです」。私は、ジェノサイドが勃発した一つの理由に、行政機関に抑制と均衡の制度がなかったことがあると伝えた。この法律で、大臣はアカウンタビリティーを果たすことができる。誰も法を免れることができず、政府に対して尊敬の意を抱くだろう。

彼は首を振り、胸で腕を組んだ。

私は続けた。「この政体はまだ新しいため、汚職が悪化する前に、元に戻ってしまう前に、食い止めることができます。個人が金と権力にそそのかされすぎている。機構が個人よりももっと強くあるよう、確固たるものにしていく必要性が……」

「すでに全部知っている」。彼はまるで、私に講義するなと言わんばかりに激昂した口調で言った。「しかし我々には、この法は必要ない。それがなくても、行政機関を管理できる。それにこの法はただ混乱を招くだけだ。今の状態で十分順調に運んでいる。この法を導入すると、政府支局間で紛争を起こしかねない」

これが確かでないのはわかっていた。議会に監視力を与える法がどうして紛争を起こすというのだ。「しかしながら本法なしでは、国は前進できないのでは」

彼は私のほうに体を近づけ、ずばり聞いてきた。「この法があれば、軍の指導者は議会から招集され質問に答えねばならない、そうだね?」

「はい、その通りです」と答えた。「防衛大臣も、行政機関の一部です。法を越えてはなりません」

「それから軍の書類も、求められれば提出しなければならないのか?」

「はい、その通りです」。なぜ彼がそのようにわかりきった質問をするのか疑問に思いながら、また言った。

彼はまるで私の言ったことが、彼の要点を得ていたかのように机の上を手で叩いた。「国の保安を損なうことになる」ビジムングは言った。「受け入れることはできない」

彼が言っていたことは確実に、副大統領で防衛大臣を兼任しているカガメのことであった。カガメを議会に呼び出し、話をさせることができるようにはならないとしても、彼は副大統領であるため、彼の部下を呼び出して書類を要求することはできる。彼がカガメを守ろうとしていたのがわかった。しかしそれと同時に、彼は自分自身も守っていた。これまでビジムングとカガメだけが大臣に対する権力を所持しており、今私自身もその権力を議会にも与えようとする法案を支持していた。当然ながら、彼らは反対するだろう。それでも私も国の治安については十分気をつけなくてはならないことには賛同した。国は不安定だった。コンゴとルワンダ北西部のフツ反乱者の問題はかなり深刻だった。私はルワンダの治安が損なわれて欲しくなかった。「わかります」私は言った。「しかしこの問題をどう解決すべきか考えていただけると助かります」

「わかった」彼はそれしか言わなかった。

その一言でこの会話は終わりだとわかったので、時間を割いてくれた感謝の意を述べて部屋を去った。

それから数日間、私は彼が口にした言葉にずっと考えをめぐらせ、どうしたら法案に署名するようビジムングを納得させられるかを考えた。解決の糸が見えてきたので、私は再度面会を申し出た。

「ずっと監視法案について考えていました」と、私は言った。

「我々には必要ない」と、彼は荒々しく答えた。

「問題を解決するかもしれない提案があるんです」。私は両手で丁重に提案書を手渡しながら、言った。

彼はそれを受け取り、否定するように飛ばし読みし、テーブルの上へ投げつけた。彼は椅子によりかかり、腕を組んだ。「話せ」

「もし安全上の問題で、防衛大臣が議会の問責に応えられない場合、その問題の調査を正当化できるか判断する権限を大統領に与える、という修正案を起草できますが」

彼は何も言わなかった。

「もしあなたが署名していただければ」私は続けた。「議会はこれを加え修正します」

「だめだ」と、彼は言った。「この法案は必要ない」

これ以上、彼はこのことについて口にしなかった。議論しようともしない彼の態度に失望しながら、私は部屋を去った。彼はジェームズ・マディソン（James Madison）の格言を知らないのだろうか。「もし人間が天使であれば、政府は不要だろう。もし天使が人間を支配するならば、政府に対する内外の支配は不要だろう」。しかし誰も天使ではなく、何か手段を使用して堅実な政府を作り上げなければならなかった。私は政治とは妥協だと思っていた。行政機関が妥協しなければ、どうやって何かを成し遂げることができようか？

それから二週間ほど、私はずっとビジムングが何らかのかたちで納得し署名してくれる望みを持ちながら、彼との面会をお願いするために連絡を取り続けた。以前は快く面会してくれた大統領も、今や折り返し電話もくれなくなった。失望したので、私はカガメ副大統領府に面会の申し出の電話をかけた。何も返事がなかった。伝言を残すが返答はなかった。私はまだ一ヵ月しか議会にいなかったが、すでに国内で最大の権力者二人に締め出された。何か行動に移さなければ、この法案は何年も棚上げされてしまうのではないかと心配だった。

しかし抜け穴はあった。憲法によれば、合憲と承認された後、大統領には法案に署名するまで一〇日猶予がある。その期間が過ぎると、大統領が署名しなければ議長にその権限が与えられるのだ。

これは特に任期の浅い私にとって、危険な行動であった。ビジムングとカガメを確実に怒らせる、挑戦的態度を示す行動になる。私の地位も危うくなるだろう。前議長、前首相、そして他の官僚に対しても同様のことをしていた。私に対しての扱いが変わるなどということがあるだろうか? 私に残されている選択肢について考えた。署名し私の地位を危うくする、署名せず政権のペットのように言いなりになる。

「私はどうするべきだろうか?」議会の有力な議員に、事務所で会った時に聞いてみた。

「カガメには絶対抵抗するな」彼は言った。「彼が反対なら、明らかにそうなんだから、おまえはすべきじゃない」

「しかしこの法案は」私は言った。「重要なんだ」

彼は首を振った。「大統領と副大統領が反対していることを実行に移すのは、賢明ではない」

私は親友にも状況を説明し助言を求めた。「私が署名しなければ、権限が全くない議会を運営していかなければならないのかと心配なんだ」私は彼に言った。「何も成し遂げることができない」

「おまえが正しい」彼は賛成した。

「私は署名しないといけないと思う」私は言った。

彼は真剣に私を見た。「もし署名するなら、覚悟しておいたほうがいい。何が起こるかわからない、仕事を失うだけではすまないかもしれない」。彼が言いたかったことはわかっていた。ポール・カガメは自分の敵を一掃するためには全く躊躇せず、陰でピラトと呼ばれることがあった。[12] 自分はそれに納得できなかった。私が政府軍の兵士が犯した人権侵害を耳にしても、カガメが実際裏にいるとは思いもしなかった。それは多分反乱者との戦闘中、あるいはジェノサイド後の大混乱の中、悪党の兵士が単独で行った仕業だと思っていた。私がただ彼の政策に反対しているというだけで、カガメが私をターゲットにすることはないだろうと思っていた。それでも友人の忠告は、私を不安にさせた。

その間にも私は引き続き、大統領府の大臣で、ＲＰＦの議長代理でもあり、大統領の親友のパトリック・マジンハカ（Patrick Mazimhaka）と連絡をとっていた。彼は賢く優しい男性で、利口な政治家であった。彼はビジムングとカガメが全権を握っていることをわかっているので、彼らとの関係を危険にさらすことは決してしない。しかし彼は合理的なので、もしかしたら本法案がどれほど重大かを認識し、私に代ってビジムングに話してくれるのではないかと期待した。

「この問題について、私との面会を大統領に頼みたい」私は彼にお願いした。

「わかった、アファンデ、もちろん」彼はいつもそう言った。しかしその後何も返答がなかった。

私はビジムングの個人秘書に電話をかけた。返答がなかった。彼の家にも何度か訪問したが、伝言を残すと約束しながら、全く折り返しの電話がなかった。

私はリベラタに話した。「どうすればいいと思う？」私は夕食をとりながら彼女に尋ねた。

「危険すぎるわ」彼女は頭を振りながらそう言った。「サインしてはいけないわ。もう少し待って様子をみていたら。少し和らぐのを待って」

「でも彼らは和らがないかもしれない」。私は聞いた。「この法案がこのまま署名されないままでいたら、どうすればいいだろう？」

「危険すぎるわ」彼女はまた言った。リベラタは過酷な政治制度をよく知っていた。他の何百人の難民と同様に彼女の家族は、国民よりも権力を重んじる政治家たちのおかげで、多大な困難を強いられた。八年間の結婚生活で、暴力抗争を避けるために二度にわたり子どもを連れて国外へ逃亡した。今やっと、私たちの生活は安定した。私たちは素敵な政府用住宅に住み、生まれたばかりの娘ニコールを含む四人のすばらしい子どもたちに恵まれた。初めて、家族みんなそろって居心地よく、不安のない生活を手に入れた。私たちは安全だった。リベラタにとって、この生活を危うくする行為など何であろうと考えられなかった。

五週間が経ち、私は法案の署名欄にペンをさまよわせながらデスクに座っていた。私の仕事、家族、そしておそらく私の人生は、そのサインにかかっていた。しかし国の未来も同時にかかっていた。

私は深呼吸をし、サインをした。

私はこのことを一人だけに話した。マジンハカに電話をし、事務所にくるよう頼んだ。私は彼に、署名した法案を見せた。

---

(12)（訳者注）：Pontius Pilate. 新約聖書で、イエスの処刑に関与した総督として登場するローマ帝国の第五代ユダヤ属州総督。

マジンハカは長年政治に関わり、本性を決して見せてはいけないことをよくわかっていた。彼は、手の内を見せないのがうまかった。それでも彼の顔に衝撃が走るのが読み取れた。

「私がサインしたことは誰も知らない」と、私は言った。

「わかった、アファンデ」彼はドライに答えた。

「私がサインしたことが公になれば、政府内に論争が起こっていることが知れ渡る。それはよくない知らせで、大統領の地位を脅かすことになる。考えを改めて署名したければ、してもいいと大統領に伝えてほしい。そうすれば誰もこのいきさつを知らないことにできる」

「わかりました。アファンデ」彼はまたそう言い、部屋を去った。

私は待った。

一時間経っても、何も言ってこなかった。一日が経った。結局一週間経っても何も言ってこなかった。私が、はったりをかけていると思っているのか、そう思った。彼らはきっと私が根性なしで法案を破り捨ててしまうと思い込んでいるに違いない。

大統領に電話をかけた。「監視法案に署名しました」私は彼に伝えた。「発行するため今日中に送ります」[13]

電話の向こうで、彼の深いため息が聞こえた。「問題が起こるぞ」彼はあきれた様子で言った。彼の反応が理解できた。これから発行される物が彼の人生そのものを意味することを心配していた。

「発行しなければなりません」彼に伝えた。「憲法の中に書いてあるのです」。それは大統領の任務であり、彼には選択権がないことを思い知らせたかった。何とか彼の重荷を軽減できればと思った。

彼に法案を送った。私もコピーをとり、大統領と副大統領と議員たちに送った。それを手にしたビジムングとカガメの衝撃を受けた顔を、ただ想像した。すぐさま議会の友人から、大統領と副大統領がひどく立腹していたことを聞いた。

しかし議員たちは皆大喜びだった。その中の一人は、誰にも見つからないよう私を端のほうへ連れていき、囁いた。「政府に立ち向かってくれてありがとう。やっとその時がきた。やっと政策が動き出すかもしれない」

彼一人ではなかった。何人も次から次へと議員が私に近寄っては、「ありがとう」と囁いた。「議会もやっと何らかの権限を持てるようになる」

その夜遅く私が妻に伝えると、彼女の目が見開いた。「何てこと」彼女は言った。「私たちに何が起こるの?」

彼女にはうまくいくから心配しないよう伝えた。彼女の手を握り、神様の保護を求め一緒に祈った。

数日後、自由党のマジンハカとジョセフ・ンセンギマナ（Joseph Nsengimana）が会いにきた。私は彼らを待っていた。前日法案を議論するため内閣を召集していたので、彼らが妥協案を提示することはわかっていた。「以前議論した提議について、大統領が話したいそうです」。マジンハカは議会の監視に際し、防衛大臣にある程度柔軟性を与える改正案に触れて言った。「彼は法案に修正を加えたいそうです」

すぐに了解した。修正を採用することに異議はなかったし、大統領が彼らを送り込んできたということは、彼が少なくとも私と働こうとする意志があると実感した。改正案を勧めることで政府の顔を立てることができ、議会の要求ばかりが通るわけではないと国民に示すことができる。実際のところ、防衛省のことはあまり気に

(13) 法案を法律として成立させるには、官報に公示されなければならない。法令を発布するのは首相の責務である。

留めていなかった。私が調査したかったのは、他の省庁の疑わしい策略であった。いずれにしても、法に何と明記されてようと、カガメは私たちに彼自身や防衛省、そして特にコンゴに派遣中のルワンダ軍を調査させないことは十分にわかっていた。議会委員会はマジンハカとンセンギマナと会って改正案を作成し、議会は可決し、法案が成立し法律となった。

しかし、これが大きな犠牲を払うこととなった。カガメは私と会ってくれなくなった。何度も副大統領府に電話をかけても、秘書のイボンが甘ったるい声でこう言うのだった。「彼はいません。彼はご多忙です。面会ができなくて大変残念です。彼には必ず確認して知らせますので」。そして折り返し電話はかかってこなかった。そしてまた電話をかけるが、また同じ言い訳を聞いた。カガメとの面会よりも、ローマ法王との会談を予定するほうがまだ容易のように思えた。

私はこの事実を私の内だけに秘めておいた。他の議員や政府の指導者の中に、カガメが私と話してくれないことを誰も知らなかった。ある政府の役人は、カガメから相手にされていないため、私にカガメとの予約をとるように頼んできた。今の自分の置かれた現在の状況をばれないようにしながら、私からもお願いするが、彼にも引き続き連絡をとるように伝えた。もし私がカガメから相手にされてないことがわかれば、議員たちが私と一緒に働くことのを怖がるのではないかと心配だった。

しかし私はそれでも構わなかった。本当に私はそれでもよかったのだ。私は大統領と副大統領にたてついたが、その中でも最悪だったのは無視され続けることだった。私はまだ議長としての地位を保ち続けていた。私はまだ議会の一員だった。国会議員としての誇りがあった。それに私は正しいことを成し遂げた。それこそが重要なことであった。

そして私たちは仕事をしっかりと成し遂げた。法案の署名後、議会が初めて行ったことは、国会に法務大臣を呼び出し、ジェノサイドに関わった人々を裁判にかけるのになぜ時間を要しているのか問いただした。すでに逮捕されたジェノサイド容疑者は一九九七年末の裁判に出頭する予定だった。もうすでに時期は近づいており、刑務所に拘留されている約四割と他の収容所にいる八割は、起訴するために立証する書類がなかった。法が定めた目標に達するのは不可能に近かった。それにルワンダから逃亡した周知のジェノサイド首謀者は裁判のため帰国しておらず、欠席裁判も行われなかった。多数の人々を裁判に持ち込む課題は理解できたが、その目標をほとんど達成していない事実は受け入れ難く、大臣を議会に召集したことはその事実を伝える唯一のチャンスであった。ある意味でこれは新監視法を作動させる「訓練」だった。革命的だったので、政府が本法に慣れるのに、しばらく時間を要することはわかっていた。議員として、今まさに私たちは水の中に足のつま先をつけているところで、これからが飛び込む本番である。

その真っただ中、政府は爆弾を落とした。ボニフェース・ルチャグ（Boniface Rucagu）をフツ反乱者が最も活動している北西部のルヘンゲリ州知事に任命した。ルチャグはフツで、その混乱した地域を統一する手助けができ、フツの不満を抑えることができる唯一の人間であるとＲＰＦから信用されていた。ただ一つの問題は、ルチャグがハビャリマナ政権時代の元議員であり、ジェノサイド指導者としての容疑がかかっていた。実際に彼の名前は政府のジェノサイド首謀者リストにも載っていた。しかも彼は何度も逮捕されていた。にもかかわらず、一度も裁判にかけられたことがなかった。そして今、殺人者を裁判にかけることを約束していたＲＰＦが、疑わしい首謀者を知事に任命した。

噂によると、ＲＰＦがルチャグを拘留していた間、拷問にかけたとのことだ。起訴しない代わりに、彼はＲＰＦに忠誠を誓ったとのことだ。彼はＲＰＦに従順になる。政府軍が自分たちに都合のよい司法を用いる際、彼は背を向けることになる。他の人たちが苦しむ間、彼は権力と恩恵の人生を生きることになる。

彼の任命は、瞬く間に議会の中に広まった。議員はすぐに議会で議論すべきだと要求した。議員は、彼を解任し調査すべきだと思った。彼が無実ならば任命できる。しかしそうでなければ、彼は裁判にかけられるべきである。ジェノサイド首謀者リストは逃亡犯罪人引渡しを確実にするために、他国にも手渡している政府公的名簿であった。この名簿に載っている人物を政治役職に指名することは、ルワンダの国際的信用を損なうことになりかねない。私は了解しその問題を議題に入れた。

この問題について議会で討論が始まってすぐ、カガメの参謀長エマニュエル・ンダヒロ（Emmanuel Ndahiro）少佐から電話がかかった。「ボニフェース・ルチャグはあの地域では大変役に立つ」彼は言った。

「そのことは議題に入っている」私は言った。「我々が今議論している」

「ええ、わかっています。あなたはそのようにされたらいい。ただ彼がとても役立つ人間であることを忘れないでほしい」。ンダヒロは丁寧で礼儀正しかったが、彼の電話に秘めた裏のメッセージを感じとった。ＲＰＦのメンバーは暗号を含めた話し方をする場合があった。彼らはほのめかしや暗示を通して話す。彼らは本当に求めていることを、決して直接発言しなかった。私は少しずつ理解し彼が「あなたはそのようにされたらいい」と言った時に気づいた。本当の意味は、「止めなさい。議題から外すんだ。ほっておきなさい」

「何千人もの殺戮の指導者として起訴された人間を、なぜこのような重要な役職に任命できるんだ？」私は問いただした。

彼はまた同じ返答をした。「彼はルヘンゲリにとって、大変役に立つ」

「他にその任務に就ける人間はいないのか？　このような犯罪で起訴されていない誰か」

「ルチャグは役に立つ」と、彼がまた言った。

彼は、議長たる者は軍の司令官と同じようなもので、まるで単独の権限が私にあるかのようだと思っている。しかし私は、押しつけるのではなく、説得し刺激を与えながら統制しなければならなかった。「もうすでに議題に入っている」私は言った。「簡単には取り除けない」

彼はもう一度同じ返答をした。「ルチャグは役に立つ」

ＲＰＦと関われば関わるほど、まだ茂みの中でゲリラ戦争をしている反政府勢力のように振る舞っているように感じた。ここは戦場ではなかった。規則は守らなければならない。法律は重んじなければならない。大統領と副大統領が、議会がルチャグの任命に反対することを妨害とみなすことはわかっていた。しかし議会は良心にかけて、これを無視するわけにはいかなかった。

私は本問題を議題から外さなかった。議会は内務大臣を呼びつけ、ルチャグの任命について問いただした。大臣が国会に現れると、質問攻めにあった。「もしボニフェース・ルチャグが無罪ならば、なぜまだ名簿に載っているのか？」「犯罪者名簿に載っている人間をなぜ知事に指名するのか？」「彼が無罪ならば、名簿から外されるべきではないのか！」

監視法案がまだ発行されていないため、議会には大臣を厳しく非難する権限はなかった。大臣の発言が公的記録に残るように、質問ができるだけであった。最後にルチャグの解任と調査を求め、拘束力のない解決策を承認した。政府は無視した。ジェノサイド首謀者と想定されている人物が知事となったのだ。(14)

このつまずきにもかかわらず、議会は勢いを持ち始めた。監視法により新しい権威が与えられ、議員が大胆になっていた。彼らの態度に変化が感じとれた。何をすべきか言われるのを待つだけではない。主導権を握り始め、立法権を優先し、現在を超え国の未来に目を向け考えるようになった。新聞では私たちの成果を布告した。一般人に開かれた会合に選挙有権者が私の事務所を訪ね、議会がようやく改革を開始したことにどれだけ喜んでいるか伝えてくれた。私たちはやるべきことはまだたくさんあったが、着実に、速度を上げながら目的に向かって前進していると実感できた。

私たちの進展に対して行政機関は依然軽視していたものの、概して表にはでなかった。私たちがなすことすべて抵抗にあったが、公然と非難されることはなかった。それは新議会結束周年記念の一九九七年一一月に変わった。ビジムング大統領が国会に招かれ演説をした。私は彼の車を迎えて挨拶をし、議会まで案内した後に、私は最初の演説をした。「……議会、行政機関、司法部は各々独立した権力の民主的原理の下で、機能を果たしている。我が国は政府部門内で抑制と均衡の原理を採用しました。法の支配と国民の発展である権力の分離を実際に達成するために、真実に基づき、お互いに補完しあう組織間で関係を保つことが必要不可欠であります。……行政機関の行動の監視は議会が政府を信用していないという意味ではない、ということをもう一度念を押します。それよりも行政や内閣の委員が、我々の国がゆだねた職務を適切に果たせるよう手助けすることを意図しています……議会は他の組織とともに努力し続けます。ルワンダを法の支配へ、ルワンダ人間の和解、恒久的な発展に導くように……」

ビジムング大統領の返答に、ショックを受けた。「我々は祝辞の言葉を述べますが、時々あなたは無駄な努力をしています。ほとんどのルワンダ人は、今の議会の役割はただ行政機関に反論し否定することだと考えています。実際は行政機関と議会は同じ方向に向かっています……そのため行政機関が議会に提議するために主導権を握る場合……反論というよりむしろ採用されるべきです。それは議会の任務ではありません」

彼が話す前に、行政機関が立法機関についてそのように感じていることはわかっていたが、議会の功績を称える日に、彼がはっきりと述べたことに驚きを隠せなかった。顔を殴られたような衝撃だった。しかし少なくとも、大統領と副大統領の気持ちがはっきりした。すでに暗示はなくなっていた。

数ヵ月後、私が事務所にいると、秘書が興奮ぎみに部屋に入ってきた。「電話がかかっています」彼は言った。「副大統領の事務所からです」

気が動転した。事務所にきてから一年近く経ち、副大統領から初めて電話がかかってきた。私はすべてを放り出し、できるだけ落ち着いて言った。「つないでくれ」

カガメの秘書イボンからだった。「副大統領があなたと面会したいと言っています。明日の午前一一時に事務所にきていただけますか？」

「もちろんです」私は冷静に返事した。本当は大声で叫びたかった、「やった！　一〇ヵ月も待っていたんだぞ。もちろん会うに決まってる！」

これはよい傾向だと思った。彼は私と連絡をとろうとしていた。一年近くも私を拒絶し続けたが、議会の仕

---

(14)　二〇〇五年、ルチャグはルワンダの地域法廷に出頭を命じられ、ジェノサイドにおける役割を問われた。ルチャグは二〇〇九年まで知事を務めた。それはルワンダの史上最長の任期であった。

事の流れを止めることができなかったとようやく気づいたのだと思った。もしかすると彼はともに協力しあえば、もっとうまくいくとやっと決心したのかもしれない。明日の会合の準備をしながら、これが政府の新時代の始まりかもしれないと自信が限りなく拡がった。しかしそれと同時に、カガメが私にどのような態度を示すか不安でならなかった。私が試みた多くの対策に反対してきたのは明らかであった。彼は目の前に立ちはだかるのだろうか？　私を怒鳴りつけるのだろうか？

翌朝、私は運転手を呼び、国会の私の事務所から、政府宿舎近くのキガリ市キヨヴ地区にある防衛省内のカガメ副大統領府に送ってもらった。秘書が私を事務所内へ案内してくれると、彼は机の前に座っていた。彼は立ち上がって私を迎えてくれ、笑みを浮かべ、手を伸ばした。「ようこそ」彼は言った。

私は机まで近寄り、腕を伸ばした。「面会の時間を割いていただき、ありがとうございます」と、私は言った。彼が事務所の中の座る場所を指示してくれた時、不意に何かが目を捉えた。副大統領府の窓から、私の家を取り囲む壁を直接見ることができることがわかったのだ！　副大統領府は少し小高い場所に建っており、カガメは鳥のように私の家を見下ろすことができた。彼が望むならば、私が外出したり帰宅するところ、誰がどれくらいの時間訪ねたのか、また私が仕事から帰宅した時、妻や子どもたちが出迎える場面を監視ができた。誰が訪問したのか、いつ外出したのか常に見張る時間はなかったとは思うが、私にはほとんどプライバシーがなかったことに気づき、落ち着かなかった。

「なかなか時間がとれなくてすまなかった」と、彼は座りながら言った。「とても忙しくてね。君とゆっくり話す時間がとれるようにしたかった。最初の会合を無駄にはしたくなかった」と、彼は優しくほほ笑んだ。

私は彼とともに座り、議長になってから話したかったことをすべて伝えた。私がなぜ政府活動を監視する権限を議会に与える法案に署名したか説明した。カガメとビジムングがこんなことをした私にひどく立腹しているのは知っていたが、それを述べると彼は心から関心を示してくれたようだ。

「私たちが強く成長するには、政府のすべてのレベルにおいて誠実さを保たなければなりません」私は言った。私が話す間彼は私のほうを見ていなかった。「政権が成功し強化させるには、人権を尊重しよい統治を施行する文化を築くことであります。そうすれば、国民が政府を信頼するでしょう」

「もちろん」と、彼は頷きながら言った。ビジムングの態度とあまりの違いに驚いた。私が意見を述べると、ビジムングはいつも気分を害していたが、カガメは心から興味を示しているように見受けられた。

彼の聞こうとする姿勢が、私をさらに勇気づけた。話すにつれ、私は徐々に熱が入ってきた。国に対する自分の見解を行政機関が採用してくれるチャンスだと感じた。「強い制度と抑制と均衡なくしては、遅かれ早かれ再び殺戮が勃発します」私は言った。「しかし、もし我々が法の支配を築けば、それだけで子どもたちや孫たちが守られます。それに議会が政府を監視することが、ゴールに向かって力強い道具になります」

「そうだな、その通りだ」と、彼が賛同したように言った。

私はさらに続け、ビジムングや議員たちに言ったことと同じこと、約一年前議長になってからずっと言い続け、夢見てきたことを彼に伝えた。

私が話したことに、彼はすべて同意した。すると突然彼は言った。「一つ尋ねたいことがあるんだが」。彼は、女性を含む三人の拷問を指示した疑いを持つツチの議員のことについて尋ね始めた。その時やっとカガメが私と面会した本当の理由に気づいた。数週間前に、司法省の事務総長と検察官が私を訪ね、その議員を解任するように頼んだ。その申し立てにぞっとしながらも、自分には、告訴された議員を解任する権限はなかった。もし彼を解任したいのであれば、彼らは正式に告訴し裁判に持ち込まなければならないと伝えた。

「この男を議会から除去しなくては」カガメはそう言った。もっと前にそうすべきだった、と彼は念を押した。私が議長になる前に、議員三人が犯罪で訴えられ解任された[15]。

「はい。しかしそんなやり方で解任するのは違法です」私は言った。どの議員も裁判にかけられるが、有罪でないかぎり解任することはできないと憲法にはっきりと明記されている。

カガメは何も言わなかった。

「もし彼が裁判にかけられ有罪判決を受けたなら、彼を解任するのは議会ではなく最高裁判官です」と、私は言った。「法に従ったほうがいいと思います」

「そうだな」と、彼はまた頷きながら言った。「そういう法律ならば、それに従ったほうがいい。君が正しい」

それで話は終わった。怒鳴り声もなく、机をこぶしで叩くこともなく、不服従に対するとがめもなかった。実際に、カガメはほとんど話さなかった。政府に対する自分のビジョンに賛同しているようにも見えた。私の提案すべてに肯定的な返答をした。周辺の人がカガメについて教えてくれたことを思い出し――彼は自分の敵を絶滅するので気をつけるように――笑うしかなかった。私の直感は正しかった。彼は悪人ではなかった。今まで囁かれていた男とは全く別人のように思えた。彼は私と一緒に働く意思があった。やっと望んでいた行政機関と仕事上の関係を持つことができると思った。カガメの支持なしに、議会が成し遂げてきたすべてのことを考えた。カガメの支持さえあれば、我々はさらに多くのことを達成できる。これは転機になる、そう思った。会話の扉は今開かれた。私たちは政府に対する見解に合意した。一緒に働き始めることができる。彼の事務所を去りながら、足が軽やかに感じられた。

（15）　これらの議員三人は解任されたにもかかわらず、彼らは一度も告訴されなかった。

第7章　クリントン氏とアナン氏の癒しの使命

大統領任期中、最も後悔していることの一つは、ルワンダの悲劇を止め損ねたことだ。
――ビル・クリントン（Bill Clinton）

ビル・クリントン（Bill Clinton）大統領とヒラリー（Hillary）夫人は、空港の会議室の裏戸から入ってきた。彼らは訪問の一環として、ジェノサイドで殺害された者の栄誉を称えるために、マデレーン・オールブライト（Madeleine Albright）国務長官と他のアメリカ政府高官たちとともに、数時間前にキガリ空港に到着した。クリントンの訪問はもともと、ジェノサイド現場の見学を含む二日間の滞在の予定だった。しかし、数日前に、治安上の問題でその計画はなくなった。結局、彼はキガリ空港には数時間だけ滞在し、そこでジェノサイド生存者と会いスピーチをするのみだった。本訪問の話がキガリに流れてから、ルワンダ政府は準備のため軽快に走りまわっていた。政治界ではその訪問の話でもちきりだった。アメリカ大統領は今まで一度もルワンダを訪れたことはなかった。世界最大の大国の指導者がアフリカでも最小国の一国を訪問することは、大ニュースであった。ジェノサイド生存者にとって、クリントンの訪問の決意は、謝罪の意そのもの、また少なくとも彼が他のことをすべきだったとの確認を意味する。カガメ、ビジムング、そして私を含む他の指導者にとって、ルワンダ新政権の正当性を示すものだった。大変重要な訪問であり、関係者全員が可能なかぎり完璧に行えるよう熱が入っていた。しかしクリントンの訪問への大騒ぎは、ジェノサイドの際のアメリカ政権がとった行為の悲しい現実、もしくは何もしなかった事実を覆い隠したようにしか感じられなかった。

一九九四年一月、ジェノサイドが勃発する四ヵ月前、在ルワンダ国連カナダ人の指揮者ロメオ・ダレール（Roméo Dallaire）少佐は、フツ過激派によるツチの駆除計画に関する通知者の訴えを明記したファックスをニューヨークの国連本部に送った。その通知者はジャン-ピエール（Jean-Pierre）というコードネームを使用し、インテラハムウェの下部組織の指揮者ということになっている。彼と他の下部組織の指導者らは地元に住むツチの名前を挙げるよう指示されたとのことだった。誰もこの目的を疑わなかった。これらは死の名簿だった。さらに、ジャン-ピエールは、暴力抗争が勃発すれば、ベルギー軍を撤退させるためにインテラハムウェはベルギー人の平和維持軍を最初に殺すと言った。彼はまた、全国の武器の隠し場を特定できるとのことだった。(16)

ダレール少佐はそのことを上司に伝え、彼が武器の隠し場の襲撃計画を立てていることを知らせた。国連は、彼にはその権限がないこと、そしてすぐさまその計画を停止するよう指示した。ダレール少佐は暴力抗争の切迫した脅威を忠告し、コフィ・アナン（Kofi Annan）平和維持活動担当事務次長に嘆願したところ、アナンは隠し場を襲撃する権限は彼にはないとはっきり伝えた。一月の間ずっと、ダレールは国連に支援を哀願し続けた。「私にさせてください」ダレールはお願いした。「これらの武器を阻止しなければ、いつか私たちに対して使用される」(17)。彼は何度も何度も拒否された。ダレールは行く手をふさがれ、この国のツチの運命は封印された。

ジャン－ピエールの訴えは、寸分の誤りもなくすべて証明された。ハビャリマナ大統領の専用機が襲撃された後すぐ、ベルギー人の平和維持軍一〇人が殺害された。まるで悪魔のような、戦略的な行為であった。殺人者はちょうど半年前に、アメリカ人の兵士一八人が殺害されソマリアから米軍を撤退させたことを知っていた。彼らはもしルワンダの元宗主国の平和維持軍を殺害すれば、ベルギーも同じ行為に出ると予想していた。彼らは正しかった。ベルギーを怖がらせただけでなく、世界中も同様に怖がらせた。アメリカの国民は、他の不安定なアフリカ諸国での新たな危険を容認できないと考え、アメリカ、そして拡大解釈すれば、国連も何もしなかった。

実際には、何もしなかったというより、さらにひどいことをした。ジェノサイドが始まった時、ルワンダには約二六〇〇人もの平和維持軍が駐屯していた。ダレールは殺害行為を止め、治安を回復するのに五五〇〇人の勢力があれば足りると推測していた。国連はその要請を却下しただけでなく、四月一九日の国連安全保障理事会で軍を五〇〇人だけ残し、他の要員を撤退させることを決議した。ダレールによると、「アメリカは、関与しないだけでなく、関与する関係者全員を援護しない[18]」とのことだった。

（16）近年、ジャン－ピエールは誰のために働いたのかと異議を唱える者が大勢いる。彼がＲＰＦや当時の与党に雇われていたと疑う者もいた。それでも、彼の動機づけが何であろうと、彼が提供した情報は正確で、もしダレールにその情報を基に国連が行動をとるよう許可していたならば、ジェノサイドは避けられたかもしれない。

（17）Power, Samantha. "*A Problem from Hell*": *America and the Age of Genocide*. New York: Harper Perennial, 2003, pp. 344-45.

（18）Amanpour, Christiane. "Looking back at Rwanda genocide." CNN, April 6, 2004 から引用。

アメリカは他の対策も拒否した。ダレールの懇願にそって、国連は米軍にインテラハムウェの憎しみに満ちたラジオ・ミル・コリンズ（ＲＴＬＭ）の放送を妨害するよう要請した。ＲＴＬＭはジェノサイドの推進に役に立っていた。明らかに国民に殺害を促し、放送でツチの名前や住所を流した。キガリでは、殺人者たちはラジオを手に、誰を殺すか、どこに住んでいるか、どこで最後に目撃されたか指示を聞きながら道端を歩き回っていた。ラジオ電波の妨害にともなうリスクはとても低く、少なくとも通信を困難にし、殺人者への影響力を弱めたかもしれない。しかしアメリカ国防総省は拒否し、価格を引き合いに出し（全国に電波妨害の航空機を飛ばすのに毎時八五〇〇ドル）、その行為の正当性に疑問を持った[19]。

世界の多くの大国は支援しないと決めた。ルワンダには、大国が欲しがる輸出品はなかった。採掘する自然資源、守るべき港、戦略的重要性が全くなかった。我々にあるのはただ人間であった。それだけでは明らかに物足りなかった。当時上院多数党院内総務のボブ・ドール（Bob Dole）は、四月初めに在ルワンダのアメリカ外交官が避難した後に言った。「我々はあそこに国益はないと思う。アメリカ人は撤退し、私が思うに、ルワンダはこれで終わりだ[20]」。残念ながらそうだった。三日間で四〇〇〇人もの外国人が避難している間、二万人ものルワンダ人が殺害された。もちろん外国政府が自国民を避難させる権利はあるが、彼らを守るべき軍事力により無実のルワンダの人命も同様に守ることが簡単にできたはずだ。自分たちの国民を助け、他の人間には背を向けた。

数年後に、マデレーン・オールブライトは自叙伝で、アメリカの役割がどうあるべきだったのかについてこう述べている。「もし理想的な軍がそろっていれば、何もしないよりかは（在ルワンダの国連軍を）強化したほうがよかった。本当に影響力を持つ行為をとるために、ほぼアメリカ指導の下で、重装備した連合をすばやく動員し、過激派を脅迫し、指導者を逮捕し、安全保障を確立することが要求された。この方法を主張しなかったことに、深く後悔している。ほとんどの人は、私がおかしいと思っていたようで、国会では絶対に支持を得られなかったようだが、私は正しかっただろうし、たぶん自分の訴えは届いていたと思う」[21]。しかし現実には、アメリカは部隊を派遣しなくても、多くのことができたはずだ。クリントン大統領がもしジェノサイドに対し強く批難の声をあげ、それでも変わらないルワンダ政府を行動によって脅かしていたら、ジェノサイドを犯した人々は中断したと切に思う。ルワンダのような国は、アメリカのように強い権力に立ち向かうことはしない。軍事的圧力だけでも、ジェノサイド指導者に殺害を終止させることができた。ルワンダ人は権力に強い服従を持っているため、従者は耳を傾けるからだ。太鼓の響きが少年時代に自分の命を救ってくれたかのように、一九九四年の暗やみの数ヵ月間、全国で平和を求める声があったならば、何万人もの命が救われたかもしれない。ビル・クリントンがただ「殺害を止めなさい。さもなければ……」とさえ言ってくれればよかった。

ビル・クリントンは自身が無干渉だったことを後悔し続けているだろう。数年後、彼は自叙伝でこう触れた。「国会で、国益に重要でない遠い地への軍配置に対して反対派がいた。それに心を奪われすぎて、私や外交政策担当チームの誰一人として、殺戮を阻止するため軍の派遣に十分注目を置かなかった……我々は命を救うことができた。大統領任期中、最も後悔していることの一つは、ルワンダの悲劇を止め損ねたことだ」[22]

---

(19) Dallaire, Romeo. *Shake Hands with the Devil*. New York: Carroll & Graf, 2004, p. 375.
(20) *Face the Nation*, CBS, April 10, 1994. *A Problem from Hell* by Samantha Power から引用。
(21) Albright, Madeleine. 2005. *Madam Secretary: A Memoir*. New York: Hyperion, 2003, p. 195.
(22) Clinton, Bill. *My Life*. New York: Random House, 2004, p. 593.

それはまた、アメリカ人の後悔でもあろう。アメリカ国内を回り、多くのアメリカ人とともに仕事をしたが、他人を助けようとする気持ちや思いやりにずっと驚嘆してきた。世界中の貧困国で活動するＮＧＯの予算の多くは、アメリカ人の寛容によって支えられている。しかしアメリカの政治家は、海外への人道的活動は国内で支持が得られないと主張し、国民を過小評価している。そうでないという証拠を十分見てきた。恐れているのはアメリカの国民ではなく、政治家である。しかし残念ながら、アメリカのイメージは外交政策を決断する指導者のせいで、時おり傷つけられてきた。もしアメリカ人が正確な情報を知らされていたら、疑いもなく助けの手を差し伸べていただろう。

クリントンが空港の会議室に入り、スピーチをするため演台に立つのを見つめながら、このようなことを考えていた。彼を見ながら、自分でさえ彼に少し魅せられていると感ぜずにいられなかった。クリントンの肉体的存在感、若々しさ、そして美貌にすぐ魅了された。彼の有名なカリスマ性は、目の前に立つ姿を見ればわかる。その隣に座る夫人とオールブライト国務長官を見た。ヒラリー・クリントンは夫に比べると小さく、大変つつましやかで優しく見えた。想像していたアメリカ大統領夫人の印象と違った。自尊心の強い女性を想像していた。しかし彼女の礼儀は優雅で心地よかった。

クリントンが話し始めた。自分の家族や対応しなかった国際社会の裏切りを思うと、悲しい実感が表面に出て、家族への想いが脳裏から離れなかった。もし誰かが行動をとっていたら、私の家族は今でも生きていたのに。しかし、赦しに向かって自分が進むべき道は、ジェノサイドの傍観者を赦すことも含んでいた。だから自分の想いを沈め、彼が言うべきごとに耳を傾けた。

「今日、私はルワンダのジェノサイドで苦しんだ人々、命を落とした人々に我が国が冥福を祈るためにきました」彼は言った。「この訪問で願っていることがあります。それは、今日も明日も世界各地で、被害者の話が伝えられることです。四年前に、この美しく緑豊かな素敵な地で、この国の国民が平和と隣り合わせで暮らせなくなるという、明確で意識的な決断が当時の権力者によって下されました」(23)

ジェノサイドの恐怖、そして人々が動物のようにどう狩りだされ殺害されたか話した。それから彼は言った。「国際社会、そしてアフリカ諸国もともに、この惨劇に対する責任を同様にもつべきであります」。拍手が沸き上がった。「殺害が始まってから早急に行動を起こしませんでした……我々はすぐさま、適切な言葉でこの犯罪を呼びませんでした。つまりジェノサイドです」。ここで言及しているのは、一九九四年に殺害が三ヵ月間続いた際に、「ジェノサイド」という用語を避けるために、クリントン政権は耐え難い言葉遊びを演じていた。なぜなら、その用語を使用することで、一九四八年のジェノサイド条約の下、介入を要求されるからである。また、もしジェノサイドと呼びながら何の行動も起こさないように決断していたら、政府の悪い印象を与えかねない。ジェノサイドの際に、アメリカ国防総省が用意した書類にはこう明確に明記されていた。「注意するように。昨日このことについて国の法律家が心配していた。ジェノサイドを認めたら、［アメリカ政府］に実際『何かをしなさい』と託されることだ」(24)。すべての民族人口の大部分が殺されていた時、クリントン政権の

(23) Office of the Press Secretary, the White House. "Speech by President Clinton to Survivors Rwanda." March 25, 1998.

(24) Office of the Secretary of Defense. "Secret Discussion Paper: Rwanda." May 1, 1994. *A Problem from Hell* by Samantha Power から引用。

中で誰もジェノサイドとして起きていることに言及しなかったのである。ジェノサイドが起きている最中に、国務省報道官のクリスティーン・シェリー（Christine Shelly）が、今では不名誉となった記者会見を開き、言葉に脅えていたアメリカ政府の姿が不愉快に映し出された。ルワンダで起きていることを「ジェノサイド的な行為」（act of genocide）と表現してから、報道記者が「ジェノサイド」と「ジェノサイド的な行為」との意味合いを聞いた。彼女はどもりながら言った。「まあ、その、私が考えますに……ご存知の通り本件に関して法律的な定義がありまして……ルワンダで起こっている殺人すべてが、あなたの言う類の殺害とは限りません……しかしながら、その用語の違いに関しては、状況を最も適切に表す言葉を用いるようにしており、繰り返しになりますが、ルワンダでジェノサイド的な行為が起こったと信じるに値する情報は入手しています」。記者はさらに言い返した。「いったいどれほど殺されれば、ジェノサイドと認められるのでしょうか？」。彼女は答えた、「その質問に答える立場にありません」[25]。そしてホワイトハウス国家安全保障理事会の職員で、スーザン・ライス（Susan Rice）現アメリカ国連大使[26]は、殺害の最中に、電話会議でこのような質問をしたと言われている。「もし我々がジェノサイドという言葉を使用し、何もしなかったとみなされたら、一一月の総選挙でどのような影響を及ぼしますか[27]」

演台でクリントンは続けた。「ここにいる皆様、特に家族を亡くされた多くの方にとって、変だと思われるでしょうが、私のように事務所に座りながら、皆様が想像もつかない恐怖に巻き込まれ、その速さと奥深さを十分に察知していなかった人々が世界中にたくさんおられるのです」。この言葉に失望した。何が起きていたか知らなかったと言い張ることはできないはずだ。誰にもできない。殺人は日中に行われていた。人々がめった殺しにされているシーンがテレビで報道された。新聞にも載った。暴力抗争から逃亡した人々から、そのおぞましさについて詳しく聞いている。何の対策もとられなかったという決断に関して、どんな言い訳をしたとしても、それは認識不足ではなかった。再び自分の家族のことを考えた。もし誰かが何らかの対策をとっていれば、今日彼らは生きていたのに。

「アメリカは家や土地を失った人々を定着させ、経済を再回復するためにルワンダに支援してきた。しかしもっとせねばならない」彼は言った。「アメリカが、新ジェノサイド生存者基金に寄付する最初の国となることを光栄に思う。我々は今年二〇〇万ドル寄付し、今後も支援し続け、他国にも同様に寄付してくださるようお願いします」。これに拍手が沸いた。

クリントンの二〇分間の演説が終わり、拍手喝采で握手を求める人が多くいた。私も拍手をしたが、満足はしていなかった。国際社会がなぜ危機に応えなかったのか、この演説では納得できる理由が得られなかった。ジェノサイドの際、実際何が起きたのか、「完全に察知していなかった」という彼のコメントを忘れ去ることができなかった。それでも私は拍手をした。ルワンダは訪問者に対して常に親切におもてなしをし、親切であると知られており、私も何よりもまずルワンダ人であった。

（25）State Department briefing, Federal News service, June 10, 1994. *A Problem from Hell* by Samantha Power から引用。

（26）（訳者注）：二〇一三年七月一日から、国家安全保障問題担当大統領補佐官を務める。

（27）Power, Samantha. "*A Problem from Hell*": *America and the Age of Genocide*. New York: Harper Perennial, 2003, p. 359.

二ヵ月後にコフィ・アナンが訪問した際も、同様なおもてなしがあればと切に思った。ジェノサイドが勃発した時、ツチのために介入の要求に応じなかったことに対し、アナンは多くから責められていた。結局、武器隠し場を攻撃するというダレールの要請に対し、「ノー」と強く突き放したのは彼自身だった。アナンはアメリカからの反感を受けながら、できるかぎりのことをしたと彼をかばう人もいた。

アナンの訪問が計画されている際に、彼が議会で演説することが決まった。それは、議長として私が彼を紹介するために演説をするということだ。彼のような世界の重要な人物――その頃、国連事務総長だった――を紹介できることに興奮し、すぐに準備にかかった。

すると政府からある知らせがあった。アナスタセ・ガサナ（Anastase Gasana）外務大臣も演説をするとのことだった。変な話だった。なぜ二度も紹介が必要なのか、疑問に思った。しかしすぐにその理由がわかった。ガサナのスピーチはアナンを批判するものだと噂が広がった。ビジムングとカガメが、アナンに伝えたいメッセージがあるとのことだった。私が痛烈な非難の演説をしないことをわかっているため、代わりに外務大臣に依頼したのだ。名誉ある訪問者を公に強く非難するとは、身が縮む想いだった。

アナンは一九九八年五月七日に議会に到着し、ガサナは演説をした。噂通りだった。歓迎というよりも、むしろ審理だった。彼は、一九二二年に国際連盟がルワンダをベルギーの支配下に置いたことから始まって、国連がいかにルワンダを見捨てたか、一つ一つ指摘した。一九六〇年代以降のツチの殺戮は「国連とその人権団体が見張る中、実行されました」とガサナは述べた。彼が話すにつれ、会場が緊迫したことは明白だった。

痛烈な非難が終わった後、私の番がまわってきた。話し始めながら、ガサナの演説で自分がどれだけバツの悪い思いをしたかという感情が、顔色に表れているのではないかと心配だった。私は最初の一〇分を、ルワンダと議会を訪問してくださったアナンを心から歓迎する言葉に費やし、再建という目標に向けて国全体が前進しなければならない話をした。話しながら、緊迫した空気を変え、アナンにもっと楽な気持ちになってもらえればと願った。

次はアナンの番であった。「私は今日、癒しの任務でルワンダにきました」彼は言った。「国際社会と国連は、［ジェノサイド」に立ち向かう政治的意志をかき集めることができませんでした。世界はこの失敗を深く後悔しなければなりません。……今思い起こせば、当時認識できなかったサインがありました。我々がしたことは全然不十分であったことが、今わかりました」。ルワンダの現状の重大さに気づかなかったと言うクリントンの声明のように、サインを「認識できなかった」というアナンのコメントは不誠実に聞こえた。アナンはクリントン同様に、起きたことに対して、個人的非難を受け入れる余地はなく、全体として国際社会のせいにした。国連は国際社会ではないのか？　そう思った。まるで「国際社会」は政治家が身を隠す偽装発言になったかのようだ。

アナンはさらに続け、ジェノサイドの加害者を裁判にかけ、国の再建のために国連がルワンダへの支援に関わると話した。演説の終わりに彼は言った。「皆様方、皆様方だけが暴力抗争に終止符を打つことができるのです。皆様方、皆様方だけが、もう一度隣人を抱きしめるための魂と心の寛大さを見つけ出すことができるのです」

彼の話が終わると、国会では控えめな拍手しかなかった。そして議員らが立ち上がり、アナンにルワンダへの平和維持軍を派遣させなかった彼の役目を問いただす質問を投げた。居心地悪い意見交換だった。彼の演説に対する反応は、クリントンの時に比べて明白だった。クリントンは演説中、ずっと歓迎ムードに包まれていた。ビジムングがクリントンを紹介した際に、「ルワンダ訪問の決意は、ジェノサイドを非難し、被害者との結束を示し、ジェノサイドの再発を止める国際社会の挑戦を強く訴えることを意味します」と言った。クリントンの訪問は、アナンのと比べて何が違ったのだろうか？　両者も対等に非難されるべきではないのか。事実、クリントンのほうがもっと責められるべきだと思った。アメリカ合衆国の大統領として、ルワンダへの軍の派遣に関わっていたら、他国も後に続いただろう。アナンはそのような権力を持ち合わせていなかった。彼は最高指揮官ではなかった。彼にできることといえば、安全保障理事会に支援を嘆願することだけである。それでもクリントンは英雄的歓迎を受け、アナンは攻撃された。どちらも攻撃されるべきではない。

アナンの演説後、彼のレセプションに参加するために、車でジャリクラブに向かった。レセプションホールの前で待っていると、カガメが近寄ってきた。私たちは丁寧にたわいもない話をしていると、カガメの助手が近寄り、大統領から電話がかかっていることを伝えた。カガメは立ち去り、戻ってきた時に言った。「今大統領と話した。彼は演説に気を害したそうだ」。アナンの演説中、カガメもビジムングも欠席していたが、二人ともラジオで聞いていた。「最悪だった」彼は付け加えた。

その言葉に驚いた。私は英語が流暢ではなかったが、理解したかぎり、よさそうに聞こえた。起きたことに対して無知を訴えた彼に苛立ったが、彼が癒しや前進する重要性を述べたことはありがたかった。「そうですか？」私は言った。「私は大変よい演説だと思いましたが」

「いいや、よくなかった」カガメは答えた。政府は、アナンが個人的非難を受け入れなかったことに対し、明らかに怒っていた（しかしＲＰＦの誰一人として、外国の介入を拒んだ個人的責任を問われていない）。そしてアナンの「皆様方だけが暴力抗争に終止符を打つことができる」と断言したことを、政府は問題として取り上げていた。ほとんどの人はこれを被害者を責めているものと捉えた。私個人はアナンに賛成だった。私は暴力抗争を終わらせるには、ルワンダが自ら自身の内側を見つめる必要があると感じた。結局ジェノサイドとは、ルワンダ人がルワンダ人を殺害することであった。国際社会が応じなかったことは確かに間違いだが、暴力抗争そのものも同様である。

「我々はレセプションをボイコットする」カガメは言った。

私は当惑した。「いけません」私は力強く言った。「そんなことをしてはいけません。大変失礼なことです」。私はまたクリントンへの温かい歓迎とルワンダの伝統であるおもてなしと優美のことを想った。なぜアナンにも同様な対応を提供できないのだろうか。

「我々は欠席する」カガメはまた言った。「問題にはならないだろう」。彼は私をなだめようと付け加えた。「大統領がそう望むなら、欠席すればよろしいです」私は対抗した。「しかしあなたと首相と私は残るべきです。それが正しい方法です」

「大丈夫だから」

「いいや」カガメは言った。「我々は行く」

「私は残ったほうがよろしいかと思います」彼に伝えた。

カガメは頷いた。「そうしたいなら残ればいい」。そう言って、彼と首相は行ってしまった。

私の心は沈んだ。アナンはもう数分で到着する。ビジムングとカガメの欠席をどう説明したらいいのだろうか。恥ずかしかった。我々の指導者に対しても、自分自身にも、国全体に対しても。私だけではなかった。レセプションにいたルワンダの役人たちもこのニュースを耳にし、私同様に衝撃を受けていた。これは、かつて知っていたルワンダではなかった。私たちは来客者を避けることはしない。そこで、外務大臣の演説を思い返し、アナンに対する反応は本当の反応ではなく、よく調整され前もって計画されたものだったことに気づいた。アナンが言葉を発する前から、政府は彼に罪を負わせることを決めていたのである。彼に、ジェノサイドへの国際社会の介入を放棄した責任を担がせるのだった。当然、それでつじつまが合った。国連事務次長はルワンダを支援するにあたって、ほとんど権限がなかった。ガーナ出身のこの男性は、他国の支援を求めるくらいしかできなかった。それに比べてクリントンは、ルワンダの多大な助けとなりえた。クリントンへの非難はただアメリカを遠ざけるだけで、何百万ドルもの支援を危うくさせた。誰も彼を責め立てることはできなかった。今になってすべてが納得でき、大変情けない思いで一杯だった。

アナンが到着すると、私が出迎え少し話をした。彼は非常に温かみのある大変紳士的な方だった。数分後アナンは聞いた。「大統領はいつこられますか?」

私は息をのみ、微妙に笑みを浮かべた。「残念ながら、彼はこられません」

アナンは衝撃を受けて私を見つめた。「どうして?」

「多忙のようで」私は言った。「急ぎの用件があるようです」

「副大統領は?」

「彼もこられません」私は答えた。

アナンの目がそれ以上何も言わなくていいと物語っていた。何が起こっているのかもう気づいていた。彼は経験を積んだ外交官で、冷遇されたことを判断できた。

彼は私の元を離れて自身の代表団に戻り、真剣に囁き始めた——当然、何が起きているのか探るためだ。政府のボイコットの話はすぐに広まった。参加者は会場のあちらこちらで身を寄せあい、盗み見をしながらお互い囁いていた。私は手に飲み物をしっかりと握りながら、他の来客者たちに決まり悪く笑みを見せていた。

二〇分ほどすると、アナンは戻ってきて私と握手をし、感謝の言葉を述べると帰った。パーティーが終わってこんなにホッとするのは初めてだった。

アナンへの冷遇は国際的な見出しを飾った。「アナンはルワンダ政府に冷たく扱われる」『ニューヨーク・タイムズ』にはこう載った。『ル・モンド』の見出しは、*“Le Rwanda refuse la main tendue Kofi Anna”*（「ルワンダはコフィ・アナンの差し出した手を拒絶した」）。ラジオの放送を聞きながら、さらに恥ずかしくなった。少なくとも、いい、いい、終わった、終わった、そう思った。これで前進できる。しかしこの記憶は生き残っている。私が数ヵ月後にニューヨークの国連本部を訪ね、政治部門担当事務次長のキラン・プレンデーガスト（Kieran Prendergast）に会った際に、「それで、なぜ貴国の政府は事務総長のレセプションをボイコットしたんですか？」と聞かれて驚いた。

これを聞いた時、心の中がすくんだ。しかし私には政府の立場を守り続けるしかなかった。「彼から、ルワンダでの個人的な失敗に関する謝罪を期待していたのです」そう言った。「それをしなかったために、関係者は気を害しました。あんなことが起きて大変残念ですが、あれが反応だったのです。人々はさまざまな事態に違った反応することをご存知ですよね」

「ああ、わかりますよ」彼は言った。「しかしあなたはそのような行動にはでなかったのですね。あなたは彼を温かく迎え入れました。あなたが大変親切だったと彼は言っていましたよ」

そのような優しい言葉をかけられホッとしたが、それでもまだ我が国が彼をもっと親切に受け入れるべきであったと恥かしい思いをした。もちろんアナンはジェノサイド防止を十分に実行しなかったために間違っていたが、それでも敬意を持って接するべきだった。非難と寛大さはお互いに排他的ではない。彼に恥をかかせずに、彼の行いを非難することは可能だったはずだ。

ルワンダに対する国際社会の怠慢を思い返すと、善人がいかに有害になりえる決断を下すことができるかがっかりさせられ、また不可解である。私たちはどのようにして立派な行動の道からそれ、政治的や他の企《たくら》みを認め悪に屈す道につなげることができるのか。人類の歴史と同じくらい深い謎である。エドムンド・バーケ（Edmund Burke）は賢明な意見を述べた。「悪を制服するために必要なものは、善人が何もしないことである」。ビル・クリントンとコフィ・アナンは全世界に対して最善策をとりたいと思っている善人であると信じている。マデレーン・オールブライト、ボブ・ドール、スーザン・ライスも皆善人であると確信している。しかし、彼らの助けを本当に必要とした時に、手を差し伸べてくれなかった。ホロコーストの後、心優しいドイツ人がなぜ彼らの村と隣合わせの強制収容所を無視できるのか、驚かされた。組織的な殺戮が隣合わせで行われている中、どのよう日常生活を送ることができたのか。悲しいかな、それから五〇年も経った今、まさに私たちは同じ質問を問いかけている。その質問を我が指導者たちに問いかけなければならないとは、さらに不可解だ。ルカによる福音書に記述されているように、《多くを与えられた者には、多くが求められる》。権力を持てば持つほど、より弱い立場にいる者を守る責務が増える。人類の一員として、私たちがその真実を心に刻み、人類の家族の一人として暮らすようになるまで、悪が成長する世界で生きていく運命にある。

第8章　忍び寄る独裁政治

不正義があるところでは、あるゆるところに正義が脅かされる。

——マーテイン・ルーサー・キング・ジュニア（Martin Luther King, Jr.）

人間は教えられなくても、わかっていることがある。他のことについては、時間をかけて学ぶ。何を信じたいのかとは関係なく、人間は学ぶ。そうやって、ルワンダの権威主義の統制を知るようになった。ＲＰＦが内戦を終わらせるために一九九三年にアルーシャ和平協定に署名した時、ＲＰＦが民主化を構築したかったと信じていた。ジェノサイド勃発の際、軍の勝利を利用せず和平協定を放棄しなかった時、私はＲＰＦが本気で法の支配に基づいて国づくりに取り組むものだと思い込んでいた。彼らは、ルワンダにとってベストなものを望んでいたと信じていた。ポール・カガメを信じていた。ほとんどの人がそうであった。だから彼が議会、行政機関、司法制度の力を徐々に弱め始めた時、何が起きているのか完全に理解できなかった。草の中でかさかさ音をたてているヒョウに気づかないガゼルのように、私たちにぶち当たったものが何であるかに気づいた頃はもう手遅れになっていた。

＊＊＊

一九九九年三月、ある議員が私の自宅にきた。彼は事前に私に面会したいと連絡をくれ、大変緊急を要する様子であった。彼が到着した際、彼の知らせの深刻さが読み取れた。

「閣下、ＲＰＦが政治党のフォーラムを結成しており、それが議員を解任する権限を有すると聞きました」

「何だって？」私はショックをなるべく表に出さないように聞いた。

彼は、その政治党のフォーラムが四つの主要政党——ＲＰＦ、自由党、社会民主党、共和民主党——と他の四つの小さな政党からの代表者を含むと説明してくれた(28)。このフォーラムは、いつでも議員を解任できる権限を有する。ＲＰＦはフォーラムの議長を務め、ＲＰＦ事務局長が報道官を務める。

「本当か？」私は聞いた。こんなことはありえない。明らかに違法であった。このようなものを提言することが信じられなかった。

「はい」彼は厳粛に言った。

「明らかに、議会を支配下におく企てだ」私は言った。

彼は頷いた。「しかし、彼らは長い期間、それに取り組んできました」彼は言った。「本当です、ジェノサイドの後からずっと行われていたのです」

どういう意味なのか、彼に問いただした。彼はＲＰＦが一九九四年に軍の勝利を手に入れ、いかに和平協定で規定された連立政権の重要な要素を無視したのか、教えてくれた。「ご存じの通り、ＲＰＦが大統領、副大統領、首相代理、そして主要の大臣ポストをすべて手に入れたのです」

「そうだな」私は言った。「しかしそれ自体は特に問題ないはずだ。国の再建、法の支配、そして和解の促進のために、それらの地位を利用したのであれば」

「その通りです」友人は口をはさんだ。「しかし面倒なのは、和平協定には副大統領の役職が存在しなかったことです。カガメはその役職を自分のものにし、ビジムング大統領の裏で働くために、その役職を設けたんです。彼は副大統領の座をものにし、さらに防衛大臣の役職も手に入れました。彼は王権の裏の権力者となったんです」

私は頷いた。その時には、カガメが政府の手綱を引き、ビジムングはほとんど権力を有していなかったことは明らかだった。報道も公に、カガメをルワンダの「実力者」と呼んでいた。ビジムングがフツでＲＰＦの一員であったがために、彼が大統領に就くことにより政府が多様性を重んじ、ツチ主導の政府でなく、すべての人に開放されているように国際社会に思わせた。実際には、ビジムングの大統領は見せかけであり、和解への取り組みではなかった。ビジムングがそのような役割を果たすことがどんなに難しいことか。誰がそのような地位に就きたいと思うだろうか。ハビャリマナ政権の時にも、同じような政治的策略が行われていた。内閣を開かれたものに見せるために、ツチが組織関係大臣に任命された。しかしそれはただの見せかけだった、当時も今も。

友人はさらに続けた。「カガメは議会に軍の代表を入れるよう強要しました」。このことが気にかかっていた。軍服姿の議員がいると、おどしのように捉えられる。軍の議員で大変効率的な人もいたが、カガメの意見が議

(28)　他の四つの小さな政党は、イスラム民主党、民主キリスト教党、ルワンダ社会党とルワンダ人民民主連合である。

会で採用されるために彼らはいたのである。すべての兵士のように、軍の議員は軍の指導者の指示通りに動く。カガメは、軍では最大の権力者であり、四年間の戦争では彼らの司令官であった。彼がどんなに残酷な人間か知っていた。彼の指示に従わなければどうなるか、兵士は知っていたのだ。

「RPFは、和平協定が要求していないのに、大統領に首相を解任できる権限を与えました」友人が言った。アルーシャ和平協定の下で、内閣大臣は首相によって任命された。しかしRPFは、首相が大統領の許可なしに内閣大臣の任命ができないように変更を強要したのである。「だからカガメは実質上、首相を含む大臣を任命しているんです」そう言った。

彼の言っていることは正しかった。一九九五年に、フツのフォースティン・トゥワギラムング（Faustin Twagiramungu）首相は、さまざまな問題でカガメとビジムングと衝突した後、強制的に辞任させられた。首相は、多数の兵士が犯した人権侵害を止めるために、防衛大臣がなぜやるべきことをやらなかったのかを問いただした時、我慢の限界を超えてしまった。彼は強制的に解任され、ベルギーに亡命した。彼を支持していた三人の大臣も同様に解任され[29]、二人は亡命した。トゥワギラムングが去ってから、ルワンダは初期段階の独裁主義を批判する一人を失った。彼はハビャリマナの独裁政権に反対し、権力を強化してきたカガメに堂々と反対した数少ない政治家だった。一人の人間に権力が集中すると、法の支配を脅かすことになることをわかっていた。権力が国家機構から奪われ、政党や個人の手におちると、独裁政権が間近に迫っていることに気づいていた。トゥワギラムング首相の解任は、政府が有する権限の終結の始まりを告げていた。

ヴァレンス・カジェグハクァス（Valens Kajeguhakwas）がたどった運命も、頭から離れなかった。大変裕福なツチで、尊敬されていた議員であり、戦時中、財政的にも政治的にもRPFの主要な支援者であった。しかし一九九七年までに、RPFに失望していた。その年、国が間違った方向に進んでいると議会で声明を出した。国内の人里離れた地方でルワンダ人がジェノサイドからどう立ち上がっているのか調査した代表団が報告書を作成し、それに彼は反応した。その報告書では、未だに続く苦悩や政府の不十分な対応を強調していた。彼の声明後、彼は退陣させられた。RPF政府が売却した名声を得た銀行を残し、彼は数年後にアメリカへ亡命した。ルワンダ政府はアメリカ政府に彼が犯罪者であると伝え、彼の国外追放を要請した。アメリカ政府はその要求を受け入れなかったが、彼を逮捕した。彼は最終的に裁判ですべての疑惑が晴れるまで、アメリカの収容所で二年間過ごした。彼はRPFの復讐のために苦しんだのだ。

「政府内で起きていることはそれだけではないんです」私の友人は続けた。「RPF内で起きていることを見てください。カガメは今では党のトップで、さらに権力をもっています」。それに関しては、以前考えたことがあった。一九九八年に、カガメがRPFの議長、そしてビジムングが副議長になるよう選挙を企んだ。そのため基本的に、副大統領は大統領の上司として振る舞っていたのである。これが権限系統をあいまいにし、カガメを非常に権威ある地位に持ち上げたのだ。

「それから彼が、所属する党に関係なく、人々を地位に任命していることに気づいていましたか?」彼は私に聞いた。

---

(29)　首相と一緒に解任された三人の大臣は、ルワンダで自然死したアルフォンス・ンクビト（Alphonse Nkubito）、ケニアでRPF工作員に暗殺されたと言われるセス・センダションガ（Seth Sendashonga）と、今なおベルギーで亡命生活を送っているジャン・バプティストゥ・ンクリインゴマ（Jean Baptiste Nkuliyingoma）である。

「知っていたよ」私は頷いた。移行期の連立政権協定は、政党所属に基づき党司令部との協議後にのみ、役員の地位を埋めるよう求めた。しかし時間が経つにつれて、これらの地位が政党からの提供なしにＲＰＦによって埋まっていることに気づいた。そのため任命された者の忠誠心が所属先の党からＲＰＦに移る。結局、ＲＰＦに任命されれば、ＲＰＦを喜ばせることが優先されてしまうのだ。

これらを話し合っていると、なぜここまできてしまったのか不思議でならなかった。「どうしてそれを止めなかったんです？」私は聞いた。「ジェノサイド後の初期、ＲＰＦが統制し始めた際に、なぜ止めなかったんですか？」

彼は首を振り、椅子に座りなおした。彼がこのことを考えたのは、今日初めてでなかった。何度も何度も、同じ質問を自分に投げかけたに違いない。「一九九四年、皆がジェノサイドでトラウマを受けていました。皆は平和が欲しくて仕方なかった、ＲＰＦが正しいことをしてくれると信じていたんです」彼は言った。「ＲＰＦが強く要求した変化のいくつはあいまいで、質問を投げかけようともしなかった。ＲＰＦの意図を尋ねるのが怖かったことは言うまでもありません」

私は頷いた。一方で、彼らはあまりにもＲＰＦを信頼しすぎて、他方でカガメを恐れて何も言えなかったのである。「そして今そのつけが回ってきたのだ」私は言った。

彼の訪問に感謝を述べ、玄関まで見送った。彼が去った後、私の頭は混乱していた。彼が言ったことを思い返した。彼が述べたことをすべて知っていたにもかかわらず、権力を我がものにし独裁政権をつくりあげるためのカガメの一致した努力であったとは真剣に考えてもみなかった。他の人たちと同じように、カガメとＲＰＦは未だ危機に陥っている国を統治し、ジェノサイドの廃墟から何かを築こうと最善を尽くしているのだろうと思い込んでいた。しかしここ数ヵ月に起こったことを今思い返し、これから国がどこへ向かって突き進んでいるのか真剣に心配し始めた。

その一年前、私はラジオで、政府が最高裁の副裁判官オーガステン・キーザ（Augustin Cyiza）を解任したことを聞いた。信じられない思いで、ニュースに聞き入った。憲法によると、政府に裁判官を解任する権限はない。政府は議会判事に裁判官の解任の提案することしかできない。最終決断は議会にあった。

キーザが最新の判決を下したせいで、政府が彼に不満であったことは知っていた。ルワンダ政府がルワンダの飲料会社の原料を奪取したため、課税をめぐる議論となり、本会社は政府を裁判に持ち込んだ。下級裁判所が本会社の言い分を認めると、政府は上訴した。控訴裁判所では政府の言い分を認め、今度は会社が上訴した。この訴訟が副裁判官キーザの法廷まできた時、会社側の勝訴になった。彼が最終判定を下した。そこで憲法とは関係なく、政府は彼を解任してしまった。それは司法制度の独立性に対する見え透いた攻撃であった(30)。

そのニュースが知れ渡った数日後、キーザが私の事務所を訪れた。私が挨拶すると彼は笑みを浮かべたが、表情は硬かった。彼の目は疲れ果てていた。不安が、彼の額にしわとなって現れていた、彼を歓迎し、机の向かい側の椅子に案内した。

「手紙を書いた」と言いながら、アタッシュケースから取り出して、机の上に置いた。「自分の言い分を書い

---

(30) 二〇〇八年七月、最高裁判所を含むすべての法廷に任期制限を設けるよう、ルワンダの憲法は修正された。これは司法制度をさらに弱め、さらに後退させたことになる。

たものだ」。彼は明らかに脅えていた。彼は職を失い、将来に不安を感じていた。彼には言わなかったが、彼は自分の人生にも恐怖感を抱いていたように見受けられた。一年前の一九九七年、他の最高裁の副裁判官ヴァンサン・ンサンザバガンワ（Vincent Nsanzabaganwa）がキガリの自宅で殺害された。殺人者は未だ捕まっていなかったが、無差別殺人ではないことはわかっていた。

私は手紙を手に取り、彼が話す中、読み始めた。

「この手紙を他の議員に回してもらえないか」

「ええ、もちろん」私は言った。キーザを尊敬していた。彼はフツでハビャリマナ政権に身を置き、簡単ではなかったはずだが、独立性を持って誠実に行動していた。軍の少佐でジェノサイドの際に数多くのツチを守った。それに付け加えて、戦争後、国外への逃亡を避けるため、そして明らかに彼らの命を救うために、約八〇〇人の元兵士に新政府に加わるよう説得した。さらに彼は有能で国の統合に身を捧げた。たとえＲＰＦを立腹させることになっても、彼の声が伝わるように、できるかぎりのことをしなければならないことはわかっていた。カガメが自分の間違いに気づき、考えを改めてくれることを願っていた。

キーザが事務所を去ってから、同僚に手紙のコピーを依頼し、議員に配布した。政府がとった行動の話が広まると、批判が広がった。在外大使館、議会、一般人が、政府がこのように限度を超す行為をとったことに怒りを覚えた。しかしいつものＲＰＦ主導政府への憤慨と同じように、それも和らいだ。あからさまな抗議が甘受されたことは一度もない。それでも囁きが続いた。ＲＰＦの行為は今回行きすぎた。この後すぐ、大統領参謀長フランク・ムガンバゲ（Frank Mugambage）大佐から電話で面会の依頼を受けた。

彼が到着すると、彼は政府側の言い分を説明しだした。「オーガステンを解任しなければならなかった」彼は言った。「国のためだった」。彼が暗号を秘めた言葉で話しているのがわかった。これ以上もめるな、彼が本当に言いたかったのはこうだ。荒波を立てるな。

「違憲だ」私は言った。「最高裁の判事を解任できる権限を持っているのは国民議会だけだ。しかも三分の二以上の多数決があった時だけだ。裁判官の決断に納得いかないからといって、解任できない」

彼は首を振った。「彼に賛成できないから解任したわけではない」彼は言い返した。「彼が独断で決断を下したから、我々はそうしただけだ。彼はきちんと順序に従っていなかった」

彼の言い分の当てこすりは、私に効き目がなかった。「もしそうだったとしても」私は言った。「あなたに彼を解任する権利はない。本件を記録し、彼を解任するように議会に要請すべきだった。証拠があれば、議会も賛成可決していた。憲法を尊重していたら、政府に対するこのような抗議を受けていなかった」

「抗議などない」彼は言った。「何の抗議だ？」

私は少し行きすぎた。少し声を和らげた。「解決できるだろう」

「政府はもう決断を下した」彼はきっぱりと言った。

「まだ修正はできる」私は言った。「議会に本件を通して、我々が採決をとればいい」

「政府はもう決断を下した」彼はまた言った。

私はため息をついた。八方ふさがりであった。ＲＰＦの議事妨害は事実上、権力の表明であることはわかっていた。ＲＰＦはいつでもどの判決にも攻撃を加えることができると表明していた。もし彼らが決断を覆さないとしても、少なくともなぜ彼らが彼を解任したいのか誠実に伝えてくれることができる。「ここだけの話にして」私は言った。「本当は何が起きているのか教えてくれないか、少なくとも私だけでも知りたい」

「何が言いたいんだ?」彼は身構えるよう言い返した。「RPFは透明性を保ち、何も隠していない。我々は国のためにベストと思うことをしているだけだ」

彼の反応に驚いた。私はまた声を和らげた。「自分は何も言っていない。ただどうなのかなと思っただけだ」。その後、RPFが密輸事業に関わっていたことを聞いたのだが、本事業は起訴人の会社が製造したものと同じビールをルワンダに輸送していたそうだ。今日RPFはルワンダのさまざまな産業における事業利益を管理していたため、つじつまが合った。これを聞いた時、フランクとの会話を思い出し、彼が守りたいことは何だったのか考えた。私が何かを知っていて、RPFが党の違法なビジネスを促進するために、合法な会社を倒産させていることを訴えると思っていたのだろうか? しかし会話を交わした時には、私は全く何も知らなかった。会話が行き詰まり、フランクに感謝を述べ、彼は事務所を去った。彼が私に不満を抱いていたのがわかり、私が言ったことをそのままRPF指導者に報告することはわかっていた。

ムガンバゲとの会話で、私が法の支配を支持していた頃のRPFの元事務局長との会話を思い出した。「我々はハビャリマナ法の囚人にはならない」彼はそう答えた。まるで前政権の時と同じ法律であれば、法は従うべきではないと言っているようだった。筋が通っていなかった。ハビャリマナがしたすべてのことが悪であったわけではない。あの政権にもよい法律が存在した。以前したように当時何度も議論し、その後もしたが、法が修正されないかぎり、従わなくてはならない。法が不当で時代遅れであれば、単に無視するのではなく修正されるべきだ。しかしカガメは、法が何を示そうと、いつでも反対できるということを見せつけたかった。自分らの権力が最高位の主権を握っていることを国民に証明したかったのだ。

前進するために、これについてカガメと話をしなければならないことはわかっていたが、カガメが私との面会を拒絶するのもわかっていた。なので、彼と話をしないといけない状況になるまで待っていた。幸い五月一日に、ルワンダの国立スタジアムで開催された労働感謝祭に参加する計画があった。カガメもくることはわかっていて、地位からすると隣の席になるはずだった。絶好のチャンスであった。

感謝祭の当日、満席のスタジアムでＶＩＰ席に案内された。大勢集まった国民を見ていると、我が国への誇りが高まった。伝統的な衣装をまとったダンサーが、サッカー場で踊っていた。国旗が揺れていた。スタンドが色鮮やかに染まっていた。全体を見渡し、これこそがこの国のあるべき姿だと希望が膨れ上がった。団結。平和。幸せ。欲を持ちすぎだろうか？

予想通り、私の席はカガメの隣だった。祭りを観覧しながら、大勢の人出や踊りについて談笑した。あたりさわりのない話をして間もなく、できるだけ何気なく言った。「キーザの事態が非難を呼んでいます」

彼は私を見て頷いた。

フランク・ムガンバゲに伝えたことと同じことを伝えたかった。カガメがしたことは違法であること。カガメはキーザを最高裁の役職に復職させるべきであること。しかしそれは無駄だった。ムガンバゲは間違いなく、私たちの会話をすでに詳しく報告したはずだ。カガメは私の思いをわかっていた。それに、弱みを見せることにつながるので、カガメはほとんど考えを変えたことがなかった。そのためキーザを復職させるようカガメを強く説得するより、私は歩み寄りを提案した。「少なくとも、キーザに他の仕事を提供してもよろしいのでないですか」彼に言った。ルワンダでは、キーザのような高い地位から解任されると、キャリアが終わったのも同然だ。他のよい就業先は乏しく、また政府が敵対していると、誰も雇ってくれない。キーザを解任し汚名したことで、カガメは彼の運命を社会のすみっこに追い込んだ。もしカガメが彼に新たな職を紹介すれば、少なくとも彼と家族は守られるであろう。カガメにとってそんなことはどうでもいいことだろうが、キーザの追放について一般からの抗議——特にルワンダ各国大使館からの抗議——は彼にとって耳触りなものであるに違いない。その事実に焦点を当てた選択肢を提案することで、いい方向へ展開するのではないかと願った。

カガメは頷いた。「そうだな、君の言う通りだ」彼は言った。「私がキーザに会いたいと伝えておいてくれ」

よかった、ホッとした。少なくともキーザは仕事を持てる。彼に安全と無事が確保される。キーザに他の職を用意することで、国民や議会が、国が直面する問題に目を向けるようになるのではないかと期待した。しかしこの先何が待ち受けているのか、全く知る由もなかった。

政党のフォーラムが結成される一年前に、議会は着々と軌道に乗りつつあった。法を作成し、大臣を招集して法的措置を説明した。カガメは当然それを阻止したかった。彼は支配できるような議会を欲しがっていた。彼はすでにRPFと軍に所属する議員を支配しており、他の人たちにも影響力を及ぼしたかった。カガメにとって政党のフォーラムを結成することは、彼の邪魔になる議員を取り除く手段であった。そして政党は、党の命令に従わない代表者を排除できるため、本フォーラムを支持していた。憲法には、各議員は所属する党の方向性に従って、独自に行動する権利があると明記されている。フォーラムはそれを阻止することになる。議員の独立性が奪われることになる。

もちろんフォーラムを支持してきた者たちは、そのように捉えてはいなかった。それよりも彼らは国民ラジオ放送や新聞記事を通じて、議員自身の行為にアカウンタビリティーを持つ規定は存在していないことを一般の国民に伝えた。フォーラムがそれを実行するメカニズムになりえる、と彼らは言った。しかし、議員にアカウンタビリティーをもたらすメカニズムはすでに存在していたことを国民に伝えてはいなかった。彼らは法の上に立っていない。司法制度は合法的に刑事裁判で有罪判決を受けた議員を解任する権限を持っており、議会には国内規律委員会があった。ＲＰＦはこれを知っていたが、国民は知らなかった。そのためフォーラムという考えが、議会の抑制と均衡の公平で理にかなった制度として宣伝されていた。しかし、実際にはどちらでもなかった。

落胆した。フォーラムが違憲で、権力の分離の本質に反するという理由だけでなく、議会が二年もかけて築き上げた勢いを打ち砕くからである。我が国家の歴史にとって初めて、土台がしっかりした立法部門を築いたのだ。しかし今彼らはそれを取り除こうとしている。

フォーラムについて話し合うため、カガメに連絡をとったが、いつものように彼に連絡がとれなかった。その代わりに、ＲＰＦの事務総長に面会を申し込んだ。案の定、彼も私と話し合わないとのことだった。そのため、フォーラムの結成を止めてもらうように大統領に手紙を書くことにした。その間、他の党首と話す機会があり、フォーラムは悪い考えだと伝えたが、彼らは全員断固としてそれを支持した。自分の党さえも支持していた！　ＲＰＦがどれだけ政党の権力を弱めてきたかを証明している。また、首相を含むほとんどの党首は閣僚である。調査したり厳しく非難する議員に対して閣僚が権力を行使することが、本フォーラムによって可能になるのである。一党だけが唯一フォーラムに反対する根性があった。イスラム民主党党首のハミドゥー・オマール（Hamidou Omar）である。小さな党だったが、連立政権のため彼は議会で三番目に権限を持つ議員であった。彼と私は常に協力して仕事をした。フォーラムに反対したことで、彼に対する尊敬が強化した。

大統領に宛てた私の手紙が、ＲＰＦ内部で非難を呼んだ。ある日の午後、ＲＰＦ事務局長であるシャール・

ムリガンデ（Charles Murigande）が、国営ラジオで私を非難したのを聞いた。ムリガンデは私の友人であり、お互い尊敬しあっていたので、彼の言ったことに驚いた。私に対する根拠のない非難が続いた後、彼は、議員全員の許可なしに私が大統領にあのような手紙を書く権利はないと言った。さらに彼は、私は議長ではなく、ただの議会の報道官であると述べた。それはもちろん真実ではなかった。同僚から正式に選出され、議会の代表として、異議を唱える手紙を大統領に書く権利が私にあることは認識されている。実際に、私はさまざまな問題において大統領に手紙を出してきた。

ムリガンデの言葉に衝撃を受けた。かつて友人であったこの男は、どうしてこのように私を攻撃することができるのだろうか。私は、議会のＲＰＦ党首であるティト・ルタレマナから不定期に攻撃を受けることに慣れていたが、ムリガンデからこのような言葉を聞くのは初めてであった。一番気にかかったのは、ムリガンデが真実を伝えていないことを彼自身わかっていたはずだということだ。けれども自分に言い聞かせねばならない。あれは彼自身が言ったことではなく、彼の上司であるカガメが言ったことなのだ。ムリガンデが職を失いたくなければ、カガメの言う通りにするしか方法がなかった。

私に対するＲＰＦの非難にかかわらず、数日後ビジムング大統領から、妥協できるのであれば私と面会する意志があるという手紙を受け取った。彼は、党首とともに解決策を見出すように提案した。彼の返答に驚いた。私が手紙を書いた時、彼が手を差し伸べる望みはほとんどなかった。しかしもし彼がそうしなければ、私が闘いを挑んでいることが記録に残ってしまうだろう。彼はＲＰＦの副議長として、私が間違っていてフォーラムは結成されるべきだという返答をすることができたはずだ。ビジムングがカガメに同意しなかったと示唆するのは、滅多にないことだ。ここ数ヵ月間、ビジムングが徐々にカガメと衝突しているという噂が広まっていた。

私もそれを実感し始めた。このような繊細な問題で、ビジムングが独自に行動をとっていることを嬉しく思った。

彼の助言に従い、全政党に会議を求める手紙を書いた。会議の当日、シャール・ムリガンデを含む約一〇人の党首が出席した。彼らの考えを変えるのは難しいとわかっていたが、努力しなければ。ライオンの巣穴にいるネズミのような気分だった。

「我々はこれで進めるわけにはいきません」私は伝えた。「このフォーラムは違憲で不当であります。それに権力分立の原則に反しており、議会の勢いを弱めることになります。この考えを諦める必要があります」

党首たちは直ちに、政党は自分たちの議員に対して権限を持つべきだと抗議した。国会議員が政党を代表しているのだから、政党が議員を解任する権限を持つべきだと主張した。

「しかし一度選ばれると、国会議員は自分たちの政党の権限の下を離れることになっている」私は念を押した。「憲法にはそう明記されている。議員は国民に尽くすべきだ。彼らは法と手続きにアカウンタビリティーを持っている。もし議員が何か間違ったことをすれば、彼らを解任する法的手段がある」

しかし既存の法的手段について議論をしたい人はいなかった。それよりも議員は政党から選出されているのだから、政党が議員に規則を守らせる権利があると主張した。

自分が言いたかったことは、フォーラム自体が政党を強化するわけではないということだ。ただＲＰＦを強化するだけである。しかし無意味だった。カガメが本フォーラムの結成を支持していることが認識されているからだ。カガメが支持しているならば、その通り実現される。彼らは憲法や法の支配を、ほとんど気にしなかった。彼らはただ国会議員に対して権限が欲しかった。そのうえ、彼らはカガメを恐れていた。

彼らが翻意する気がないことがわかると、私は妥協案を提供した。「フォーラムが結成されるならば、少なくとも合法にされなければいけない」そう言った。「憲法改正を起草し、可決されるべきだ。そうすれば皆さんの論理的根拠と手順を議会や国民に説明することができる」。却下されることを願った。もし却下されなくても、裏切った組織が合法的に制定された機関を支配するより、少なくとも合法的な境界線ができる。

しかし党首たちは改正をしなかった。政党から完全に支援を受けて、独自にフォーラムを結成した。会議が開催されなかったかのように、フォーラムはすぐさま議員を解任し始めた。政府監視に積極的だった者や政府に批判的な人は、直接的に、あるいは間接的に、標的となった。一ヵ月ほどの間に、八人の国会議員が姿を消した。ほとんどが不幸な結末となった。エスタッシ・ンケリンカ（Eustache Nkerinka）はドイツに逃亡した。ジャン・レオナルド・ビジマナ（Jean Leonard Bizimana）とレオナルド・カヴッツェ（Leonald Kavutse）はやがて投獄された。ジャン・ムバンダ（Jean Mbanda）も後で裁判なしに三年間投獄され、最終的にカナダへ逃亡した。ドナシェン・ルゲマ（Donatien Rugema）はデンマークに逃亡し、そこで亡くなった。ＲＰＦの一員であったデゥス・カギラネザ（Deus Kagiraneza）はベルギーに逃亡した。そしてＲＰＦ執行委員会の元一員のアルフォンス・フルマ（Alphonse Furuma）少佐はやがてアメリカに逃亡した。ただ一人、ジャック・マニラグハ（Jacques Maniraguha）だけはルワンダに残り、刑務所から出所した。

フォーラムのやり方は不気味に組織的だった。党首たちは解任したい国会議員の名簿を作成した。フォーラムは議員と議論し、シャール・ムリガンデが国営ラジオで追放された議員のリストを読み上げた。「二週間以内に辞職しなければ」と彼は言った。「もし辞職しなければ、所属の政党が議員を除名する」。一度政党から除名されると、議員は議席を失うことになる。

誰がコントロールしているか疑義が生じた場合、フォーラムはＲＰＦ、または軍に所属する議員を解職しなかった。そのような人は、単にＲＰＦから去るように伝えられるだけだった。また、他の党がＲＰＦの支持者の解職を希望しても、それが実現することは決してない。例えば、自由党がユージン・カバゲニ（Eugenie Kabageni）を議席から外そうとしたが、ＲＰＦが彼女を支持していたため彼女は残ったのである。フォーラムが他の党ではなく、ＲＰＦのためだけにあることは明らかだった。

悪夢が始まった。国会のモラルが低下した。議員らは、次は誰が解任されるのだろうと囁き合っていた。全員がストレスでくすぶっているのを感じとった。何か悪いことが起きることは予想できたが、どの程度の規模のものなのかわかっていなかった。我が国が独裁政治に転換していることを、完全に認識していなかった。

次は司法制度だった。一九九八年に、キーザ副裁判官の解任で始まった。そして同年に、キーザと同じ事例で議長を務め、会社側に勝訴を出した下級裁判所のジャン－ボスコ・イヤカレミェ（Jean-Bosco Iyakaremye）判事も解任を強要され、カナダに逃亡した。一九九九年三月にフォースティン・ンテジラヨ（Faustin Ntezirayo）法務大臣が、ＲＰＦが司法制度にかけた圧力に耐えられず、彼もカナダに逃亡した。それから一九九九年七月、ジャン・ムツィンジ（Jean Mutsinzi）裁判長と二人の副裁判官、ポール・ルヤェンジ（Paul Ruyenzi）とポール・ルタイシレ（Paul Rutayisire）は辞職を命じられた。その理由について説明はなかった。上記の人々は全員ツチで、何年も亡命生活を送ったＲＰＦの一員だったが、全員カガメの側近ではなかった。判事は命じられた通り実行し、辞職の手紙を提出した。今回政府は、法律に従うことを試みた。判事三人の辞職を承認するよう国会議員に求め、「個人的理由につき」と書かれた彼らの辞職願の手紙を添えて、正式な要請を議会に送った。

同じ要求の中で、政府は他に副裁判官アリップ・ンクンディヤレミェ（Alype Nkundiyaremye）の解任を要請した。彼は結局、ベルギーに逃亡し亡くなった。政府はさらに、遅ればせながらキーザの名も提出し、基本的に彼の解任を合法化するよう要請した。思い返せば、これについて議論されるべきだった。政府を問いただすべきだった。しかし議会はまだフォーラムの結成に非常に大きなショックを受けていたのだと思う。政府はそれを知っていた。フォーラムが八人の国会議員を追放した直後に、議会にこれらの辞職願を提出したのは偶然ではなかった。

承認のために、政府は新しい裁判長と四人の副裁判官の名前を議会に送った。一二ヵ月間に、最高裁判所六人のメンバーのうち五人が、ＲＰＦにより厳選され、裁判により置き換えられた。こうして最後の一撃で最高裁判所にとどめが刺された。

政党のフォーラムの導入と、最高裁判官の追放の時期が重なったのは偶然ではなかった。ジェノサイドの後に樹立された暫定政府の終わりと同時に起きた。憲法には、一九九九年七月までに暫定政府は終わりを迎えると明記されていた。その時までに、新政権と大統領が選出され、自由公正な選挙が行われるはずだった。しかしカガメの計画には、自由公正な選挙はなかった。フツとツチ両方とも、ＲＰＦの指導者に不満を持っていた。自由な選挙では、ＲＰＦが勝つ見込みはなかった。暫定政府の延長がＲＰＦの最大の関心事だった。

私自身も、ルワンダが大統領選挙と議会選挙にはまだ早いと思っていたが、それは全く違う理由からであった。一番気にかかっていたことは、ルワンダが分裂したままで、そして少数派と多数派間で公平な権力分担を確保するための対策を、政府が策定しなかったことだ。フツは少なくとも人口の八割を占めていた。ツチは二割を切っていた。[31] 懸念していたことは、分裂社会でよくみられることだが、選挙が民族の比率に沿って偏ってしまうことだ。一九六〇年代初期のルワンダでもそうだった。しかしさらに悪いことに、このような状況では、進歩主義者ではなく、過激派が常に選挙で勝利を収めていた。ツチがまた政府で意見を奪われることがないように、方策を策定しなければならない。私は、ルワンダのすべての民族が代表でき安全であると感じられるよう、少数派も多数派も権力を分担できるコンセンサスに基づく民主主義を導入することを当時も今も主張している。不完全な解決策ではあるが、過去から継続され、多大な不和を生じたフツ主導、またはツチ主導の継続に終わりを告げることができると信じている。

一九九八年にこの考えを一度、カガメに伝えたことがあった。権力分担していた四つの主要政党（うち二つはフツ主導で、残り二つはツチ主導）が移行期を過ぎても継続するよう提案した。そうすれば、議会に平等な代議制度が引き継がれる。私が思うには、これらの党を維持することで、民族的なバランスがとれた代議制度が議会で保証される。政党に加入したいと考えている国民全員に、これらの政党が開かれるべきだと彼に伝えた。また、五年交替制で各政党から大統領が任命できるように、憲法に明記すべきだと提案した。「これによって、どの民族も政界に参加していることが実感できます」そう言って、さらに急いで加えた。「ＲＰＦがジェノサイドを終わらせたこともありますので、まず最初の五年交替制にＲＰＦがトップバッターになることに、皆さんは賛成するでしょう」。心からそう思っていたし、本計画を導入することでＲＰＦの権力が失われるかもし

(31) ルワンダでは人口調査が不確かであるため、正確な割合は不明である。これは推定である。

れないというカガメの半信半疑を和らげられると願った。

私は続けた。「そうすることで、権力の暴力的争いに悩まされることもなく、皆さん――フツとツチ両方――が直面する問題に注目すると思います」

私が話す間、カガメは熱心に頷いた。「そうだな」そう言った。「素晴らしい考えだ。検討すべきだ」

副大統領府を退室しながら、今度もカガメが自分の身方であると思っていた。このような面会では、カガメが背後で独裁政権を操っているかもしれないという不安が打ち消された。それ見ろ、自分に言い聞かせた。彼は新しい案に理解がある。国のためになることを望んでいる。もちろん自分はだまされていた。後にカガメの側近から、自分の考えが気に入らなかったと聞かされた。さらに、彼は私が野心的であると言った。私がゆくゆくは大統領になりたいために、自由党に影響力を及ぼすために、この民主化の制度を提案したと。ばかげた話だ！ ただ半世紀近くもの間、この国を苦しめてきたフツとツチ間の権力争いに終止符を打つために、ウィン・ウィンの解決案に興味があっただけだ。しかし、それを彼に伝える機会はなかった。その問題について、彼から連絡がくることがなかったからだ。

民族が偏っている選挙に懸念を抱いているだけでなく、ＲＰＦによる選挙の実施方法が気に入らなかったため、暫定政府は延長されるべきだと考えていた。ＲＰＦが行う地方自治体の選挙方法とは、自分が選択した候補者の後ろに国民が並んで投票するというものだった。無記名投票の原理に完全に反していた。誰が誰に投票したかがわかる。政府軍や地方自治体は安全確保という名の下で、これらの選挙を「監視」するだろう。しかし私はそれを信じなかったし、ほとんどの国民もそうだと思う。フツとツチのどちらも、ＲＰＦ候補者を支持するよう脅されているように感じているはずだ。さらに多くの場合、ＲＰＦが支援していない候補者に選挙から脱退するように、ＲＰＦ工作員が指示するだろう。

このような理由から、政府が暫定政府を五年延長すると提案した時、我々は賛成した。移行期の第二期に、自分が主張した変化が起きればいいと願っていた。それは甘い考えだった。それどころか、ＲＰＦは権力を強化し続け、独立心がある政治家を排除していった。カガメは、自分が望んでいた場所に私たちを配置したのだった。


この成長し続ける独裁政権に対し、私は闘った――仕事を通して。毎日、議長としての仕事にとりかかり、フォーラムが存在しないかのように仕事をし続けた。他の議員にも同様にするよう働きかけた。「我々は人のために働いている、政党のフォーラムのためではない」彼らに訴えた。「自分たちのなすべき仕事をする。それが我々の最大の防衛だ」。そしてほとんどの場合、それを行った。議員仲間が大改革にもめげず、前へ突き進んでいるのを目にし、非常に誇りに思えた。法律をつくり続けた。政府から提示された法案を綿密に調べ、アカウンタビリティーを要求し続けた。そして何よりも重要なのは、政府役人による汚職や誤った管理の告発を調査し続けたことだ。

一九九九年一〇月に、委員会審議の後、議会は大臣二名、アナスタセ・ガサナとシャール・ンタキルティンカ（Charles Ntakirutinka）を辞めさせた。個別調査で、国会議員はルワンダ元教育大臣四人全員を議会に呼び出し、世界銀行が二六〇〇万ドル出資した、ジェノサイド後の学校再建案件に絡んだ公金横領容疑について質疑した。関与していた二名の責任が問われた。一名、ローリエン・ンギラバンジ（Laurien Ngirabanzi）は解任された。もう一名のジョセフ・カレメラ（Joseph Karemera）大佐は当時、在南アフリカ大使で議会の懲戒領域外であったため、議会は担当者の職員とともに処罰するよう勧めた。しかし実施されなかった。

さらに議会は、難民帰還と復興省の管理ミスを調査した。本省の元二番目の指導者であったクリスティン・ウムトニ（Christine Umutoni）を含む役人何人かに予算の不始末に責任があったことを議会が発見した。議会はまた、パトリック・マジンハカ大臣が怠慢であり、問責決議を受けるとした。(32) 我々のメッセージは明白だった。政党フォーラムは我々の仕事を妨げてはならないということだ。我々は前進し続けた。そうすることで、ルワンダで今まで行われなかったことを成し遂げようとしていた。

この間、カガメは議会を支持しているように見えた。彼に話した時、議会が汚職をした役人を非難したことは正しく、引き続き適切な仕事を続けるべきだと言った。カガメがとうとう法の支配を確立するためアカウンタビリティーが必要だと理解を示したと思っていた。私はまた間違っていた。カガメが大臣に対する調査を支持したのは、彼自身多くの大臣の解任を求めていたからということを後で知った。彼の支持は戦略的であり、真理に基づいたものではなかった。

これらがすべて明らかになり、ＲＰＦによって解任された人々のことを考えた。その一部だけ記すと、首相、内閣府の職員、数え切れないほどの国会議員、そして最高裁判の判事五名。ほとんど毎月のように、被害者の名前を耳にしたように思われた。

この間も、最初に解任された一人、キーザ副裁判官とは連絡をとりあい続けた。カガメは労働感謝祭の日に約束したように、彼に仕事を用意していたが、肩書きだけだった。その職務は防衛省にあり、カガメはキーザの上司にあたった。軍の最高官の配車係だったが、無給だった。「事務所もない」ある日、会った時に彼はそう言った。「責任もない。架空の仕事だ」。彼は再生派キリスト教徒になり、教会に通い、説教し、私立大学で講演しながら日々を過ごした。しかし彼は恐怖感にさいなまれていた。「いつか傷つけられるのではないかと不安で一杯だ」彼は言った。それ以上言葉にする必要はなかった。彼が言いたいことがわかった。数年後の二〇〇三年四月、彼が蒸発したことを知った。二度と彼のことを耳にすることはなかった。(33)

カガメの権力は少しずつ強固になってきた。それでもなお、私たちは全体図を見ていなかった。それに気づいていた人々は、ＲＰＦが恐ろしすぎて何も言えなかった。手厳しい結果が待ち受けていることをわかっていたからだ。そのため、人々は裏で不満を言っていたが、公には賞賛していた。しかも犠牲を払ってまで。ジャーナリストのフランク・ケント（Frank Kent）がかつて言ったように、「政府の悪は、人間の寛容に直接比例している」。私たちの寛容さが、どんどん拡大している独裁政権を増幅させている。国際社会も、ルワンダの見せかけの安定を民主化と捉え、経済復興と安定がガタガタな基盤の上に乗っかていることに気づかず黙認してきた。

人が沈黙を選ぶ度に、誰かが不当に解雇され、脅迫され、亡命を強いられ、あるいは殺害された。ルワンダにはこのような言い伝えがある。*Inkomi ikubise mukeba uyirenza urugo*《棒でライバルを殴るのをやめろ、なぜなら、同じ棒が自分を殴ることになるぞ》。この知恵を活かしていない。その結果、目の前で独裁政権が繰

---

(32) クリスティン・ウムトニは後に、ヨーロッパ連合の大使に任命され、パトリック・マジンハカは五年間、アフリカ連合の副会長を務めた。両者ともカガメ政権から任命された。

(33) 二〇〇七年、彼の妻と子どもたちはルワンダから逃亡し、ケニアに亡命した。

り広げられているのを見ているのだ。
ホロコーストの際、ナチスに拘束されたルター派の大臣であるマーティン・ニエモレー（Martin Niemöller）牧師が書いた有名な詩を思い出した。

ナチスが共産主義者を攻撃したとき、
私は声をあげなかった
自分は共産主義者ではなかったから。

彼らが社会民主主義者を攻撃したとき
私は声をあげなかった
自分は社会民主主義者ではなかったから。

彼らが労働組合員を攻撃したとき
私は声をあげなかった
自分は労働組合員ではなかったから。

そして彼らが私を攻撃したとき
そこには私のために声をあげる者は、誰一人残っていなかった。

声をあげる者が誰一人残らない国に、ルワンダが徐々になるのではないかと心配である。

第9章　裏切り

他の者が言うことと自分が署名することは違う……私の名前だ！　自分の人生で別の名前を持てるなんてありえない。どうやって自分の名前なしに生きていけるのか？

――『るつぼ』（原題：*The Crucible*）、アーサー・ミラー（Arthur Miller）

噂は最初、穏やかに始まった。「ビジムング大統領は滅多に大統領府に顔を出していない」。飲みながら、また会議で人々が囁きあった。「彼は本当に何の仕事もしてないぞ」。そして徐々に深刻になってきた。「彼は、国の統治よりもビジネス・ベンチャーに関心があるぞ」哀れそうに頭を振る。「恥だ、本当に」。そして、攻撃がさらに邪悪なものになった。「ビジムングは精神病にかかっているぞ」人々は言った。「彼はある女性と浮気をしているぞ」。最後には「彼は過激派になった。彼を信用できない」

一九九九年だった、ビジムング大統領が、延長された暫定政府の第二期目五年の任期を始めたばかりにもかかわらず、そのキャリアが終わりに近づいていたことは明確だった。ビジムングは、段々とカガメ副大統領と衝突するようになった。噂が流れ始めても、誰も驚かなかった。「ビジムングが解任されたら、が問題ではなく、いつされるかが問題である」と人々が囁いていた。

その意見は正しいのではないかと恐れた。この時点まで、パターンがすべて似ていたからだ。カガメに気に入られなければ、権力を奪われるだけでなく、破滅させられる。犠牲者が二度と立ち直れないくらい、組織的中傷が始まる。「人々は、悪臭が漂うまで、路上に死んだ犬を無視し続け、そして消え去ってほしいと思うものだ」。カガメはおそらくこの諺が好きらしく、彼の工作員は、カガメの敵が死んだ犬のように臭うよう仕組んだのである。

これがビジムングの運命であると人々が囁いた。悲しかった。ビジムングは完璧ではなかった。彼とともに仕事をした三年間に、何度も意見がぶつかった。しかし、彼は善人で勤勉だった。彼の仕事は危うかった。ビジムングの噂が渦巻く中、自分が所属する党は新党首を選出する準備にとりかかっていた。党を再編成し、新しい憲章や規則を起草するために昨年休むこともなく働き、新しい執行委員を選ぶ準備が整った。選挙日が近づくと、友人が私に言った。「党首に立候補すべきだ」

「党首などに興味はない」私は彼に伝えた。

「どうして?」

「一九九七年に何が起こったか覚えているだろう」。党首にキガリ郊外の知事を選出した前回の党選挙の話を持ちだした。RPFは彼が気に入らなかった。選挙後、彼はすぐに知事の職から解雇され、彼は結局オランダに逃亡した。最終的に、カガメの友人であるピエ・ムガボ(Pie Mugabo)が党首になった。ライバル党に、RPFが容易に権威を振るうことができる弱いリーダーに率いてほしいと、RPFが考えていたことは明らかだった。

「でも君は今や、カガメの友人でしょう」友人は反論した。

「そうでもない」私は言った。私とカガメはこの八ヵ月間に良好な仕事関係を築いたことは事実だった。彼とは定期的に会い、私の考えにも耳を傾けてくれた。しかし友人とは呼べなかった。

「それでも、君は党にも国民にも大変人気がある」彼は続けた。「党首になれば、数年後に迎える大統領選挙と議会選挙に、我々の党が有利な立場になるんだが」

「まさしく、それを懸念しているんだ」私は言った。「RPFは選挙の際に、自由党に有利な地位にいてもらいたくないと思っている。だからこそ危険なんだ」。ビジムングの噂があったので、二重に心配だった。憲法によれば、大統領が空席になると、特別な選挙が実施されるまでの間、国会議長が――副大統領ではなく――大統領を代行できる。ということは、私が大統領代行になるので、そのまま私が永久的に大統領になるべきだとの囁きが広がった。人々はカガメに対して、ますます幻滅を感じた。一九九四年に彼がジェノサイド政権を転覆させた時に、一般市民は私と同様に高い期待を持ち、また私のように失望していた。人々は代行者を求めていて、私の名前が挙がったのである。

「君が今よい立場にいることを否定できないだろう」友人は言った。「君はカガメより人気がある。ルワンダで生まれ育った。スキャンダルにも汚職にも関わっていない。ブルンジとコンゴで暮らしジェノサイド生存者だ。多くの人があなたに意気投合している――フツでさえも――。君が再建に尽くしていることも知られている」

「私は大統領になんか興味ないよ」彼に言った。「それに、憲法には大統領は与党の一員でなければならないと記述されている。自分は違う」。口には出さなかったが、もし私が大統領になりたいと思って憲法上問題なかったとしても、カガメが絶対に許さないとわかっていた。ビジムングが解任されるということは、カガメが総合的な制御を手に入れたいからだ。彼は明らかに大統領になりたがっていた。カガメのような者は、法律だけが権力を妨害しているとし、憲法に記されていても、暫定大統領が自主的にその地位を譲ることなど信じないだろう。彼はそのような賭けにはでないはずだ。

そのうえ、私は議会の任務に集中したかった。この二、三年の実績すべてに誇りを持っていた。行政機関が自分たちの行動に対しアカウンタビリティーを持てるよう、やっと国会が強固な組織になったのである。公的資金を綿密に調べるために、公的会計委員会を――そして会計検査院長官事務所も――設立した。大臣を委員会に呼び、予算の正当性を問いただしたが、それはルワンダで初めて行われた。また国民の生活を支配する政府の契約が汚職を回避するために調達過程を監視する国家入札委員会を、悪用な起訴を調査するための独立人権委員会を、そして国民統一と和解委員会を設立する法律を可決させた。しかしおそらく一番重要なのは、一九九七年に署名して法律化した監視法の下で、一〇人の大臣を招集し、うち二人に問責決議したことだろう。

政府で現実に仕事をしていた唯一の組織として、議会の評判は少しずつ高まった。一一月にベルギーの新聞に、ルワンダ国会は「単なる形式的に承認するゴム印」ではなく、「平和な革命」が続いていると記した記事が掲載された。「円滑に、そして控えめに進んでいる。一〇月初めのある朝、ルワンダは初めて本物の監視行政機関を手に入れたことに気がついた。議会は先日、横領の容疑で大臣二人を辞職させた……今日［抑制と均衡の］メカニズム――そして疑いもなく、政府に反論することのない社会でのセバレンジ氏のまれな勇気――が、ＲＰＦが制度を麻痺させないように防いだ[34]」。

まるで、法の支配を忠実に守る本物の政府をやっとのことで築きあげているようだ。その勢いを継続したかった。カガメとはこの時点までともにいい関係で働いていたにもかかわらず、私が党首になること、すなわち自分の権力と知名度が上がることを彼が快く思わないのではと不安だった。

それでも、党員仲間は私に立候補するよう言い続けた。自分は議会の仕事に集中したいと伝えると、皆こう言った。「それでも党はあなたを必要としている」「自身のしたいことのために、党を見捨てるのか」。そのうえ、こう言った。カガメは党首で、首相も党首だった、なぜ議長が党首になれないのか、と。ＲＰＦの数名の友人までも、私に立候補を促した。

彼らは正しいかもしれないと思い始めた。しかし、もし自分が自由党の党首になった場合、カガメが反対しないことを確認したかった。やりすぎは厳禁である。与党が野党の選挙に口出しするのはおかしいと思ったが、議会で取り組んでいる仕事に支障をきたすわけにはいかない。カガメに話すことに決めた。

「助言をいただきたいのですが」事務所で会った時に彼に言った。

「もちろん」彼は愛想よく言った。「どうしたんだ?」

「党の多くの人が、私を委員長に推薦しているんです」そう言った。「しかし初めに副大統領に話して、議会での職務に支障がないか確かめておいたほうがよいのではないかと思いまして」

「とんでもない!」カガメは言った。

「問題ないですか?」

「何も問題ないだろう。私は自分の党の党首で、特に問題はない」彼は言った。

肩の荷が下りたように、彼の家を去った。自分に党首になってほしいと思っている自由党の同僚を納得させることができ、カガメも反対しなかった。何人かの親しい友人を呼び、カガメが言ったことを伝えた。彼らも

(34) *La Libre Belgique.* November 6 and 7, 1999. By Marie France Cross. Translated by Christopher V. Scala.

ホッとした。私たちは、カガメが反対しない、しかもRPFの言いなりのペットでない党首を選ぶことができると思っていた。党として、本当に前進する機会である。

しばらくすると、ガテテ・ポリカーペ（Gatete Polycarpe）議員が連絡してきた。自由党の一員だが、ガテテはRPFと近い関係であった――彼はカガメの情報提供者と思われていた。

「選挙を延期すべきだ」彼は言った。「RPFが反対している」

信じられなかった。私は数日前にカガメと話をしたのだ。もしRPFが選挙に反対ならば、彼がそう言ったはずである。ガテテは自分の計略を追求しているだけだ、と思った。私が思うに、彼は議会の仕事に支障をきたすほど――そう私は思っているのだが――、自分のビジネスの利益を積極的に追求するやり手のビジネスマンだった。私が党首になれば、おそらく私が彼を非難すると心配しているのだろう。彼に感謝を述べたが、選挙は計画通り行うと伝えた。

しかし日が経ち選挙が近づくにつれ、「RPFが本選挙に反対している」と同じことを他人から聞くようになった。確認するため、またカガメと話をすべきだと思った。

今回のカガメとの面会では、もっと単刀直入に聞いた。「多くの人が、RPFは本選挙に反対していると言っています」そう言った。「何が起こっているのですか?」

カガメは面食らった様子だった。「それはおかしな話だ」彼は言った。「RPFは自由党の選挙には何の関係もない。なぜ我々が反対するんだ?」

「ということは、我々はこのまま選挙を進めるべきですね?」混乱がないことを確認するため尋ねた。

「もちろん」カガメは答えた。「当然進めるべきだ」

私は確信を持って事務所を出た。ＲＰＦが反対しているという噂を今耳にしても、無視することにした。「カガメと話をし、ＲＰＦは問題ない」と言える。しかし噂が存続したたけでなく、もっと激しくなった。ＲＰＦが選挙に反対し選挙の延期を要求していることをガテテは他の自由党議員に伝えた。カガメに三回目会うことに決めた。「閣下」私は話し始めた。「ＲＰＦが選挙に反対しているとずっと耳にしています」

「ただの噂だよ」彼は言った。「無視すればいい」

「しかしガテテが、ＲＰＦが反対しているとおっしゃっています」そう言った。彼がガテテと親しいのはわかっていたので、もしその話が嘘ならば、カガメが彼を黙らせてくれると思った。

カガメは首を横に振り、椅子に深く座りなおした。「その男に会って話したのはかなり前のことだ。あなたが耳にしていることはすべて嘘だ。選挙を進めなさい」

彼の事務所を退出し、何を考えたらいいのかわからなくなった。他の党員が噂はガテテ一人からきているのではないと教えてくれた。ガテテはかなり攻撃的になり、大勢の人に話していた。「ＲＰＦが裏にいる」多くの人はそう言った。「気をつけろ」。しかし私は三回もカガメに選挙に反対かどうか聞き、カガメは三回とも違うと言った。どうして彼が私に嘘をつくのか？　彼を信じるしかなかった。

選挙は二日後の一二月一九日に予定されていた。噂は和らがなかった。私は未だに無視していたが、もっともらしくするのが困難になってきた。問題はＲＰＦではなく、特にカガメ自身が選挙に反対していると言い始めたことだ――そして反対だけでなく、とりわけ私に党首になってほしくないと。さらに、ガテテと現党首のピエ・ムガボが私に対する反対運動を始めた。

「何か悪いことが起こりそうな予感がする」帰宅後のある夜、リベラタに伝えた。「この噂が収まらない」。私たちは神様に導きと保護を求め一緒に祈ったが、まだ不安から逃れられなかった。

選挙の前日、議員でＲＰＦ執行委員の一員のデニス・ポリシ（Dennis Polisi）から連絡が入った。「プロテと私はあなたと会わなければならない」。もう一人のＲＰＦ執行委員の一員で、安全保障省の事務局長のプロテ・ムソニ（Protais Musoni）の名を出し、言ってきた。

「何について？」私は彼に問いただした。

「党の選挙に関係している」

今さらなんだ？　そう思った。プロテはカガメと大変親しかった。彼が話したいということは、何か悪いことが起こっているのだとわかった。彼に午後自宅にくるよう伝えた。

彼らが到着した際、彼らを迎えて椅子を勧めた。

「副大統領からの伝言を持ってきた」プロテが言った。

「どんな伝言だ？」私は聞いた。

「選挙を延期しなければならない」

信じられなかった。「なぜだ？」私は聞いた。

「安全上の理由で」彼が言った。

「どんな安全上の理由だ？」

「本選挙に反対している人がいる」彼は言った。「何が起こるかわからない。騒動を起こすかもしれない」

おかしな話だった。選挙は自由党評議会の国議会員に限定されており、全員で五〇人ほどしかいない。なぜ騒動の心配をしているんだ。「まあ、あなたが警備の責任者ですよね」私はそう言った。「何も起こらないよう頼むよ」

「いいや、我々はそんな危険を冒したくない」

うんざりしていた。RPFが私に党首になってほしくないのなら、カガメはなぜ面会の際に直接そう言わなかったのか。

「これで、RPFが自由党の選挙に反対しているという噂が確認できた」そう言った。

彼は猛烈に首を振った。「いいや、違う」彼は頑なに言った。「それとは無関係だ」

「わかった」私は言った。「副大統領が選挙を延期したいのならば、それでもいい。しかし党首に話を通さなければ」。これで、選挙が遅延されることはわかっていた。ムガボ党首は喜んで、RPFの言う通りにするだろう。この延期に抗議しても、何の意味もないこともわかっていた。党の絆は固い。ここ数ヵ月かけて準備してきたすべてが、州代表者の選出も新憲章や規則の導入も、水の泡となった。RPFが完全に支配していたのだから。

彼らが去った後、この話を友人にするため電話をかけた。「閣下」彼は言った。「三〇分前に選挙が延期されたという声明がラジオで流されていたよ」

「何だって?」質問すると言うより、むしろ叫んだ。「たった三〇分前に、私は彼らと会っていたんだぞ」

「そうか、もう声明を発表した」

「選挙はいつ行われると言っていたか?」私は尋ねた。

「他の日に延期されたと言っていたよ」。これは選挙が無期限に延期されたという意味だ。想像していたよりも、状況が悪化していることに気づいた。私のところにくる前に、ムガボと話して決断していたのだ。足が捕えられたのにも気づかず、罠にかかったウサギのような気分であった。

私はすぐにカガメの個人携帯電話にかけた。彼の副官が出た。「すみません。彼は多忙で」彼は言った。「折り返し電話します」。話したくない相手には電話に出ない方法を、秘書のイボンから教わったのではないだろうか。二度とかかってくることはなかった。

翌日も何度もかけたが、同じ返答が返ってきた。「すみません、彼は多忙で。また彼に伝えておきます。すぐにかけ直すでしょう」。何もなかった。

翌日、再度電話したが、言い訳が返ってきた。カガメは私を締め出したのだ。

数ヵ月前私が議員の解任に反対した時、義母と交わした会話を思い出した。政府と議会間で起きていた意見の相違を心配していた。

驚くことはなかったのに、彼女が知っていたことに驚いた。リベラタの母はとても頭のいい女性であった。

「このような争いはよくあることです」彼女を安心させるために、私は言った。

彼女は首を振った。「あなたに問題が起きるかもしれないとは思わないの?」彼女は優しく尋ねた。

私はほほ笑んだ。「残念ながら、声をだして反論しなければならないことがあって、物事の成り行きを変えるために最善を尽くさなくてはなりません」

今度は彼女がほほ笑んだ。"*Aho kuba intumbi waba imva*"「死者のように生きるよりも、むしろ死んでしまったほうがましよ」と彼女は言った。

ほぼ一週間後、信頼している議会の友人から電話をもらった。「あなたと話がしたいことがある」その声は緊急を要していた。「重要なことだ」

「では今話せ」私は言った。

「電話ではだめだ、直接会わなくては」

その日遅く、彼は私の事務所を訪れると、挨拶もおかまいなしに話を切り出した。「あなたを解任しようとしている」彼は遠慮なく言った。

「私を解任？」

「もうあなたに議長になっていてほしくないのさ」彼は言った。「解任してもらいたいと」

「何だって？　なぜ？」

「あなたが安全保障にとって危険な存在だと言っている。政府を転覆させようと王の軍と手を組んでいると」

「何だって？」。思わず笑い出しそうになった。退位したルワンダの王は約五〇年間、アメリカのワシントンＤＣ郊外の質素なアパートで亡命生活をしている。彼には権力はなく、大金もなかった。軍を築き上げるために、彼と手を組んでいるという考えはこっけいだ。しかし友人は笑わなかった。

「私はただ忠告しにきたんだ。あなたを追い払おうとしている」

彼に感謝を述べ、戸口まで見送った。戸を閉めながら、カガメとの最後の面会で、彼がどれだけ誠実に見えたか思い出した。それが今これか？　全く理解できなかった。

その夜帰宅すると、その日聞いたことをリベラタに話した。「ありえないわ」彼女は信じられない思いで首を振りながら言った。「カガメはあなたに党首になってほしくないのかもしれないけど、議長ならいいんじゃないの？　彼といい関係にあったはずよね。彼はなぜこのようなことをしたがるの？」

「なぜかわからない」私は言った。「本当かどうかもわからない」

「お願いだから、カガメに連絡をとって、解決できるか聞いてみて」彼女は言った。「何が起きているか調べないと」

彼女が正しいと思った。カガメは、キガリ郊外で「フォーティーン（14）」――メンバーの人数――という愛称のジェノサイド生存者団体の会議に出席していた。メンバーは全員、ジェノサイド前にケニアに逃亡したツチのビジネスマンで、戦争中ＲＰＦの強い支援者だった。私はカガメに連絡したかったが、彼は数日間そのメンバーに会う予定だったために、私は彼の個人携帯電話に直接電話した。すると、また彼の副官が電話に出て、カガメに折り返しかけてくるよう伝言を残した。しかし彼はかけてこなかった。

数時間後、フォーティーンのメンバーでもある親しい友人から電話をもらった。「閣下」友人はかろうじて聞こえるくらいの囁き声で言った。「カガメがあなたの悪口をすごく言っていたよ。政府で問題を起こしていると言っていた」

「わかった」私は用心して言った。

彼の声が重々しく真剣な口調になった。「この問題を解決しようとしないほうがいい。絶対無理だ」彼は言った。「すべて起きている裏には、カガメがいる。彼を信用したら駄目だ」

「わかった」私は言った。「電話をありがとう」

「気をつけろ」

「ああ、ありがとう」また言った。

電話を切り、手で頭をかかえた。こんなことが起こりうるなんて信じられなかった。フォーティーン・グループは私のことをよく知っていて、私に好意を持ってくれていた。カガメもそのことを明らかに知っていて、彼らを身方につけなければならないと気づいたのだ。私に対する組織的中傷が始まった。終結の始まりである、自分に言った。もう少ししたら、自分が死んだ犬になって、道路の端に横たわり、皆から消え去ってほしいと思われるだろう。

ＲＰＦ内部の人間から、何が起きているのか聞きださなければならないと思った。ビジムングに連絡をとった。彼はまだ大統領で、ＲＰＦの副党首だった。彼なら何か知っているはずだろうし、私に話をしてくれるとしたら、ビジムングしかいなかった。

緊急を要しているため、面会をお願いした。「もちろん」彼は言った。「今すぐきなさい」

彼の大統領府に着くと、彼は丁寧に迎え入れてくれた。「元気かい？」

「あまりよくありません」私は遠慮なく言った。

彼は驚いているように見えた。「何があったんだ？」彼は聞いてきた。

「ＲＰＦが私を議長の座から解任させようとしている話を耳にしたんです」そう言った。暗示の時は終わったと決めた。ＲＰＦを慎重に扱うことに疲れ果てた。実際に何が起きているのか知る必要があった。「なぜ私を解任したいのか教えていただければ幸いです」

彼は眉をあげ、驚きながら頭をぐいと後ろに倒した。「何だって？」彼は驚いて聞いてきた。「私は何も聞いてないぞ」

初めは、彼が信じられなかった。彼はＲＰＦの副党首だぞ、そう思った。知らないなんてありうるか？しかしそこで、ビジムングに対する噂とカガメとの悪化している関係を思い出した。そこで、彼もカガメから締め出されていることに気づいた。彼が大統領であるのももう長くはないことは明らかだ。

私が聞いた話を伝え、彼は同情を込め首を振った。「真実を話すと」彼は言った。「君がここまで続けてこられたことに、驚いているんだ」。彼が言いたいことはわかった。議長になってから、私は何度もカガメに反対しながらも、ずっと無傷でやってきた。私が初めて一九九六年に議長に立候補する際、議員に言われた言葉を思い出した。「しないほうがいい」。彼女は言った。「あなたは軍やＲＰＦと強い繋がりを持っていないわ。苦労するわよ。普通の議員のままでいるべきよ」。当時は彼女のことが信じられなかったが、今では彼女が正しかったことがわかる。

ビジムングの真向かいに座りながら、我々の間にできた深い溝について考えた。最初の頃は、彼に反対の意を示すと、彼は机を叩き私に怒鳴ったものだ。議会の前で、行政機関に反論するのは時間の無駄だという演説をした。他の議員の前で、混乱した学生のように私を扱った。しかしそれでも、自分がどうパスター・ビジムングに思われているかを常にわかっていた。それと反対に、自分がどうカガメに思われているか、全然わからなかった。カガメは常に愛想がよく、私を支持しているように見えた。彼に会うと、いつも私の要求に「もちろん！　もちろん！」と言っていた。しかしそれは口約束だけであった。カガメは秘密主義で人々を支配していた。彼が本当に何を考えていたのか誰もわからず、気づいた時にはもう遅いのだ。

私はビジムングを見つめ、私たちの運命がどんなに絡みあっていたのか考えた。どのような未来が待っているのか不安だった。腹に穴があいたようだった。

「何か調べてみるよ」ビジムングは言った。「何か聞いたら知らせよう」。彼は同情を込めた笑みを浮かべ、口には出さなかったが、次は君の番だ、と思ったに違いない。

私は握手を交わし、感謝を述べて部屋を去った。

自分の事務所に戻る車内で、ビジムングからは何も聞けないだろうことに気がついた。彼は私と同じくらい危険な立場にいた。彼にとって情報を嗅ぎまわるのは危険だった。事務所に戻ると、政府高官である親友に電話をかけ、その日の夜に自宅まできてほしいと頼んだ。

彼が到着すると、私はボディーガードに聞こえない見晴らし台まで案内した。彼に今起こっていることを話した。「真実かどうか調べてくれないか?」私は頼んだ。「何を企んでいるのか」

「もちろん」彼は言った。「入手してみるよ。電話する」

「駄目だ」私はあわてて言った。「それは危険すぎる。カガメには私たちが話していることを知られたくないんだ」。自分の電話は盗聴されている可能性がある。カガメ副大統領府から、誰が私の家を訪ねているか見ることができた。私に付いているボディーガードはカガメにすべて報告しているはずだ。彼らは軍人であり、カガメは防衛大臣だ。彼らが今や私を守ってくれないことはわかっていた。

そこで私たちは計画を練った。何か情報をつかんだら、彼が政府と繋がりがなく見張られていない人に伝える。その人が私に電話をかけ、伝言を残す。

私は電話を待った。何を耳にするかは直感でわかっていた。もうすでに聞いたのでは?私に電話してきたフォーティーン・グループの勇気のある友人から。無数の囁きから。それでも、自分がこのようにターゲットになるなんてありえなかった。なぜカガメは私にこのような仕打ちをするんだ?このことを理解するのに、まず相手にしている男のことを理解する必要があった……。

カガメは一九五七年にルワンダの中流家庭に生まれ育った。彼が三歳の時に、家族は殺戮から逃れるためウガンダに避難した――その殺戮とは、私が赤ん坊の頃、母が藪の中に隠れた時のものと同じであった。彼の家族は、ウガンダの国境を越えた時に、全財産を失った。カガメは難民キャンプで飢えや伝染病と闘いながら育ち、やがて彼の父はキャンプで亡くなった。カガメと家族はウガンダでは社会の二流市民のように扱われたが、ツチに対する暴力抗争が続いていたために母国に帰還できなかった。二十代の頃は無職だった。職を見つけることができず、ウガンダ政権を転覆させるために反政府勢力に加わり、現ウガンダ大統領ヨウェリ・ムセヴェニ（Yoweri Museveni）とともに戦った。鋭い知性と冷酷さを持っていたために反政府勢力の中では有望で、軍諜報機関の重要な地位に指名された。後で、反政府勢力が勝利を収めムセヴェニが政権をとると、彼は軍諜報機関の副指導官になり、新政権の主張を推し進めるために重大な人権侵害を犯したと報告されている。しかし彼の本当の野心はルワンダで、一九八〇年代後半に、彼は新しく結成されたＲＰＦに加わった。戦争が始まった際に、カガメはアメリカで軍訓練プログラムに参加していた。戦いが始まって数日後に、ＲＰＦの最高指揮官が殺害され、ムセヴェニがカガメに代替を頼んだ。カガメは、自分より地位が高い将校たちを追い抜いてその地位を得たため、地位に関して反感を買った。おそらく彼はカストロのキューバでの訓練で得た技を使用し、従順を確保するため異議を唱えるツチに対して諜報機関の副長官として能力を発揮した。

これらのことを把握すれば、カガメがなぜこのような人物になったのかを理解できる。彼は人権が踏みにじられるような世界で生き、その見返しに、彼は人権を踏みにじってきた。だからといって、彼の行為を許すわけにはいかない。世界中の人々が多くの不当性に苦しみ、それが永続しないよう望んでいる。それでも母国から追放され、暴力と憤りの狭間で育った人が、なぜ安全対策のために同じような策略に走るのかは理解できる。だから私たちは子どもたちを暴力と憎しみから守らなければならないのだ。そうすれば彼らは大人になっても、その敵対心を永続させたりはしない。私たちに何があろうとも、我々が赦すことを学び、子どもたちにも赦す心を教えなければならない。子どもたちが一つの不正行為をもう一つの不正行為で仕返しをするという考えで成長しないように。

突然電話が鳴り驚いた。恐怖を感じながら電話をとった。「あなたが聞いたことは本当です」。女性の声がした。そしてすぐに電話は切れた。

数日後、ＲＰＦの秘書が、私の議長解任の請願書を作成した。私に対する申し立ては増えた。ＲＰＦ政権を転覆させるために、退位した王と組んでいると訴えられただけでなく、さらに議会ビルの庭にあるハトの彫刻の代金を支払うために、公的基金を乱用した罪で告訴された。実際には、ルワンダ政府はその彫刻に一文も払っていない。ある芸術家が少しでも自分の作品の宣伝にでもなればという思いの贈り物だった。議会の事務総長がその芸術家がそれを展示していいかと聞いてきたと知らせてきた時、私はすぐに賛成した。ハト――平和の象徴――は、公的儀式が行われる庭にふさわしい展示品であると判断した。しかし今、国家のわずかな予算でそれを購入した罪で訴えられている。国内のほとんどが荒廃状態にある時に、政府予算を無駄遣いしたと。これが真実であれば、彼らが正しいだろう。しかし他の告訴同様に、根拠のない申し立てであった。

ＲＰＦ事務局長は、議会のＲＰＦ代表者と軍の代表者たち一九人全員を召集して会議を開いた。彼は嘆願書を回し、署名するよう求めた。彼らが理由を尋ねると、彼はこう答えた。「カガメ副大統領が言うには、議長は国家安全にとって危険な存在なのです」

一九人全員が署名した。

その後、請願書は他の党にも回った。また、これに反対する党員は国家安全にとって危険な存在になると伝えられた。その請願書が社会民主党に提出されると、一人が聞いた。「彼らはなぜ議長を解任したがっているのか？」

党首は説明すらしなかった。「署名するか、しないかだ」彼はただそう答えた。その意味は明確であった。署名するか、もしくは報いを受けるかだ。最終的に、当時キガリにいた議員は全員署名した。

署名後、議員の一人が私のところに寄ってきた。「私があなたに反対しているとは思わないでくれ」彼は悲しそうに首を振った。「我々は裏切り者になることを受け入れ、署名したんだ」

「わかるよ」私は言った。本当にそう思った。カガメの行動はわかっていた。もしＲＰＦと軍が署名したら、他の議員も同様に署名するしか方法がなかった。それでも裏切られたような気分だった。彼らは、今日の議会を築き上げるために、三年間かけて力を合わせて働いてきた国会議員たちだった。彼らの給料の賃上げのために働きかけたこともあった。ＲＰＦの支配下から抜け出すため闘った。それらすべてが奪われたような気がした。

私は運転手を呼び、自宅まで送るよう伝えた。事務所を離れる時に、後ろを振り向かなかった。玄関を出て、車に乗る時も見なかった。車のタイヤがアスファルトの上を走りだしても、ずっと前をまっすぐ見つめた。初めてここにきた日を、どんなに感激し自信に溢れていたかを思い出した。議会の将来、国の将来のため考えてきた計画を思い返した。車は静かに国会の周りを囲んだ門を通過して出た。建物がだんだん小さくなっていくのを、横目で見つめた。口が声にならない叫びで凍っているかのように、爆弾の痕跡の穴跡が未だに正面にぽかんと残っていた。そこから目を離すことができなかった。

その日以降、友人だった議員や他の政府関係者は私に会いにこなくなった。廊下で会っても、話しかけてこなかった。私を見つけると、他の方向に目を向けた。私がまるで疫病にかかっているかのようだ。私に話しかけると、自分の身を危険にさらすことをわかっていた。こういう時にこそ、誰が本当の親友であるかがわかる。わずかな親友は引き続き、私に会いにきて、ともに祈りを捧げた。彼らとの友人関係が、言葉では言い表せないほど身にしみる。自分は一人ぼっちではないことを実感し、非常に励みとなった。

他に私に話しかける者は、RPFの党員で、私が静かに辞職したか確認したがっていた。何度も近づいてきては言った。「心配しなくていい。他のチャンスがあるから。カガメが君を大臣に指名したいと聞いたよ」

彼らが心配している理由は、憲法によると、嘆願書が署名されてから一週間の間に、本件に反論するため議会に申し立てることができるからだ。そんなことになれば、カガメやRPFが狼狽するだろう。不当な口実で解任されたことが一般市民にわかってしまう。しかしそれでも、自分が嘆願書について議論したいのかわからなかった。あまり効果が得られないと思ったのだ。

ビジムングに面会することにした。彼はこんな時でも、私に優しく接してくれる数少ない一人で、何か行動に移す前に、自分の考えを伝えておきたかった。「嘆願書を議論するために会議を開こうと思っています」そう言った。「辞職しようと思っています」

「わかった」彼は言った。同情の意を込めて首を振った。「自分で決めたことだ」

ビジムングとの会議の数時間後、電話が鳴った。カガメの秘書からで、今夜彼の事務所で会いたいとのことだった。ビジムングが、嘆願書を議論するための会議の計画を彼に伝えたのであろう。カガメは私が反論するのではないかと懸念しているに違いない。しかしカガメが私と話したいという事実は間違いない。もしかしたら彼が考え直すかもしれない、と思った。チャンスは少ないかもしれないが、希望を持ち続けた。私が初めて議会で働き始めた頃のカガメとの不快な関係を思い返した。私たちは何とかやり過ごしてきた。今回も何とかなるかもしれない。そのような楽観的妄想が、車が彼の屋敷に向かっている時、頭の中にぐるぐる廻った。

私が到着した時にはもう暗くなっていた。カガメは大統領屋敷で暮らしており、兵士に囲まれた高い壁の中に並ぶ小さな家々があった。当然大統領屋敷はビジムングの住宅のはずだが、数年前カガメがそこに住むべきだと決めてしまった。ボスが誰であるかは皆理解していた。

見張りをしている兵士たちは私の車を見て門を開けると、いつものように敬礼した。車から降りると、カガメの副官が迎え入れ、カガメの事務所の椅子まで案内した。そこにカガメが側近のジェームズ・ムソニ(James Musoni)と一緒に入ってきた(35)。カガメと握手を交わした。「私に会いたいとあなたから伝言をもらっていたが、大変忙しくてね」彼は申し訳なさそうに言った。「でも今は時間ができた。なぜ私に会いたかったのか教えてくれ」

私はムソニを見て、それからまたカガメを見た。「時間を割いていただきありがとうございます。しかし二人だけで話をしたいと思っています」。第三者に私たちの会話を聞いてほしくなかった。ムソニが聞いたことを皆に噂し、その歪んだ見解がカガメの耳に届いたら、私に嘘をついたと責めるかもしれない。危険すぎた。私たちが交わした言葉はすべて、この部屋の中にとどまってほしかった。

「わかった、もちろん」カガメは言い、ムソニに部屋から出るように頼んだ。

二人になると、私は彼の真向かいに座った。彼との面会の際は常にそうしており、非常に自信が持てた。自分が正しいことをわかっていた。私に関する噂が嘘であることはわかっていた。議員が嘆願書に署名したのは、他に選択肢がなかったからということも知っていた。彼が何と言おうと、私にはまだ誇りと自尊心が残っていた。「自分の辞職を要請した嘆願書について議論するために会議を開こうと思います」私は言った。

彼は何も言わなかった。

私は続けた。「しかしその前に、私にどのような問題があるのか尋ねたいと思います」

「あなたに全く問題はない」彼は抗議した。「私もこのことについて、あなた同様に驚いている。この訴えには何の根拠もない」

彼が嘘をついていることはわかっていた。「それならどうやって私の辞任に対する嘆願書がここまできたのですか？　誰が裏にいるのですか？」

「自由党にいる、あなたのところの人間だろう」彼は答えた。

また嘘だった。私の党のリーダーたちには権力がなかった。一年前に、議員を解任しようとしたが、できなかったのはＲＰＦが反対したからだった。自由党のリーダーたちが普通の議員すら解任できないのであれば、議長たるものを解任できるはずがない。

「それに、あなたには他の可能性もあるでしょう」彼はそう言いながら、他のＲＰＦの党員らが伝えてくれ

---

(35)　ジェームズ・ムソニはプロテ・ムソニとは血縁関係はない。

たことと同じことを言った。「辞職しなさい。それでもまだ議員だ。まだ仕事を続けられる」

カガメが何度私に嘘をついてきたか、私が何度疑わしい点を好意的に解釈してきたことか。いつも彼が言っていた言葉を思い出した。「もちろん！」。そして彼を信じた。うんざりしていた。カガメがこのように嘘を言い続けるのであれば、議長の地位を維持することは不可能だ。私は、自分を弁護するために会議を開くことはないだろう。いなくなったのも同然だからだ。しかし自分の名誉だけはまだ守れるかもしれない。

「それならお願い事をしてもいいですか？」私は聞いた。

「もちろん」

「私はこのような方法で辞任はしたくありません」そう言った。「国家安全保障にとって危険な存在と呼ばれて、辞職したくありません」。自分が議会で成し遂げたすべての業務が、反逆罪の名でどのように汚されるのかを考えた。「静かに去りたいと思っています。適切な方法で辞職させてもらえませんか」

カガメは冷静に私を見た。私たちはずっとキャニルワンダ語で話していたのに、ここで彼は英語で話した。

「もう遅すぎる」

彼の言葉が私を貫いた。「でもまだ遅くありません！」反論した。「あなたなら変えることができます」。カガメは全権力を握っていた。何が始まろうと、カガメの一言で止めることができる。「会議を開くまでまだ数日あります。あなたなら……」

彼は突然口をはさんだ。「私はこれに関係ない」彼は言った。それから彼の表情が全体的に変わった。眉が威嚇するように細まり、おでこに深い線がくっきり表れた。過去三年間一度も目にしたことのない、別人の男性であった。彼は前のめりになり、私に指を指した。「もし辞職しなければ、やるからな」

この苦しい試練の間中、初めて鼓動が高まった。これが軍の最高指揮官だ。もし彼がやると言えば、それがどういう意味なのかわかった。今まで耳にしてきたカガメのことを思い出した。どれほど彼が信用できないか、敵を殺害するのに全く躊躇しないこと。何年も聞き流した忠告全部を覚えている。今、それが次々と頭の中を駆け巡り、議長としての任務以上のものが脅かされていることがわかった。

私は礼儀正しくほほ笑み、頷いた。「それなら辞職します」そう言った。時間を割いてくれたことに感謝を述べ、挨拶をして部屋を出た。

彼の家から闇の中を歩いた。暗闇が空に広がっていた。街の活気も静まっていた。虫が甲高い小夜曲を鳴らし始めていた。犬が危険を察した時のように、冷風により私の首の後ろ髪が逆立った。冷風が、チクリと刺すように警戒心をもって、シャツの襟の中をさっと通り過ぎた。その警告に注意を払った。

自宅に着く頃には、子どもたちは寝床に就いていた。リベラタはダイニングルームにいて、心配そうに私の帰宅を待っていた。私を見た途端、突然立ち上がり、「どうだった?」と聞いてきた。手がかりを探していたのが読み取れた。

私は首を振った。「あまりよくない」私は言った。「選択肢はないんだ。辞職しなければならない」

彼女は肩を落とした。「どうしたの?」彼女は尋ねた。

詳しく話すと、彼女はうんざりしたように首を振った。

「君も彼の顔を見ていれば」彼女に言った。「彼が変貌したんだ。あの男の本当の姿を初めて見た気がしたよ」

「ひどいわ」彼女は言った。

「わかっている」私は言った。が、弱々しい笑みを見せた。「すべてが悪いわけではない。ある意味でこのほうがいいかもしれない。議長という重荷を背負って仕事をしなくてよくなるし、常にカガメに伺いをたてなくてもいいからね」

彼女も同じようにほほ笑んだ。「以前のような生活に戻れるのね」彼女は言った。

「引っ越しをしなければね」私は言った。「もう議長ではないから、ここにはもう住めない。新議長がここに住み移る。賃貸を探さないと」

「そんなこと気にしてないわ」彼女は言った。「この三年間耐えてきたことを考えれば、それは大したことないわ。どこで暮らそうなんて問題ではないもの」

私は彼女を抱きしめた。

その夜、翌日二〇〇〇年一月七日の三時に、国会での会議を発表するよう国営ラジオ局に電話で依頼した。

当日の朝、いつものように議会に到着した。しかし議員らの表情を見て、何が起きているかすでにわかっていることが読み取れた。彼らのほうを見てほほ笑み会釈したが、誰も目を合わせようとしなかった。午前中、従業員が目に涙をためて事務所に集まった。「さみしくなります、閣下」そう言った。「今までありがとうございました」。何とか涙をこらえるので精一杯だった。

三時になると、私は議会席に座った。まだ正式に議長だったが、自分に関する会議だったために、議長席には座れなかった。そのため副議長が話している間、他の国会議員らと一般席に座った。会議が開かれるまで、通常日のように隣の議員と楽しく話を交わし、それは、その議員や私の周辺が署名した請願書がきっかけで自分が解任された日とは違っていた。

他の国会議員たちが席に着くと、議員の一人、ローズ・カブイェ少佐が反対側から近寄り、私に話しかけてきた。彼女は経験豊富な国会議員で、尊敬していた。近づくと彼女が言った。「閣下、今日は議論しないでください。静かに辞任してください」。終わり際になっても、ＲＰＦは大事《おおごと》にならないよう、できるかぎりのことをしていた。

「ご心配なく」私は丁寧に伝えた。しかし私には、今までの多くの裏切りの中のさらなる裏切りのように感じられた。友人が言ったように、彼女や他の者たちが「裏切り者になることを受け入れた」だけでは物足りず、私の解任まで要求してきた。彼女はまだカガメへの忠誠心を果たさなくてはならず、私に黙るようにお願いしてきた。

自分の席から、仲間の国会議員らに最後の演説をした。彼らの勤勉さに感謝し、ともに達成したことすべてを称賛した。「誓言した日から、我が国の国会が強い独立組織として前進するよう誠実に全力投球してきました」私は言った。「我々が達成したことは、我々皆で達成したことであります」。私は続けた。「本日、請願書について何も申し上げません……しかし最後に言わせていただきます。もし皆様方に私が悪いことをしたのであれば、謝罪したいと思います。私の辞任を受け入れてください」

私の演説は静かに終わった。同僚は自分の机か、まっすぐを見据えていた。誰も私のほうを見なかった。私は笑みを見せたが、心の中は空しかった。カガメが勝ったのである。

次に、少数の議員が順番に国会で演説した。ほとんどが前進するための手段について話したが、二人がこの機会に、私を非難した。ルワンダの言い伝えを思い出した。*"Umugabo mbwa aseka imbohe"*《愚かな人は、苦しんでいる人を笑う》。自由党の一人は――私の後任者である見込みがある――、私が政党のフォーラムの結成に反対したために、辞任を認可すべきだと訴えた。政府は事実上、一銭も払っていないのに、もう一人の議員は、私が政府の予算でハトの彫刻を購入したことを話した。

私に対する演説を終えると、彼らは他の国会議員、ハミドゥー・オマールを攻撃し始めた。彼は議員のナンバー3の権力者であったが、解任された。RPFの有力なメンバーのティト・ルタレマナは私が議長に選出される際に手助けしてくれ、その後私に反撃したのだが、ハミドゥーも政党のフォーラムの結成に反対したので解職されるべきだと主張した。しかしハミドゥーへの本当の告訴の理由とは、私との距離をとらなかったことであった。オマールは反論した。「なぜ私が議長との距離をとらなければならないのですか? 彼は何も間違ったことはしていません。それに、皆さんの中に、彼との距離をとった人はいるのですか?」。一般席で喝采があがった。副議長が静まらせた。

その日、私を弁護した言葉はそれだけだった。告訴や攻撃を耳にしながら思い出した。国会議員数人が先週私を引っ張り込み、このような方法で私が解任に追い込まれたことがいかに不公平かということを個人的に伝えてきた。しかし誰も私を弁護する言葉を発しなかった。その日、私のキャリアは二の次であった。誠実でいることが一番重要だった。

しかし少なくとも終わった。一般の議員席に座って日常業務に取り組める。今までと同じようには達成できないかもしれないが、それでも多くのことができる。まだ変化をもたらすことができる。

「あなたに会いたい」自由党の党首のピエ・ムガボからの電話だった。「あなたに伝言がある」

それが何であろうと、いい話でないことはわかっていた。数日前に議長を解任されてから、議員も解任されるという噂が流れた。今回は、推測しなかった。もう何も驚いたりはしない。私が住む地域にいるビジネスマンで、友人でもある人の家で会う約束をした。

私が到着すると、ムガボが迎えてくれ、椅子を勧めてくれた。すると彼は切り出した。「あなたに伝言がある」

「はい」私は言った。「何でしょう」

「政府に対して陰謀を企んだことを認め、謝罪する手紙を書けば、すべてがうまく収まります。議会で自分の議席を確保できる」ムガボは言った。「手紙を書かなければ、議席を失うことになる」

このように起きるのか、と思った。自分は脅迫されている。もちろんつじつまが合っていた。ルワンダの報道や外交界では、自分の辞任が熱く議論されていた。人々は自分に対する告訴が有罪であることが納得できなかった。私の解雇は政治的な理由であると疑われていた。自分が本当に有罪ならば、なぜ逮捕されないのか人々は理由を尋ねた。私が本当に告訴されたようなことをしていたら、単に私を解任するだけではなく、それ以上のことをするはずではないか？　このことはルワンダだけでなく、国際的にもカガメの信用を失うことになってしまう。しかし私がこれらの主張を自白する手紙を書けば、ラジオや新聞に言いふらすことができ、「ほらね！　彼が自白した！　彼は有罪だ！」と、民衆に伝えることができる。

「そんなのおかしい！」ムガボに言った。「身に覚えのないことを自白するなんてできない。全部嘘だ」

「利口になれよ」彼は答えた。「手紙を書けば、何もなかったように続けることができる。奥さんや家族のことを考えて」

私は目線を彼に合わせた。「私が言われていることが真実だと思っているのですか?」私は聞いた。

「もちろん、そうは思っていない」彼は答えた。

またもや、自分の身だけを守ろうとしている人から裏切られようとしていた。「そんなことできない」私は言った。「できないよ」

彼は一瞬息をのみ私を見、その理由を探ろうと、そして心変わりするのを待った。

「私にはできない」私はまた言った。

私たちは一時間も同じことを繰り返し話し続けた。ムガボは酒飲みだ。私たちが話す間、飲んで飲みまくった。「お願いだ、ただ手紙を書くだけだ」彼はほとんど頼み込むようだった。「皆私を待っているんだ! 私は彼らに答えを伝えなければならない。頼むから書いてくれ。お願いだ」

カガメからの命令であることは明らかだった。そしてもし失敗すれば、彼も報いを受けることになる。カガメの憤怒にかなうものはいない。

私は最後にもう一度ノーと伝え、部屋を出た。

翌日も私たちは会った。また一時間も話し合った。彼はまた酒を飲み、上司に結果報告をするために、手紙を書くよう頼み込んだ。そして私はまたノーと伝えた。

翌日は、手紙を書くまで二四時間しかないと書かれた手紙が送られてきた。それまでに彼が手紙を受け取らないと、私は議員としての職を失うことになる。

彼にまた同じように、実際やっていないことに対し謝罪はできず、手紙を書くことはできないと書いた手紙を送った。

二日後、自分の運命を決める、RPF主導の政党フォーラムの会議が開かれた。

会議終了後、フォーラムの一員でもあるハミドゥー・オマールが私の事務所を訪れた。「残念なお知らせがあります、閣下」彼は言った。「フォーラムは、あなたを議員から解任する決定を下しました」

ハミドゥーはフォーラムの一員でもあったが、良き同僚であり、フォーラム結成の際に激しく反対していた。私が辞職した時に、議会で私の身方をしてくれた一人である。私にこの知らせを伝えるのが心から辛そうだった。「すまないと思っています」彼はもう一度言うと部屋を出て行った。

私はしばらく机を見つめながら立っていた。驚きはしなかった。こうなることは予測していた。それでも現実とは思えなかった。自分に関する噂が流れてから一ヵ月弱しか経っておらず、議員になってから約三年しか経っていないのに、もう議員ではなくなった。

事務所を去り、午後に帰宅した。解任されたが、まだ仕事の引き継ぎのため事務所に戻ることになる。

家に着くと、リベラタが立って待っていた。彼女に近寄りキスをした。何も言う必要はなかった。彼女は何が起きたか知っていた。

私たちはラジオをつけ、ニュースを聞いた。政党のフォーラムが私を解任したニュースで持ちきりだった。聞きながら、リベラタは首を振った。「違う！」彼女は言った。「違う！　そんなことありえない」

「終わったんだ」彼女に伝えた。

「次は何？　議長の地位から排除され、議会からも排除された。次は何なの？」

「もう終わったんだよ」私は言った。元気づけるように彼女の手を握った。「もう終わりだ」

「でもあなたがまるで裏切り者のような言い方だったわ。まるであなたが政府を転覆させようとしているみたいに」彼女は抗議した。彼女が脅えているのがわかった。

「すべてを失うかもしれないが、希望まで奪えやしない」私は言った。「そこまで取り上げられない。何か理由があるはずだ。何かまだわからないけど、理由がある」。彼女に、ローマ本の聖書の一節を言い聞かせた。

《神を愛する者には神はよいことをするでしょう》

「でも何が起こるの？」彼女はまた聞いてきた。

彼女をなだめた。「大丈夫だよ」優しく言った。「大丈夫だって約束する」。守ることのできない約束になるかと心配だった。

第10章　亡命への道

強く、そして勇気を持って。恐れるな。落胆するな、どこに行こうともあなたの神は常にそばについているから。

――ヨシュア記（Joshua）1：9

カガメは私が死ぬことを望んでいると伝えられた当初、信じられなかった。友人が自宅を訪ねてきたり、電話をくれて、カガメは、私がルワンダに居残り、生きていることを許さないと伝えた時、大げさに言っているだけだと、思っていた。「自分は、政府から追放された最初の高官でもなく、最後でもないはずだ」こう言った。解任されたほとんどの役人は、重要でない地位を与えられるかのけ者にされるが、そっとしておかれた。私だけが違う扱いなんてありえるのか？

「君は他の人とは違う」二〇〇〇年一月のある日、友人は言った。「多数の人がこの話をしている。あなたへの支持者が大勢いるんだ」

私たちは、当時まだ住んでいた議長の屋敷内にある見晴らし台に座っていた。ＲＰＦ主導下にある政党フォーラムによって解任された数日後のことで、キガリの賃貸住宅にまだ引っ越ししていなかった。友人は私の真向かいに座り、体を前のめりにし、かろうじて聞こえる囁き声で話した。「君の解任に対する国民の反感が、政権に悪い印象を与えている」彼は言った。「そして、カガメはそのことを嫌がっているんだ」

「しかし、その発端は彼だ！」私は反論した。しかし彼が言いたいことはわかっていた。私の解任がルワンダや国際メディアで大騒ぎになっていた。ルワンダ人は公に抗議する自由がなかったが、人々はバー、街中のバス、丘の上、地方の道端などで静かに話しながら、その決断に反論していた。私は多大な注目を浴び、そのほとんどが支持するもので、友人が言っていることが正しいと気づいていた。カガメは耐えられないだろう。それでもなぜ、私を殺害しなければならないのか？　そんなことをしたら、カガメはもっと悪い印象を与えるのではないか？

他の人同様に、訪ねてきた彼に感謝を述べ、彼が言ったことを忘れないようにすると伝えた。念頭に置いてはいたが、実際には信じてはいなかった。数日後、親族が訪問した際に、伝言があると伝えてきた時までは。

「はい、一体何ですか？」

「暗殺計画があると耳にしたんだけど」

聞き返す必要はなかったが、反射的に聞き返した。「誰を暗殺するって？」

彼女は目を伏せた。「あなたを」

「誰が私を暗殺したいんだ？」。答えを知っていたが、聞きたいと思った。

「それなりの権力を持っている者よ」。カガメのことだとわかっていたが、彼女は口にはできなかった。一般の間では、私的な会話でも否定的にカガメの名を出すことはなかった。一般の村民から大将まで皆、カガメを恐れていた。

「どうやってそれを知ったの？」

彼女は、諜報機関で働く友人からの伝言だと答えた。私はその男性を知っており、私を議長として高く評価していた人だ。今回は、今までの警告と違っていた。彼はこのような情報を入手できるだろう。もし彼が暗殺計画があると言うのなら、信じたほうがよさそうだ。

この情報を伝えてくれた女性を見た。彼女の目が嘆願していた。「お願い」彼女は言った。「あなたと奥さんはルワンダから脱出しなければ。本当よ。ここにいたら、殺されてしまう」

私の守衛のふりをしながら、周囲をパトロールしているボディーガードのことを考えた。未だにどこへ行くにも、護衛についてくるボディーガードの長官のことを考えた。もう議長ではないのに、なぜまだボディーガードがついているのか疑問だった。その理由がやっとわかった。この兵士は私ではなく、カガメの下で働いていた。私を守るべき銃は、簡単に私を殺害するために使用できる。解任され国外に逃亡した高官たちのことを思った。フォースティン・トゥワギラムング首相、セス・センダションガ内務大臣、ジャン・バプティストゥ・ンクリインゴマ情報大臣。彼らは脅されたから、去ったのだろうか？　その他に逃亡する理由が果たしてあったのだろうか？

女性が帰ってから、友人の携帯電話を借り、彼女に伝言を残したであろう男性に電話をかけた。「私に何か送ったのか？」私は暗号で話した。

「はい」

「それは私が気をつけなくてはいけないことか？」

「はい」彼は返答した。「大勢の《アバギズィ・バ・ナビ》（*abagizi ba nabi*）があちこちにいる」。アバギズィ・バ・ナビとは、キニャルワンダ語で悪意のある人々という意味だった。ルワンダでは怪しい状態で誰かが殺害されると、必ず《アバギズィ・バ・ナビ》による無差別の暴力行為だと公的には伝えられている。それで自分の運命がどうなるのか理解した。ある日教会に行く途中で、または仕事に行く途中で殺害されてしまうだろう。車内で、または道端で銃で撃たれ、政府関係者は首を振りながら言うだろう、「アバギズィ・バ・ナビが大勢いる。気の毒に」。聞き慣れた話だ。

「ありがとう」私は言った。

「いいえ」そして彼は電話を切った。

その夜、私とリベラタは寝る準備を終えると、彼女の手を取ってベッドの端へ連れていき、座るよう伝えた。私は彼女の横に座った。彼女自身も噂を耳にしていた。次は何がくるのか、彼女はもう知っているだろう。それでも、私は言葉にするのを恐れた。

「カガメが私を殺そうとしている」。可能なかぎり穏やかに言ったが、このようなニュースを切り出すのに穏やかな方法などないことに気づいた。

彼女は信じられないといった表情で、私を見た。「どうやってそれがわかったの?」

「いろんな友だちから聞いたんだ。でも今日これを知っているある人から確かな情報を入手したんだ。信じるしかないと思う」

「ある人って? 誰?」彼女は聞いてきた。

「名前を明かしてもいいが、何があっても秘密にしなければならない」そう言った。直接そう言わなかったが、もし万が一状況が悪化し、リベラタが拷問にかけられたら、すべてを明かしてしまうのではと心配だった。

彼女も同じように考えたようで、すぐに答えた。「いいえ、言わないで。あなたを信頼しているわ」。しかしこう付け加えた。「でも彼があなたの命を奪うなんて信じられないわ。どうしてそんなことするの？　パパ・レスペ！　カガメは私たち同様ツチなのよ。あなたがもしフツなら、あなたの人生も危険にさらされるわ。でもツチなら考えられない」

ほとんどのルワンダ人がそう考えていたが、私はその考えは間違っていると思っていた。他人を殺すことができる人は、民族に関係なく誰でも殺すことができる。「見知らぬ人に危害を加えることができるのなら、兄弟にも危害を加えられる」彼女に言った。「自分がツチだから、安全というわけではない」

彼女は私を見つめながら、当惑したように首を振った。

「わかるよ、私も信じられなかった」。彼女の手を握りながら言った。「でも私たちに起きたすべてのことを思い出してごらん。私が議長を解任されるなんて想像もしていなかった。議員を解任されるなんて想像もしていなかった。でも結局そうなった。私たちから全部奪ったんだ。私の人生を奪ってもおかしくないだろう」。彼女を冷静に見た。「ルワンダを出なければならない。亡命しなければ。ここは我々にとって安全じゃない」

リベラタの不安げな顔が今やがっかりしていた。「亡命？　また？　何度亡命するの？　まるで私たちの人生全体が何かから逃げているみたい。もうこれ以上逃げたくないわ」

「わかってる。自分もそうだよ」。国を出るということ、また一からのスタートにうんざりしていた。安定した国の住民は母国から逃亡した経験がなく、亡命先で暮らすこと、難民として生きることがどんなに困難なことなのか、十分に理解していない。自分の所有物、友人や家族などすべてを置き去りにし、見知らぬ国に行かねばならない。いつ出るのか、どこにたどり着くのか、どうやって生計を立てるのか、見当もつかない。外国でまた新たな生活を始めるために、まさに背中に洋服だけを背負って、国を逃亡したルワンダ人全員のことを考えた。リベラタの家族は一九六〇年代にこのような目にあい、私とリベラタは一九九〇年代初期、また一九九四年にも経験した。ジェノサイド後ルワンダに帰還した時に、逃亡もこれで最後だと思っていた。しかし私たちは間違っていた。

人生で何度も逃亡したが、人質にされないため国外を逃亡したことは一度もなかった。非現実的であった。私の人生はなぜここまできてしまったのか？　翌日、弟のエマニュエルと計画を練りながら思った。このよこのような状況のガイドブックは存在しない――少なくとも私が知っているかぎりは。私は、ましてや弟は、法律から逃げて人生を送らなければならない犯罪者ではない。それでも私たち二人は座って、犯罪者が独房から脱走する準備をしているかのように計画を練り始めた。まるで茶番的行為だが、二人とも笑うことはなかった。

最初に、どこへ行くべきかを決めなくてはならなかった。「アメリカ大使館はどうだ？」弟が提案した。アメリカ大使館は議長の屋敷から八〇〇メートル以内の距離で近かった。最も簡単に行けそうな場所だが、うまくいくか自信がなかった。

私は首を振った。「だめだ、それはあまりいい考えとは思えない。大使館は政府と交渉するだろう。引き渡されてしまう」

「しかしわからないじゃないか、……」

「危険すぎる」私は言った。「私が大使館に行ったら、どちらにせよカガメの元に戻ることになる。私を生かしたとしても、しばらくの間だけだろう。私に死んでもらいたいなら、最後は私を殺害する方法を考えるだろう」。私は話しながら、知事と副判事のたどった運命を思い出した。ブタレ知事のピエール－クラヴェール・ルワンガボ（Pierre-Claver Rwangabo）は一九九五年の会議からの帰り道、車内で撃たれて死亡した。ヴァンサン・ンサンザバガンワ副判事は一九九七年に自宅で殺害された。どちらの死も、アバギズィ・バ・ナビが責められた。しかし、これらは無差別殺人ではなく、標的にされたと一般に疑われていた。そして今、自分がそうなっている。

「だったらどこに行く？」エマニュエルは聞いた。

ルワンダは、西はタンザニア、南はブルンジ、北はウガンダ、そして東はコンゴに囲まれている。タンザニアには行ったことがないので、その選択肢はなかった。コンゴ東部はコンゴとルワンダ間で戦闘があり不安定であるため、そこにも行けなかった。ブルンジかウガンダしかなかった。ブルンジが最も論理にかなった選択だった。私たちはそこで暮らしたことがあり、大変詳しかった。現地に住む友人もまだいた。議長だった時に、私はブルンジ大統領ピエール・ブヨヤ（Pierre Buyoya）にも会ったことがある。もしかしたら彼が手助けしてくれるかもしれない。しかし、ブルンジ政府がルワンダと仲良くなりつつあることを知っていた。私がどこに逃亡したかカガメに知られたら――彼なら必ず見つけ出すはずだが――、カガメはブルンジ政府に私を引き渡すようにお願いするだろう。そしたら終わりだ。一方のウガンダ大統領ヨウェリ・ムセヴェニは、カガメの敵であった。カガメはウガンダに住んでいた時ムセヴェニのために戦ったが、それ以降、二人の関係は悪化していった。ムセヴェニは絶対に、私をカガメの元に送還しないだろう。ウガンダに渡るべきだと意見が一致した。しかしどうやって？　ボディーガードに怪しまれずに、どうやって屋敷から脱出できるのか？　ウガンダ国境まで一六〇キロ近くある距離を、いくつもの検問所を通過し、捕まらずにどのように車を走らせるか。

「ベンジャミンと話をしようか」エマニュエルは提案した。ベンジャミンは私たちのいとこで、勇気ある男性であった。ルワンダで有名なミュージシャンであったが、以前軍の一員でもあった。「彼が手助けしてくれる」

ベンジャミンが相談相手として最適であることに賛成したが、誰にも知られてはならないことを強調した。「我々を助けてくれる人だけに伝える。知っている人が多ければ多いほど、捕まる危険が増すから」私は言った。「秘密にしなければ。電話も駄目だ」。ルワンダでは誰もが自分たちの電話が盗聴されていると当然のように思い、特に私の場合は当たり前だった。突然、カガメに近い政府役人が電話をかけてくるようになり、亡命するなと伝えてきた。「心配するな」彼らはそう言った。「他の役職が与えられるから。単なる政治だ。うまくいくから」。ルワンダでは、「単なる政治」のものが存在しないことを十分承知していた。

それを念頭に、秘密の重みをひしひしと感じながら、私とエマニュエルは別々に帰った。これから私たちの暮らしがどう変わろうとしているのか、そして私たちの最愛の人たちがこのことを知ることができないことを考えながら。

私たちの計画はこうだ。日曜日の朝、自分は年上の子どもたちを教会へ連れていく。リベラタは年下の子どもたちと屋敷に残る。そして、私は子どもたちを教会に残し、気分が悪くなったと言うふりをして家に帰る。ボディーガードには休憩をとると伝える。これでボディーガードにすきを与える——となればいいのだが。私たちは、議長の屋敷からキガリの他の地域にある貸賃住宅に引っ越しをする最中だった。エマニュエルは、午前中は屋敷で過ごし、家具を小型トラックに積み込み、賃貸住宅まで運転する。エマニュエルが何度か行き来する合間に、私がトラックの後ろに乗り込んで家具の間に隠れる。私たちは気づかれないまま、賃貸住宅に向かう――となればいいのだが。そこでは、ベンジャミンと他二名の男性が私を待つ。エマニュエルの身分証明書を持っていく。私たちは正真正銘の兄弟で似ていたが、名字が違う。私の名前は知られていたが、実際に自分の顔を知っている人はほとんどいない。私たちは車で家を出て、郊外でバイクに乗ったもう一人の男性に会う。検問所に到着する前に、私は車から降りて、バイクの後ろに乗る。バイクには、トランクや後部座席など検査するところがないため、車よりも早く検問所を抜けることができるからだ。私は弟の身分証明書をさっと掲示し、疑われずに通過する。ウガンダとルワンダの国境線にある川に沿って、人気のない場所まで行く（入管所を通ることはできない）。そこにさえ行けば、安全に川を渡ることができるであろう――となればいいのだが。

　リベラタは違う手段をとる。エマニュエルが私を賃貸住宅まで送り届けた後、彼は屋敷に戻って、リベラタと赤ん坊のサンドリンを乗せて公式なウガンダ国境へと続く別の道を運転する。自分が捕まらずに川を渡ることができると想定して、彼女も何事もなく合法的にウガンダに入国できるだろう。他の子どもたちは残る――この部分が本計画の中で、自分の心臓がものすごい力でつかまれたような感覚に陥るところだ。しかし、子どもたちを一緒に連れていくことはできなかった。全員が危険にさらされることになりうる。レスペは今や一〇歳、パシフィックは八歳、エスターは四歳でニコールは三歳であった。誰も彼らを傷つけないと思っていたし（カガメでさえ子どもたちにはさすがに手を出さない、と承知していた）、ウガンダで合流するまで弟のエマニュエルが面倒を見てくれることになっていた。彼らが教会から帰宅し、父や母、サンドリンがいないことに気づいた時の彼らの顔を思い浮かべた。最悪の場合、彼らに二度と会うことができないかもしれない。私たちは最善の計画を立てていたが、何かが狂うかもしれない。簡単に殺害されるかもしれない。脱走の準備をしながら、私を勇気づけてくれているのは信仰だった、そして希望も。

ルワンダの日曜の朝は静かである。教会に通う人は教会に、通わない人は前夜の酒で休んでいた。ルワンダの日曜の朝はゆっくり進み、それが私たちの身方をしてくれることを願っていた。

自分の暗殺計画を初めて耳にしてから三日後、曇で覆われた一月の日曜の朝、私と年上の子どもたちは副官と車に乗り、予定通りに教会へ向かった。私は副官に気分が悪いと伝え、子どもたちを教会に降ろしてから家に戻った。「教会の後、牧師が子どもたちを家に連れてくれるでしょう」私は言った。「しばらく横になりたい」

子どもたちが教会に着くと、私は屋敷に戻った。一〇時頃に屋敷に着いた。「今日はどこにも外出しない」私はさりげなく言った。「それに訪れる予定の人は誰もいない。ただ弟と義理の兄が引っ越しの手伝いをしてくれるだけだ」。言葉はすらすらとでたが、嘘が顔にでないか不安だった。「あなたたちはくつろいでいいから。楽な日になるだろう」

彼は頷いた。彼の表情から、疑いの眼差しがあるか読み取ろうとしたがなかった。車から降りると、弟のエマニュエルと同名の義兄のエマニュエルが、天蓋付きの寝台を覆う鉄格子がある小型トラックに荷物を積んでいた。台所に向かいながら、私は二人のエマニュエルを呼んだ。「神様はともにある」という意のエマニュエルという名について考えた。二人のエマニュエルがこの日手伝いにきてくれ、恩恵を受けているようだった。

私は着替えながら、急いで計画を見直した。私はスーツを脱ぎ、トレーナー、サンダル、Tシャツを身につけ、カウボーイハットをかぶった。議会の議長には見えなかった。どこにでもいるルワンダ人に見えた。

弟と義兄が部屋から出ると、リベラタが入ってきた。私たちは何も言わず見つめあった。私は彼女を抱きしめ言った。「行かないといけない時間だ」。彼女は、これまでの別れの挨拶で抱きあった時よりも、きつく抱きしめてきた。

「もしかしたら間違っているかも」彼女は言った。「ここにいても、何の問題もないかもしれないわ」。彼女の声が小刻みに震え、涙を流しているのがわかった。

「それはできない、わかっているだろう。神様が見ていてくれると信じるしかない」。リベラタを離して、彼女の顔を見た。「私たちは行かなければ。いい計画を立てたし、神様も協力してくれるはずだ」

彼女は納得しないまま頷いた。

「一緒に祈ろう」私は言った。

私たちはひざまづき、再度祈った。私たちを危害から守ってくれるように、私たち家族を見守り、再度無事に再会できるように、幾度となく捧げてきた神様への祈りだった。

祈りが終わると、私は言った。「君のお母さんに話に行こう」

リベラタの母親は、自分自身の母親のようだった。彼女を置いていく計画は心臓を引き裂かれるような思いであった。彼女は、私たちの計画のことをまだ知らなかったが、伝えなくてはならなかった。もう年老いており、子どもの世話をするエマニュエルを手伝ってくれるだろう。私たちが国外に出ることを話さなければならない。

リベラタと彼女の部屋に入った。リベラタは彼女のベッドの上に座り、私は彼女のそばでしゃがんだ。私たちがいなくなること、他に選択肢がないことを説明した。どこに行くかは言及しなかったが、一度落ち着けば子どもたちを呼び寄せると伝えた。

ルワンダ人としての彼女の冷静さが涙を抑えていたが、本心が表れた。「子どもたちはどうなるの？」彼女は哀れそうに言った。「あなたたち両方がいなかったら、寂しがるわ」

リベラタは彼女を落ち着かせた。「大丈夫よ。ここにいたら心配ないわ。パパの弟が面倒を見てくれる。すぐに呼び寄せるわ。そんなに長くはかからない」。その言葉を聞いて、リベラタが今までどんなに苦しんできたか思い知らされた。そして今も、子どもたち四人を置いていく思いでどんなに苦しんでいるのか。そのことにはずっと触れないようにしていたが、彼女自身も再会できるのか不安であることがわかった。耐えるには重荷すぎた。

「もう行かないと」私はリベラタと義母に言った。「すぐにまた会えるだろう」

私は部屋を出て、リベラタがついてきた。私たちはキスをした。私が背中を向けると、彼女が行かせたくない思いで私の腕をつかんだ。彼女を引き離した。「うまくいくから」私は歩き去りながら言った。「大丈夫だ」。それを信じていいものか、二人とも確信はなかった。

屋敷の壁内に駐車していた小型トラックの後ろに乗り込んだ。ボディーガードは全員、壁の外側にいた。弟が彼らと外側にいて、注意をそらすよう話をしていた。自分がトラックに乗り込んだところを誰も見ていない。それでも私は急いで乗り込んだ。カガメ副大統領府からこの屋敷を見下ろすことができたのを思い出した。そこからカガメの警備員が見張っているのだろうか？

私は、椅子とマットレスの間に体を押し込んだ。けいれんしたが、賃貸住宅までの距離は短かった。私が乗り込んだ後、義兄は、私がちゃんと隠れたか、怪我をしないかを確認するためにトラック内の荷物を動かした。さらに用心のため、彼はトラックの上の鉄格子に登り、出発準備ができたことを弟に伝えた。弟はボディーガードから離れて、運転席に乗り込んだ。屋敷の門を通り過ぎる際に、警備員は義兄だけが山積みの家具の上に座っているのを見た。その山積みの中に私が紛れ込んでいるのを見ようともしなかった。

弟は幸いにもゆっくりと運転してくれ、トラックの揺れを最小限にとどめてくれた。数キロしか離れていない家に到着した。私は急いでトラックから這い上がり、計画の第一段階が何事もなく実現できて安心した。うまくいく、そう思った。脱出できるぞ！　トラックから降りながら、いとこのベンジャミンが見知らぬ二人の男性と車内で待っているのを見た。一人はエマニュエル（エマニュエルがもう一人！）という、ウガンダまで連れていってくれるルワンダ人で、もう一人は裏道をよく知っているウガンダ人。彼も一緒にウガンダに越境し、エマニュエルと私をウガンダ首都のカンパラまで案内してくれる。そのウガンダ人は私が誰であるか、また私がなぜ違法に越境するのか知らなかった。ベンジャミンは私がビジネスマンで、何かを密輸しなければならないと伝えていた。彼は真実を知る必要はない。

弟ともう一人のエマニュエルは、私の後から家に入った。私たちは急いで計画を見直した。私は弟の身分証明書を受け取り、弟と義兄に別れを告げるため振り向いた。彼らが私のためにしてくれたこと、そしてこれからやるべきことに対して、感謝の意を目で伝えた。弟はこれからリベラタを迎えに行き、ウガンダまで車で連れていくことになっている。彼は私のために危険を冒していた。言葉では感謝の気持ちを伝えきることができなかった。私たちは握手を交わし、お互いドライな別れを告げた。高まる感情を抑えなければならなかった。

ベンジャミンとウガンダ人、そしてもう一人のエマニュエルとともに車に乗り込み、出発した。

車内でリベラタのことを想い、彼女の出国がうまくいくよう祈った。ウガンダに着くまで彼女が安全に越境できるかどうかわからない。彼女は違う道路で行く。これが最善の方法で、どちらかに問題が起こっても、少なくとも一人はウガンダにたどり着くことができる。しかし自分がカンパラに着くまで、彼女の状況がわかりえないということを意味する。ウガンダに着いたら、政府に保護を求めることができる。リベラタも到着した際に、同じようにする。万事うまくいけば、その時に再会でき、お互いに助かったことがわかる。だから車内では、祈って、考えて、心配することしかできなかった。何が起きたのか知る由もなかった。弟が屋敷に戻って、問題なくリベラタとサンドリンを迎えに行ったか知る由もなかった。ウガンダ国境に向かって一六キロ走ったところで、リベラタがパスポートを忘れたことに気づいたことも知らなかった。パスポートなしにはウガンダに入国できず、それに背中に赤ん坊を背負いながら裏道を歩いてウガンダに渡ることはできない。そんなことは危険すぎる。そのため弟はキガリに引き返し、彼女とサンドリンを診察所に降ろしてそこで待っている間に、屋敷にパスポートをとりに帰った。彼が屋敷に到着した時に、ボディーガードは自分がいなくなったことに気づいていたことを知らなかった。弟が逮捕され、軍諜報機関の本部に連れていかれ、義兄もすでに連行されており、二人とも尋問されていたこと、そしてリベラタとサンドリンが病院でエマニュエルを心配しながら待ち続けていたことを知らなかった。リベラタは何が起きているのかわからないまま苛立ち、結局他に手段がないためにタクシーで屋敷に戻ったことを知らなかった。彼女は転んで膝を怪我しながらも急いで屋敷に入り、何が起きたのか知る羽目になった。二人のエマニュエルが逮捕されたことを耳にした。しばらくすると、軍諜報機関長、ジャクソン・ンジザ中佐と、カガメの参謀長、エマニュエル・ンダヒロ少佐が到着した。ンダヒロ少佐は防衛省の高官であり、カガメの専任医師でもあった。誰が彼らを送り込んだのかはわかっていた。

「だんなはどこだ?」彼らは聞いた。

「外出しました」リベラタは答えた。

「それはわかっている。どこに行ったんだ?」

「わかりません」

「大使館に向かったのか?」

「わかりません」

「ブルンジか?」

「わかりません」

「ウガンダか?」

「わかりません」

「なぜいなくなった?」

これには、リベラタの感情が爆発した。「彼にあんなにひどいことを言っておいて、どうしてここにいなければならないの? あなた方は彼を裏切り者と呼んだのよ。政府を転覆させようとしていると。テレビやラジオで彼を悪人呼ばわりしたくせに。このように彼を非難する国に、どうしていなければならないの?」

「違う、違う、それは誤解です」男たちの声が和らいだ。「誰も彼が悪いことをしたとは言ってない。ここにいても安全だ。彼は戻らなければ」

リベラタは黙り込んだ。

一人が彼女に質問している間、もう一人が屋敷のあらゆる場所を捜索し、自分を探していたとは知らかった。リベラタが恐怖におののいていたことを知らなかった。子どもたちはまだ教会にいたが、今にでも帰ってくるはずだった。皆どうなってしまうのだろうか？

ンジザ中佐とンダヒロ少佐は諦めなった。「だんなに電話して帰ってくるよう伝えてくれ」。優しげに聞こえた彼らの声が弱々しくなってきた。「今すぐ彼に電話をして伝えろ。何も起きないと」

彼女は電話をとり、私の携帯にかけた。しかし私は携帯電話を持っていなかった。弟が持っていたが、屋敷に戻った時に兵士を目にし、私のパスポートと一緒に急いで隠したのだ。しかし、兵士の一人がそれを発見し持っていた。私の電話に出たのはその兵士だった。「彼ではないわ」彼女は伝えた。「彼につながらない」

男たちは、少なくとも今、それ以上何もできないことがわかった。その時、子どもたちが教会から帰ってきた。男たちは好意的な態度を装って最後に、リベラタに命令をして出て行った。「お願いだから、だんなに連絡をとれる方法を考え、家に帰ってくるよう伝えてくれ。ここにいても安全だ」

しかし私はそんなことを何も知らなかった。私たちの車は、雲に覆われた空に向かって誇り高く聳え立つ国会を過ぎ、キガリを走っていた。帽子のつばの下から通り過ぎるのを見つめていた。あの建物で起きたことすべてを思い出した。私たちが取り組んだ職務のすべて、達成したすべてのこと、未来に向けて持ち続けた希望、そしてそれらが取り上げられてしまったこと。その日、涙をこらえたのは二度目だった。

車はキガリの端に到着し、そこでバイクが待っていた。私は車から降り、面識がない男のバイクの後方にまたがり、自分の人生を預けた。最初の検問所まで向かったが、そこに近づくと誰も検問していないことに気づいた。そのまま次の検問所へ向かったが、そこにも誰もいなかった。その先には検問所が存在しないので、バイクの男性はキガリに戻り、私は車に乗りなおし、できるだけ速く北部へと進む道を走り、自分を自由にしてくれる川に向かった。

国境に近づくと、パトカーがこちらに向かって走っているのが見えた。車内で誰一人として言葉を発しなかった。できるだけさりげなく前を見て、警察と目を合わせないようにした。パトカーが横を通過すると、私たちは慎重に肩越しから見た。パトカーは停車し、運転者が降りて南向きの停車サインをとりつけた。それは私たちがたった今きた道だった。路上バリケードを設置していた。もし通過するのが二分遅かったら、止められていたはずだった。

「私がいなくなったことに気づいたのかもしれない」私は言った。すぐにリベラタのこと考えた。彼女が通る道にも路上バリケードが設置されているかもしれないと心配になった。

「もうすぐ国境だ」ベンジャミンが言った。「これ以上臨時の路上バリケードがなければいいのだが」

なかった。小道の先に到着し、私たちの目の前には川があった。ここを渡るのだ。

しかしこの川の端にいたのは、私たちだけではなかった。近くにもう一台の車が停車していた。ある重要人物――たぶん地方自治体の人だろう――とボディーガードと思える二人の男性が立っていた。

「彼らが知っていると思うか?」私はベンジャミンに聞いた。

「そうは思わない」彼は首を振りながら言った。「とてもリラックスしているように見える。彼らに話して、何か探ってこよう」

ベンジャミンは車から降り、さりげなく歩いて行った。私とエマニュエルとウガンダ人は車内に残り、私は頭を反対方向に向けた。また私は静かに祈った。数分後、ベンジャミンが車に戻ってきた。

「大丈夫」彼は言った。「彼らは何も知らないよ」

「彼らに何と言ったんだ？　なぜここにいるのか疑わなかったのか？」

ベンジャミンはほほ笑んだ。「私のことを知っていたよ」。ベンジャミンはルワンダで有名なミュージシャンだ。彼の姿を見ると、二人の男はスターに魅せられ、私や他の二人が車内にいることに気づきもしなかった。「次のアルバムのカバージャケットに使用できるロケーション探しにきたと言ったんだ。何も疑わなかったよ」。

皆笑みを浮かべた。

すると車のエンジン音が鳴り響き、川岸に停車していた車が動き去った。彼らは窓からベンジャミンに向かって熱心に手を振り、家に帰るや否や必ず友人に有名な歌手に出会ったことを自慢げに話すことだろう。

今は、川の上流に数人の少年たちが泳いでいるほかは、誰もいなくなった。しかも私たちには気づかないはずだ。密輸入者たちはよくここを渡っている。少年らはそのように川を渡る男たちを見慣れているはずだ。私たちは安全に渡れる。ベンジャミンは別れを告げ——すばやく、そして効率的に——、私たちが渡るのを車内で待っていた。エマニュエル、ウガンダ人と私は川の岸辺に立った。六メートル幅ほどの細さで、私たちが渡れるほどの浅さだった。ズボンと靴を脱ぎ、胸にぎゅっとくくりつけ、ためらいがちに川へ足を踏み入れた。水は冷たかったが、心地よかった。少年時代に泳いだキブ湖のことを思い出した。その頃は私がこんなところにくるなんて夢にも思っていなかった。人生から逃げるなんて？　違法に川を渡って国外に行くなんて？　そんなことは、幼なかった頃考えられなかったことだ。生き延びた今でさえ、信じ難かった。水はすぐに太ももの上まで上がってきた。川底は柔らかい砂と砂利だった。足を踏み入れる度に、小石が足の指の合間に入ってきた。流れは速かったが、強くはなかった。足が取られそうにはなったが、ひっくり返るほどではなかった。対岸にたどり着き、土手をよじ登った。ウガンダに着いた！　やったんだ！　皆満面の笑みを浮かべて、お互いの肩を叩きあった。夜中にはカンパラに着き、リベラタに再会することができる。危険はなくなる。生き延びられるだろう。

私たちは急いでズボンと靴をはいた。ポケットに手を入れ、現金二五〇〇米ドルがあるかどうか確めた。乾いたまま、そこにあった。私たちは歩き始めた。すでに正午近くになっており、国境からなるべく早く離れなければならなかった。国境に近いほど、逮捕され連れ戻される危険が増す。私たちは速く、しかし見つからない程度の速さで歩いた。すぐに、わらでできた屋根の家やバナナ農園が点在する小さな村にたどり着いた。日曜日だったため、誰も働いてはいなかった。大人は座りながら話をし、子どもたちは遊んでいた。彼らの注意を惹くようなものは何もなかった――私たちがやってくるまでは。私たちが歩いていると、こちらのほうを見ているのを察知した。さりげなく怪しまれないようにしたが、それでも彼らはじっと見つめていた。最近、ウガンダとルワンダとの緊張関係が高まってきていた。私たちはルワンダ国境に近くにいて、明らかにツチに見えるため、ただちに怪しまれた。

その村に着いて数分ほどしか経っていないうちに、背後で叫び声が聞こえた。「おい！　止まれ！」言われた通りに立ち止まった。振り向くと、男は銃を所持し、棒を持った一二人の男たちもいた。彼らは警察官や兵士ではなかった。それは明確だった。普段着を身にまとい、大変威丈高に武器を構えていた。彼らは地元の民兵だった。訓練を受けていない男たちが銃を構えていると、いつも恐かった。彼らは自分たちの力に自己過信し、すぐに発砲したがるからだ。

「おまえは誰だ?」寄集め部隊のリーダーが聞いてきた。「どこに行くんだ?」。そうしている間に、男たちが周りを囲んできた。他の村人たちが彼らを取り囲んできた。

「カンパラ」私は言った。「仕事があるんだ」

男は疑うように私を見た。「身分証明書を見せろ」

きちんと取り出して、彼に見せた。

「ルワンダからきたのか?」

私たちは頷いた。その群集は、ライオンがシマウマを見ているかのように私たちを見て、私も群集から目を離さなかった。

「おまえたちはスパイだ」彼は尋ねたのではなく、断言した。もちろんその推定は筋が通っている。ルワンダとウガンダは結局、敵同士なのだ。

「いいや、違う!」私たちは皆反論した。「私たちはスパイではない!」

「ルワンダからきたんだろう? この小さな村へ? ビジネスマンなら、直接カンパラへ車で運転して行っただろう」。私たちを取り囲んでいた群集が近寄ってきた。「おまえたちを逮捕する」兵のリーダーが言った。「座れ」。彼は銃でベンチを差した。

「頼むから、信じてくれ」。彼の指示通りベンチに向かいながら、私はお願いした。「我々はスパイではない。仕事のためカンパラに向かうところだった」。そう話しながら、私たちが国境から一体どれほど離れているのか、頭で計算した。あまり離れていないはずだ。四〇〇メートルかもしくはもっと少ないか。私を送還するのは容易で、そうなれば必ず逮捕され、必ず殺されるだろう。

その時、エマニュエルがトイレに行きたいと言った。数メートル離れた場所にある野外便所に案内された。彼は一人で入り、しばらくすると私とウガンダ人が座っているところまで戻ってきた。すると野外便所から叫び声が聞こえてきた。「銃だ！」。エマニュエルがトイレに行った時に、持参していたピストルが見つかると体罰を受けると恐れて、トイレに捨てた。しかし、トイレのそばに立っていた男たちが妙な音を聞き、不審に思った。エマニュエルがトイレから出た後、男たちが捜索し銃を発見したのだった。「銃だ」また叫び声が聞こえた。私たちは足元に引きずり下ろされた。すると男が長いコードを持って現れ、私たちの手首をきつく縛った。縛られた時、痛みが走った。「おまえたちはスパイだ！」。最初は疑ってはいたが、今や銃が証拠となったので、そう叫んだ。「ビジネスマンならなぜ銃を持っているんだ？」

グループのリーダーが私のポケットを探り、お金を見つけた。彼は全部奪った。もう何も残っていなかった。叫び声が大きくなった。「スパイだ！　おまえたちはカガメのスパイだ！」

「違う！」私は叫び返したが、誰も聞かなかった。カガメから逃れようとしているのに、私が彼のスパイと呼ばれるなんて、そう思った。

「警察に連れていく」民兵のリーダーが言った。

助かった、そう思った。警察であれば、政府に連絡をとる手助けをしてくれ、保護を求めることができる。最終的によい結果をもたらすかもしれない。しかし、そのように考え終わる前に、肩に猛烈な衝撃を受けた。その次は背中。三〇人もの暴徒が、いっせいに子牛を駆り集めるかのように殴りつけながら押しかけ、私たちを警察署の方向へ押し進めた。

エマニュエルと私は止めるよう泣き叫んだが、彼らはさらに殴りかかってきた。何度も何度も棒の鋭い強打が襲いかかってきた。頭を低くし手を上げようとしても、腕が体の前で縛られたままで何もできなかった。まい、い、い、い、い、ともに終わらないいかも、そう思った。数週間前まで、私はルワンダで三番目に権力を持つ男だったのに、今では犯罪者のように束縛され、暴徒から攻撃されていた。彼らに真実を伝えねばならないと思った。それによって、自分がルワンダに送還されることになっても、そうするしかなかった。ルワンダで死ぬか、あるいはここで殴り殺されるか、どちらかの選択肢しかなかった。

「止めろ!」私はまた叫んだ。「真実を話す! 私たちが誰なのか教える!」。私は騒音を超えるほどの声を上げげ、民兵のリーダーが他の人たちに止めるよう叫んだ。

私は見上げ、群集が遠ざかるのを見ていた。彼らの顔が勝利に勝ち誇っていた。

「話せ」リーダーが言った。

私は彼に近づいた。「頼むから、二人でちょっと話せないか?」

男は、ここに着いた時から見せていた疑惑の顔で見た。「いいだろう」彼は言いながら、端のほうへ連れていった。

私は彼に話した。あったことすべてを包み隠さず、すばやく小声で話した。他の者には聞かれたくはなかった。その時もまだ、真実を知っている人が少なければ少ないほど、自分が生存する確率が高くなると信じていた。「ルワンダには戻れない」彼に言った。「私自身もカガメの敵なんだ。私が戻れば彼に殺される」

「そうか」彼は言った。どんな理由があったのか知らないが、彼は私を信じた。彼にとっては作り話で信じがたい話であったかもしれないが、ラジオで私のニュースを聞いたのかもしれない。「そんなことがあって気の毒に」彼は群集に向かって言った。

内心では、安堵でため息をついた。やっと自由になれる。「大丈夫だ。私たちはもう行ってもいいか？」

彼は首を振った。「駄目だ。あなたを警察に連れていかねばならない」

「どうして？」

「それが私の務めだからだ」彼は淡々と言った。

これ以上議論する余地はないとわかり、そのまま警察署まで歩き続けた。民兵の男たちが案内し、村人たち数名がどうなるのか見るために、ついてきた。全員で二〇人ほどが警察までの三キロを重い足取りで歩いた。歩きながら、実際向かっている場所を尋ねた。

「税関だ、国境のすぐそばの」

私は立ち止まった。「しかし、ルワンダ税関から川の対岸にあるところだ！」。二つの税関がちょうど川の真向かいに建っているのを知っていた。橋はすぐそばにあった。ルワンダ警察がまさに数メートル先にあった。「彼らは私を探しているんだ！　私を見つけ、連れ戻すためやってくる！」。カガメは私を連れ戻すために、他国の土地を無視して兵士に躊躇なく命令するであろう。

「あそこが一番近いんだ」彼は少し疑うように言った。「あそこに連行しなければならない」

「お願いだ！」私は頼んだ。「他の場所にしてくれ。わからないのか、私はあそこには戻れない！」

彼は哀れそうに私を見たが、それでもこう答えた。「駄目だ、悪いな。あそこに連れていかなくては」

検問所に到着した時のことを思い描いた。ルワンダの役人は川の対岸にいる群集を見つけ、何があったのか調べにやってくる。私はエマニュエルのほうを見た。「祈るんだ、エマニュエル」私は静かに言った。「心の中で祈って。今となっては神頼みしかない」

私自身も祈った。神様が私たちをここまで連れてきてくれたのだから、もう少し先までも連れていってくれるだろう。そこであることを思い出した。数ヵ月前、まだ議長であった時、巡回説教者が私の事務所を訪れ、一緒に祈りを捧げた。神様が彼に、ヨシュア記１：９に記述されている言葉を忘れないようにというお告げがあったと言っていた。「強く、そして勇気を持って。恐れるな。落胆するな、どこに行こうともあなたの神は常にそばについているから」。彼にその一節を共有してくれたことに感謝を伝えたが、当時は自分の人生への関連性が見えていなかった。事はうまく進んでおり、何のために神の保護が必要なのかわからなかった。今やっとわかった。その一節を思い出し、再度祈った。神様よ、どこに行こうとも私のそばについていてくれると約束してくださいました。しかし、お願いです、"*kora igitangaza*"――奇跡を起こしてください――。

警察まであと三〇〇メートルいうところで、奇跡が起こった。雨。激しく叩きつけるような雨。一日中私たちの上をさまよっていた雲を打ち破って、前が見えないくらい激しく雨が降ってきた。税関に着く頃には、反対側にいたルワンダ警察を含む関係者が建物の中に入った。ありがとうございます、神様。エマニュエル、ウガンダ人そして私は急いで建物の中に入り、水を床にぽたぽた落としながら立っていた。私たちの手首は、ざらざらした紐で縛られ、ひどい擦り傷ができていた。体中に暴行を受けてあざだらけだった。残りの群集は外で待ち、雨を避けるために身を寄せあっていた。

ウガンダ警官はこのような雨の日曜日に、大勢の来客がきて驚いていた。「あなたたちが誰なのか彼らに伝えてくれ」民兵のリーダーが指示した。

言われた通りに言った。「私はジョセフ・セバレンジです。ルワンダ議会の議長でした。解任され、今ではカガメに命を狙われています」。私は彼らのなすがままであった。

私が話すと、警官の顔がゆるんだ。彼らが同情しているのがわかった。カガメがどれほど残酷か知っていた。そもそも彼はウガンダ諜報機関の高官だった。彼の評判はよく知られていた。「心配するな、ここは安全だ」警官の一人が言った。

神様に感謝します、私は祈りを捧げた。

「しかし長くは持たない」彼は付け加えた。彼は外を見て、群集を目にした。雨が止むや否や、ルワンダの役人が事務所から出てきて群集を目にするだろう。そうなると彼らはすぐさま橋を渡って、何が起きているのか探りにくるだろう。

「あなたをここから脱出させなければ」彼は言った。しかし、彼がまるで罪を告白するかのように、申し訳なさそうな表情をして言った。「ただ、私たちには車がないんだ。ルワンダ人に見つからないように、ここからどのように脱出させたらいいのかわからない」。彼が話していると、雨が小ぶりになり始めた。私は足止めをくらった。この都心から離れた警察署には電話もなく、誰かに助けを求めることもできなかった。

お願いです、神様、もう一度奇跡を！　雨が収まりつつあった。

警官たちは話し合いながら、私を密かに立ち去らせる方法を考えていた。彼らが話している間に雨が止んだ。私たちは窓から、ルワンダ税関局員が事務所から急いで出て、橋を渡っているのを見た。彼らが近づいて、群集に何の騒ぎか尋ねているのが聞こえた。「おまえたちのスパイが中にいるんだ！」彼らは叫んだ（村人たちは幸いにも真実を聞いていなかった）。「おまえらがカガメのスパイを送り込んできたから捕まえたんだ！」

私たちは殺される、私は思った。これで終わりだ。するとそこにウガンダ人男性が入ってきて、他の職員が迎え入れた。彼はウガンダ軍の一員で、職員は彼のことを知っていた。「何があったんだ?」彼は、非難するように、また興味津々な声で聞いてきた。彼は週末にルワンダの親戚を訪ね、その帰りに、この群集を見かけたのだ。私はそんなことはどうでもよかった。ただ運転していたという事実だけに注目した。彼は車を持っていた。

ウガンダ職員は急いで私が誰だか説明した。「彼をここから脱出させなければなりません」彼は言った。「今すぐに!」

彼は私のほうを振り返り、ほほ笑んだ。「ああ、あなたのことは聞いたことがあるよ」彼は言った。「あなたが議長だったの? 若いね!」。彼の親切に感謝したが、自分の政治的キャリアについておしゃべりをする時間はなかった。自分の人生の中で、これほどある場所から離れたいと思ったことはなかった。

職員たちは彼を戸口のほうへ押し込んだ。「今すぐここを離れないと。ルワンダ職員はもうきている」

「そうだ、おまえの言う通りだ!」彼は言った。「すぐ行こう。今すぐ!」

私たちは急いで警察署を出て車に乗り込んだ。部屋を出たと同時に、ルワンダ職員が入り込み、私に気づかなかった。車の戸を閉める間もなく、運転手はエンジンをかけアクセルを踏み込み、出発した。安全な場所へ。そう願うしかなかった。

＊＊＊

フランスの諺がある。*L'homme propose et Dieu dispose*《人間が提案し、神が決断する》。私たちが計画を練り、それがどうなるかは神が決断する。その日、神は、私に、そしてリベラタに生きる道を与えてくれた。神はまた、母親抜きで子どもたちがルワンダに居残ってはいけないと決断を下した。だから神はリベラタを屋敷に連れ戻した。子どもたちが教会から帰宅すると、私はいなかったが彼女はいた。帰宅した時私たち二人がいなかったら、子どもたちがどれだけの悲しみと恐怖を経験しただろうか。だからリベラタは子どもたちと居残った。子どもたちと賃貸住宅に移り住み、キガリに居残った。彼女はどこに行くにも尾行されたが、何もされなかった。神が彼女を守ったのだ。

神は私も守ってくれた。ウガンダの軍将校は夜通し運転してくれた。私は、自分と一緒に川を横断したウガンダ人とエマニュエルと後部座席に座っていた。私たちの衣類は雨でびしょぬれだった。疲れ果てて空腹だった。暴行で苦しみ、体中が痛かった。この男がどこへ向かっているのか全くわからなかった。彼を信用していたが、否定的な考えが頭から離れなかった。もし助けているように見せかけているだけだったらどうしようか。彼がカガメの支持者かもしれない。私を引き渡すために、ルワンダに連れ戻しているのかもしれない。彼に殺されるかもしれない。その夜遅くンバララの軍基地に到着し、カンパラ当局者への電話で、軍将校がルワンダ議会の前議長が保護を必要としていることを伝えているのを立ち聞きした――それで、完全に安全だとやっと実感できた。

その夜、ウガンダ軍将校が翌日カンパラに連れていくと知らせてくれた。政府の保護が保証された。私は彼に感謝したが、彼がしてくれたことをどれほどありがたかったのか、彼が私の命を救ってくれたこと、私が決して彼のことを忘れないことを伝える言葉が思い浮かばなかった。今も忘れたことはない。

寝床に就くと、寝ながらリベラタのことを考え、果たしてカンパラまでたどり着いたのか気になった。明日にはわかるであろう。しかし今夜は睡眠が必要だった。どうしても必要だった。私は目をつむると、すぐに意識が遠のいた。

翌朝、カンパラに出発する前、私は議長の屋敷に電話をかけ、義母に私が安全であることを伝え、リベラタから何か連絡があったのか尋ねようとした。

「もしもし?」電話の向こう側から声が聞こえた。

鼓動が高まった。リベラタだった。「ママ・レスペ?」私は聞いた。

彼女の声が詰まるのが聞こえた。「ええ、パパ・レスペ」

「そこで何をしているんだ? 何があったんだ? 今頃もうカンパラに着いたと思っていた」。電話が盗聴されていることをわかっていたが、自分の行方を隠すことは今や無意味だった。私は保護されている。もう安全だった。

「家に戻るべきだわ、パパ・レスペ」彼女はそれだけ言った。

「何だって?」

「家に戻るべきよ。今はもう安全よ。何も悪いことは起きないわ」。その声から彼女が本気でないとことがわかった。誰かがそう言わしているのだろう。私たちの会話を聞いている人たちに聞かせるために、そう言っているのがわかった。

「だめだ、戻れない」私は言った。「ウガンダに着いた。私はもう安全だ」

私が安全であること、それだけ耳にすれば彼女はよかった。ヨウェリ・ムセヴェニ政府は私を保護してくれた。常に警備がついていた。私は安全であったが、安心感はなかった。自分に保護が必要だという事実が危険を示していると感じた。こんな状態でどうやって生きていくことができるのか? 安全に暮らせる場所を探すため、ウガンダ政府はアメリカ大使館と国連難民高等弁務官事務所（ＵＮＨＣＲ）に働きかけた。その間、ウガンダ政府は私の所在を秘密にしていた。ルワンダ政府が私の引き渡しを要求しても、ウガンダ政府は私の居場所がわからないと返答した。しばらくして私はアメリカに渡って定住した。また一からやり直しだ。ムセヴェニ政権、アメリカ、そして国連が、自分の保護を確保するために行ったすべてのことをどう感謝すればいいのだろうか？　彼らの手助けなくしては、私の生命は危険にさらされていた。

もちろんカガメも彼の部下も、私がウガンダにいることを知っていた。自分の電話を追跡され、正確な所在地が発見されないよう気をつけながら、私は携帯電話を使って定期的にリベラタに連絡した。それでも間違いなく盗聴されていた。電話では彼女はいつも同じことを言っていた。「家に帰ってきて。今はもう安全よ」。彼女は身を守るために、そう言わなくてはならなかったが、それは真意ではなかった。ルワンダの政情がその証拠であり、実態が明らかになってきた。

友人やラジオを通して、ルワンダで誰かが標的になっていることを頻繁に聞いた。ピエール・セレスティン・ルウィゲマ（Pierre Celestin Rwigema）首相がいた。彼は強制的に解任された。私が議長の時、管理ミスと横領の疑いで調査をしたことがあった。ＲＰＦは彼の解任を求め、私たちが彼を厳しく非難することを願っていた。しかし私たちの調査で、彼が悪いことに関与したという証明が何もできなかったために、彼を解放した。ＲＰＦがそのまま許すはずがなかった。だからルウィゲマが解任されたと聞いた時は、驚かなかった。彼は結局アメリカに亡命した。ルワンダ政府はアメリカ政府に彼がジェノサイドに関与したので、逮捕するよう要請した。しかし入国管理局の判事は彼の無実を証明した。

そして、大統領の親しい相談役アシエル・カベラ（Assiel Kabera）の死を耳にした。彼は私の地元のツチで、彼の妻は私の親戚であった。私が議長を解任された際、私に対して誤った声明を出すよう頼まれたが断った。道路から自宅の車庫までの私道で、彼は銃撃されたことを知った。殺害されたのは、私であってもおかしくはなかった。彼の妻や残された家族の今後の困難さについて考えた。彼の二人の兄弟は、その暗殺に大きな衝撃を受けて、最終的にカナダに逃亡し、今もそこで暮らしている。私も自分の家族のこと、そしてもし私が撃ち殺されたら、リベラタと子どもたちがどんな思いをしていたことかと考えた。

また、インボニ（*Imboni*）地方新聞が、私の強制解任に異議を唱える記事を発表したことを知った。ジャーナリストたちは脅迫され、ベルギーに逃亡し、今でもそこで暮らしている。そしてある朝、ウガンダ国境まで私を車で連れていってくれたいとこのベンジャミンのことを電話で知らされた。私を手助けしたことをカガメのスパイが知り、彼を逮捕するため軍中尉を送り込んだが、この中尉が彼に同情した。ベンジャミンが拘置所に連れていかれたら、どうなるかわかっていた。そのためベンジャミンに逃げるよう伝えた。中尉がそのことを上司に報告すれば、彼自身の運命もわかっていたので、ベンジャミンと一緒に逃亡することに決めた。彼らはブルンジに逃げ、それからタンザニアへ行き、ＵＮＨＣＲに助けを求めた。しかし、（スパイによって彼らの場所を突き止めた）ルワンダ政府はタンザニア政府に、二人がインド人のビジネスマンを殺害した容疑者だと言い、引き渡しを要求した。タンザニアはそれに応じて、ベンジャミンと中尉はルワンダに連れ戻され拷問にかけられた。彼らに関して、ＢＢＣ（英国放送協会）やインボニが取り上げていなければ、彼らが果たして生き残っていられたかわからない。豊かな人間性のために、この男たちが耐えなければならなかった苦痛のことを聞いて、悲しみに打ちのめされた。

私はまた、パスター・ビジムング大統領が三月三日に辞任したことも聞いた。いつかは強制的に解任されてしまうとことはわかっていたが、実際にそうなってしまったというニュースを聞いて、この国は果たしてどこに向かうのだろうかと不安になった。三ヵ月以内に、カガメは政府を骨抜きにした。私がいなくなり、首相もいなくなり、大統領もいなくなり、大統領の相談役は死亡した。そしてカガメは大統領の地位を手にした。

エピローグ

二〇〇〇年四月五日、私が乗った飛行機がアメリカに着陸した瞬間、また新たな人生のスタートを切った。母国から遠く離れ、現地の言葉も少ししか話せず、知り合いもほとんどいない国で、再び難民となった。背中に洋服とわずかな所持品だけ背負い、ジェノサイドのトラウマとルワンダからの脱出劇がまだ私につきまとう中、また新しい人生をやり直さなければならなかった。妻と子どもたちはやっとルワンダを何とか去り、ウガンダに行くことができた。彼らが安全であることを確認できてホッとしたが、離れ離れの状況に心身ともに打ちのめされた。

その当時、ルワンダからの亡命が単なる始まりであることに気づかなかった。その直後に、ルワンダ政府の各省庁、非営利団体、ルワンダ軍、メディアの重要人物が逃亡するはめになった。エマニュエル・ハビャリマナ（Emmanuel Habyarimana）前防衛大臣はスイスへ、エバリストゥ・シシ（Evariste Sisi）前自由党党首はオランダへ、パスター・ンサビマナ（Pasteur Nsabimana）元議員はノルウェーへ、ジェラルド・ガヒマ（Gerard

Gahima）元副裁判官はアメリカへ、デオグラティアス・ムシャイディ（Deogratias Mushayidi）ルワンダ・ジャーナリスト協会元会長はベルギーへ、ノエル・トゥワギラムング（Noel Twagiramungu）大湖地域人権団体連盟元委員長はアメリカへ、アナスタセ・ムルンバ（Anastase Murumba）ジェノサイド生存者協会イブカ（ＩＢＵＫＡ）の初代事務局長、および報道官はカナダへ、シャンタル・カイテシ（Chantal Kayitesi）ジェノサイド未亡人協会アヴェガ（ＡＶＥＧＡ）元委員長はアメリカへ、パトリック・カレゲヤ（Patrick Karegeya）諜報機関の元長官は南アフリカへ亡命した。そしてこのリストは続く。ルワンダ人は、カイバンダ大統領時代にツチに適用された厳しい教訓を学んだ。*"Hunga cyangua honga!"*《逃亡するか、動くな！》。しかしカイバンダ大統領と違って、カガメ大統領は差別をしなかった。ツチであろうとフツであろうと身は危険である。

パスター・ビジムング前大統領は重い報いを受けた後で、この教訓を学んだ。私がルワンダから逃亡した後すぐに解任され、民主党更新党という野党を結成した。カガメ政府はその党が違憲であると訴え、正式に発足する前に禁じた。ビジムングはさらなる民族間暴力を避けようと願って、改革を呼びかけるため海外メディアを利用したが、結局二〇〇二年に逮捕され投獄された。二〇〇七年にビジムングは「恩赦を受け」解放されたが、彼の人生は囚人扱いだった。どこに行くにも警察がつき、元国家元首として有する手当てを受け取ることもできない。

私たち全員に共通しているのは、彼のビジョンを実現するためにカガメが向こう見ずに突進したことに立ちはだかったことである。そのビジョンとは、過激資本主義経済と多党制の共産主義的な民主主義だ。自由貿易、全体主義と選挙は、逆説的に共存する。このモデルは、前例がない秩序、安全保障と経済復興をもたらし、ほとんどの西洋諸国ではカガメへの尊敬が集まった。しかしそれは結局、永久的な秩序、治安、経済開発の基盤である、平和と和解には移行されていない。ルワンダ人が謝罪と赦しの美徳を心から受け入れられるような、癒しと変革に変わっていない。

二〇〇七年にルワンダ議会は、ジェノサイド・イデオロギーが高校性の間で広がっていることを明らかにした。率直に言うと、若いフツ、つまりジェノサイドの時赤ん坊だったか、もしくはまだ生まれてもいなかった子どもたちが、機会があれば、ツチに対して新たにジェノサイドを呼び起こすかもしれないということだ。その後、ジェノサイド・イデオロギーで有罪になれば、最高懲役二五年の刑に処する法が可決された。政府が主張するように、ジェノサイドのイデオロギーのあり方が本当に若い世代に伝染しているのか、あるいは一九九四年のジェノサイドで告訴できなかった人々を黙らすための新たな脅しの策略なのか不明であるが、ルワンダの和解は、月ほど遠く離れた存在であることを気づかせてくれる。ジャーナリストのスティーブン・キンザー(Stephen Kinzer)が二〇〇八年に明記したことは正当だ。「市民は和解に関する決まり文句を繰り返し言うように言われているが、大勢の人々の心は嫌悪で痛んでいる[36]」

一〇年前に初めてアメリカに着いた時から、これらのことが大変気がかりであった。議長の人生から困窮した難民の人生への困難な変換を体験しながら、新しい地で我が道を切り開きながら、先が見えない平和と和解が頭から離れることはなかった。それでも否定的な考えに打ち負かされずに、頭を切り替えて未来に集中している。次世代のために平和を諦めてはいけない、我が子やルワンダのすべての子どもたちの平和のために、諦

(36) Kinzer, Stephen. *A Thousand Hills: Rwanda's Rebirth and the Man Who Dreamed It*. Hoboken, NJ: John Wiley & Sons, Inc., 2008, p. 4.

めてはいけないと自分に言い聞かせた。カガメから標的にされ、亡命を強いられ、ウガンダへ越境した際に痛めつけられたこと――それらを思い出すと、怒りや恨みの泥沼に簡単に引きずり戻されてしまう。しかし、断固としてそうならないようにした。自分に起きたことは、平和の夢を捨てる言い訳にはならない。国際社会が、自分に対する不法行為を認知したことでどんなに慰められたことか――ひいてはルワンダ人に対する不法行為も。ヒューマン・ライツ・ウォッチの報告にこう明記されている。「セバレンジは、［議会］にある種の自主性を築こうと、そして特にＲＰＦ権力者を含む政府大臣の汚職容疑にアカウンタビリティーを持たせるために闘った。一見したところこのよい政府への貢献によって、フツとツチとを問わず庶民の間で、セバレンジは評価を得た」。さらに、世界の議会協会である列国議会同盟は決議で、自分が「独自性を持つ政治家で、不正を非難し、独立性と、特に政府活動の監視に関して暫定国民議会の役割を強化した」と明記した。これらのコメントやその他同様のものが救いの手になったが、私が負った傷を癒すことはなかった。

そのため、私は祈りを捧げることにした。和解に向けて働く道を示してくれるよう、神にお願いした。それがバーモント州にある国際トレーニング学院（ＳＩＴ）へ導いてくれ、社会正義と和解を基礎とした大学院プログラムに入学ができた。そこで和解を強く信じているジョン・アンゲライダー（John Ungeleider）教授やポーラ・グリーン（Paula Green）教授に出会った。研究科目には紛争転換も含まれ、私は必然的にルワンダの和解について修士論文を書いた。母国から何千キロも離れていたが、私の心は未だそこにあり、これからも永遠にあり続けるだろう。私はその後、紛争国出身の平和活動家たちが集まるＳＩＴの文化全般に関する紛争転換プログラムに参加し、二〇〇三年から教鞭をとっている。私たちが耐えてきた暴力抗争の悪を将来世代に引き継がないよう、我々の世代の役割と道徳的な義務を常に学生に伝えている。

今日、私はまだアメリカに在住している。大学教員の仕事以外にも、定期的に国内各地の短大、大学、高校、そして教会で、自分の体験について講演している。講演を通じて、他の人たちが赦しや和解の道を見つける手助けになればと願っている。聴衆が自分の話を聞いて、それぞれの人生に活用している話を聞くと、常に励まされる。私自身の経験と、赦しの精神をもって自分が悲劇から抜け出した事実を伝えることによって、聴衆の中に、自分を不当に扱った相手を赦すことができたと伝えてくれた人々がいた。彼らの反応はしばしば、「もしあなたが、そのようなひどい犯罪の加害者を赦すことができるのなら、私も結婚式に参加しなかった母を赦すことができると思う」とか「それなら、私も不誠実な夫を許せるわ」、または「それなら、子どもの頃意地悪だった兄を赦すことができるわ」といったものだった。それ以外にも、同様な例がたくさんある。このような日常の転換が、いつかは世界を変えていくと信じている。そしてもちろん、私の教え、講演、そして本著を通して、ルワンダ人が平和に向けて自分たちの進むべき道を見つけてくれたらと願っている。

講演で時々話すことだが、年老いの先生（rabbi：ユダヤ教の敬称）がかつて生徒らに、いつ夜が終わって、いつ朝が始まるのかをどう見分けるのか尋ねた話を取り上げる。「それは」学生の一人が聞いた。「遠くに動物を見ることができて、羊か犬か見分けることができた時ですか?」

「いいえ」先生は答えた。

もう一人が答えた。「遠くにある木を見て、イチジクか桃か見分けられた時ですか?」

「いいえ」先生は答えた。

「それでは何ですか?」学生たちが求めた。

「それは、目の前にいる男性か女性の顔を見て、それが自分の兄弟姉妹だとわかった時です。それが見えなかったということは、まだ真夜中であるということなのです」

大勢の人にとってまだ真夜中である。世界中の多くの国々はまだ夜中である。私が生まれた頃、そして子どもの頃は、ルワンダはまだ夜だった。そして今日も、ルワンダはまだ真っ暗闇である。この話を耳にする度に、私は五人の子どもたちのことを考える。レスペ（現在一八歳）、パシフィック（一六歳）、エスター（一二歳）、ニコール（一一歳）、そしてサンドリン（九歳）。逃亡中ブルンジで生まれたパシフィック以外は、全員がルワンダで生まれた。ルワンダこそが彼らの故郷である。しかし彼らには、かすかな記憶しか残っていない。私の希望――祈り――は、いつか家族でルワンダに戻ることである。私が幼児時代に泳いだキブ湖に、いつか子どもたちを連れていくことを夢見ている。子どもたちを連れていきたいと願っている。それは、緑の丘や無限の青い空を見るため。暴力や殺戮で奥深く傷跡を残す前の国を見るため。世界各地を一日中回った神が夜横たわって寝るための地として選んだこの美しい千の丘の地を見るため。私が夜中目を閉じた時に夢見る場所を見せるため。ルワンダを見るために。

その後　赦しと和解に向けて

歴史を歪曲できるほど偉大な人はそういないが、出来事のほんの一部なら私たち一人ひとりの力でも変えることができ、そのすべてをあわせたものが私たちの世代の歴史として記されるだろう。勇気と信念に基づく無数の行為によって人類の歴史はつくられる。

——ロバート・F・ケネディ（Robert F. Kennedy）

自分の人生を振り返り、体験してきたことを一つ一つ思い出すと、さまざまなことがあったにもかかわらず、私は幸運であったと思う。私は生き延びた。他の人たちが殺されても、何度も何度も私は生き延びてきた。赤ん坊の頃、母が私を抱いて藪の中で身を隠した時。一九七三年の幼少の頃、太鼓の音で助かった時。一九九〇年に拘束された時。一九九一年にルワンダから逃亡し、ジェノサイドが勃発した際、国外にいて幸運であったこと、そして再び二〇〇〇年の時も。毎回死が私の足元をさまよっていたが、神の恩寵により生き延びた。しかし、フツもツチも関係なく大勢の人々はそうではなかった。ルワンダは傷ついた魂の国である。過去五〇年にも及ぶ周期的暴力で、少なくとも一〇〇万人もの命が失われた。そして生存者は傷を負った。家族を殺害された者、難民生活を送る者、そして精神的および身体的な傷。

ジェノサイド後、常に国をどう癒せることができるのかを考えてきた。どうすれば私たちは一緒に平和に暮らしていけるのか。これはルワンダに限ったことでなく、民族、人種、宗教や他のアイデンティティーが原因で個人が犠牲にされてきた、世界の多くの社会にも通用する。スーダン、イスラエル、パレスチナ、コンゴ民主共和国、ネパール、スリランカ、ブルンジ、旧ユーゴスラビアやその他の紛争国の人々に出会ってきた。彼らは、もともとの敵がどのようにして再び一緒になり、兄弟姉妹の間柄のように暮らすことができるのか知りたがっていた。それには和解しかない。

和解は、悲惨で醜い過去に立ち向かい、明るい未来を共同で考案するために、敵同士を呼び集める。過去に起きたすべての人権侵害に関する真実を伝え、皆がお互いに平和に一緒に暮らせる社会を築くよう、対立している地域社会を呼び集める。お互いの話に思いやりを持ち、集まって耳を傾けるよう求められる。これはまさに、フツとツチの命が親密に結ばれているルワンダに必要なことだ。

復讐は早急で容易なのに対して、和解は努力、謙虚、忍耐を必要とするので、多くの意味で困難な選択肢である。和解は複雑だ。一般的に被害者は断言するので、応報的正義に変換できない（「加害者は処罰されなければならない」）。また犯罪者や家族も断言しがちなので、赦しに変換できない（「加害者は赦されるべきである」）。そして政治家が信じる傾向があるが、政党間の連立政党だけでは和解は達成できない。ルワンダでは、このような観点が各地で大きく反映された。被害者は、悪人は法律の最大限の力で罰せられるべきだと主張する。犯罪者は、自分たちの行為を赦され、忘れられるべきだと主張する。指導者たちは、連立政権制度（残念ながらうわべだけだったが）を導入し、それだけで問題が解決されると思っていた。和解はもっと複雑で繊細で、そしてさまざまな要素を含んだ長期間なプロセスである。認知、謝罪、修復的正義、共感、補償、赦し、そしてそれにともなうさまざまな手段、いわゆるコンセンサスに基づく民主主義、平和教育と国際援助である。

悪人が犯した不正行為を認知することと、真の謝罪を申し出ることとは必ず要求される。これは犯罪すべてに適用される——最も極悪なものから軽いものまで。損害の重大さに関係なく、苦悩が個人、あるいは国レベルで起きていようと、被害者自身の苦しみは認識され謝罪を受けなければならない。ルワンダの文脈では、和解のプロセスはジェノサイドと他の人権侵害の両方を含む。すべての犯罪が認知され、謝罪されなければならない。

幸い最近の歴史において、認知と真の謝罪の事例が多く挙げられる。第二次世界大戦中、アメリカは日系アメリカ人を強制収容所に送り込んだことを謝罪した。オーストラリア政府は二〇〇七年の初めに、アボリジニの人々に対して正式な謝罪声明を発表した。オーストラリア社会への適合を目的に、アボリジニの子どもたちを両親から引き離して「教育」させたことにより、住民は何十年も苦しみに耐えてきた。これらの謝罪は、勇敢、謙遜と善良な行動である。これらの事例は、私たちが間違いを犯し、誰でも悪魔になりうることを気づかせてくれるが、その反面、私たちは人間として偉大な善意にもなりえる。

残念ながら、ルワンダでは認知や謝罪がほとんど行われていない。否認が存続し、それが新たな迫害になる。もちろん誰でも人生の中で、自分を傷つけた相手と直面することはあっても、自分が抱いていた心配事をとりあってくれないことがある。あることを想像したり、過剰反応しただけだと言われただろう。そのように否認された時の痛みを知っているはずだ。このようなことが起きると、和解は不可能である。タンザニアにあるルワンダ国際刑事裁判所では、ほとんどのジェノサイド容疑者は自分が行った恐ろしい行為を否認している。そして、ルワンダにおける認知と謝罪は、不幸にも誠実というよりむしろ好都合から生じている。それは、罪を認めれば、懲役が軽減されるからだ。結果的に、刑務所で何年も過ごしている多くのジェノサイド容疑者は、懲役年数を減らすため簡単に自白する。カガメのＲＰＦも例外ではない。ジェノサイドの最中と前後に行われた悲惨な人権侵害を自白するのは困難だ。一般的に、ルワンダ人はフツもツチも、まるで他人の苦痛が自分の苦しみを帳消しするかのように、他人の苦しみを否認し軽視しがちだ。そのため自分たちの苦悩だけをしきりに話し、「敵」が耐えてきた悲劇については全く話したがらない。軽視、誇張、同一視なしに、何が起きているのかすべてを認識するまで、二つのコミュニティー間の和解は妨害されるだろう。

しかし認知することは厄介だ。間違いを認めると恥や罪悪感が生まれるため、否認が存続している。私たちは、自分たちの社会的地位が傷つくこと、また自分たちに「犯罪者」や「逸脱者」の汚名が永久的に張られるのを恐れている。自白による反応があざけりや処罰であると、自白は特に難しい。

そのため、分裂社会における大規模な暴力の直後に、真実と謝罪の主張と引き換えに、条件付きの恩赦を時には認める必要がある。変に思われるかもしれないが、真実と謝罪の主張は、もし真実が隠し続けられたり、またもし犯罪者——その数は圧倒的に多い——が和解プロセスを受け入れなければ、永遠の和解が見出せないといった事実に基づいている。もし他に達成する方法があれば、そうするべきだが、他の手段がない。条件付き恩赦の取り組みは、南アフリカで行われた。アパルトヘイト時代に多数の黒人と白人が自ら犯した罪を認め、お互いに謝罪しあった。それは、真実を語ることで、彼らが処罰対象にならないという誓約があったおかげである。もしルワンダでも刑の軽い犯罪者（ジェノサイド首謀者ではなく）に同じような環境をつくれたら、もし被害者らの苦痛や喪失を取り除くために真実と謝罪が目標であると伝えられたら、和解の精神でもって、人々を一つにする機会が高まっていただろう。

これが修復的正義の本質である。加害者の犯罪を非難しつつ、しかし加害者をケアする方法で非敵対的に責任をとらせる。犯罪者に全面的な責任をとってもらい、彼らの側の話を伝えてもらうことで、被害者もどのように悪意行為がなされたのかを理解できる。加害者の能力や手段にあわせて被害者の補償ができ、コミュニティーへの再統合の手助けにも役立つ。それは、真実と謝罪を伝えることが再統合への「報酬」だからではなく、自己治療のプロセスの一部であり、他人の犯した罪に対する道徳的賠償のようなものだからだ。

修復的正義がめざすべき最終的目標は、大規模な暴力によって引き裂かれた社会機構を再びつなぎ合わせることだ。数十万人がジェノサイドの長期化に関与したルワンダでは、他に実現可能な裁判形式があるだろうか？　従来の裁判で、どのように彼ら全員を裁くことができるだろうか？　殺害の首謀者と他人に殺害を促した人たちこそが、法律の最大限の力で処罰されるべきだが、指導者の子分であった「小魚」は応報的正義ではなく、修復的正義で対応されるべきだと強く思う。ルワンダ人犯罪者を全員起訴することは不可能だ。

ジェノサイド後のルワンダでは、法的教育を受けていない一般人が裁判員となり、地域社会レベルの裁判制度であるガチャチャ(37)（*gacaca*）が実施された。この制度は、刑を軽減することと引き換えに、自白と謝罪を促進している。ガチャチャは、刑罰よりもっと修復的であることが期待されたが、残念ながら和解より刑罰を重視していた。事実上、自白して謝罪した犯罪者の中でも懲役三〇年までの刑をまだ受けなければならない人もいる（公益労働で軽減される場合もある）。一四歳から一八歳までの加害者が自白をすれば、最高九年の懲役の刑を受けることもある。それに加えて、「選出されること、重い責任を引き受けること、指導者になること、部

(37)（訳者注）：ガチャチャ裁判は、問題を解決するためにコミュニティーが集まる場所である。キニャルワンダ語の「芝生」に由来する。

隊に仕えること、警察や他の安全保障関連の機関に仕えること、教師、医療関係者、検察官や弁護士になること」の権利を放棄させられ、市民権を失う者もいる[38]。さらに、著名な加害者の名前は町や村の地方自治体の役場に貼られ、インターネットにも公表されている。これらの刑罰の方策は恥を助長し、自白や謝罪よりも否認を促すだけだ。大規模な暴力に続く正義とは、裁きを目的とするのでなく、大きな目標、つまり癒しと和解をめざさなければならない。

残念ながらガチャチャの訴訟は、被害者、加害者、コミュニティー全体に対し、改善を促しているどころか逆に危害を与えている。コミュニティーのメンバーは、和解ではなく勝利を目標にガチャチャに参加する。訴訟の間、お互いに相手と対決すると否定的な感情が高まり、裁判の見地から、参加者は勝者か敗者かという問題だけを取り上げる。彼らは実際に、以前よりも怒りや恐怖が増し、強くなるというよりもむしろ弱くなっている。

誰が殺人に手を染めたのか、被害者はどのように殺害されたのか、どの武器が使用されたのか、大量墓場の場所など、訴訟ではいくつかの真実が明らかになる場合もあるが、このような真実は和解へとつながらない。そのうえ、ほとんどの加害者たちは真実のすべてを語らず、被害者は全体のプロセスに不満なままでいる。その一方で、加害者たちは終身刑の最高判決を受ける可能性があるが、合法的な異議も表明できないのだ。結局、ルワンダ人は真実も法の正義も受けられないことになる。まだ不完全であるものの、修復的正義が行われれば、国は、不安定で暴力再発という危険に直面する道ではなく、和解に向かう道に沿って進むと確信できる。

和解のためには、被害者も加害者もお互い共感しあわなくてはならない。加害者への共感は、彼らの話に実際耳を傾けることから成し遂げられる。自分に危害を加えた人は悪意があるのではなく、人生で一時、悪の行動にとりつかれた感情から行ってしまう。このような行為は許せないが、文脈を理解すると、私たちが同じような状況に陥れば、同じような行動に出るかもしれないことがわかるだろう。

フツが長年さらされた有害な状況を客観的に考えれば、悪に屈した人たちに共感が湧くだろう。例えば自分がルワンダで育った時、学校では、ツチが何世紀にも渡って多数のフツを支配し不当に扱ってきたことを、知らない間に教えられていた。フツ革命家はフツを苦しめた支配と封建制度を終わらせたが、ツチは権力を取り戻し再びフツの支配を切望していたことを教えられた。言うまでもなく、これらの教えは、フツにとって有害で、ツチにとって屈辱的であった。ジェノサイドが起きる前、ラジオ、テレビ放送、新聞や政府会合を通して、フツは常に、ツチ反政府勢力は戦争を開始しただけでなく、無秩序の普及にも責任があると伝えらえた。この非難は完全に間違ってはいない。フツに伝えられた最悪なプロパガンダとは、ツチが権力を奪取し、フツを殺害し、生存者を支配するという内容だった。そのため、多くの無力なフツにとって、ツチの殺害は「正当化」でき、結局ジェノサイドは政府、地方自治体や民兵指導者から働きかけられ、命令までされた。それを考えると、もしフツ加害者が被害者に何十年も洗脳されてきた話を伝え、申し訳なさげに謝罪したら、被害者側に共感を呼び、赦しも得られる可能性が高い。結局、子どもの頃からこのような悪意に満ちた言辞を浴び続けていれば、私たちの中でどれほど違った態度をとることができただろうか。加害者の立場で考えないかぎり、私たちがそれぞれどのような態度をとるかは全くわからないのである。これはただの言い訳ではなく、考えていく価値があろう。

(**38**) Article 15 of Organic law N° 10/2007 of March 1, 2007.

残念ながら、ツチの中で残虐行為を行った人もいる。そして同様に、フツもツチに同情して彼らの話に耳を傾けたら、共感を覚えるに違いない。ルワンダにいるツチが差別を受け、そして難民の帰還が妨害されていたことを考えた。難民キャンプ、自宅、あるいは軍訓練施設では、若いツチが、故意に、もしくは何気なく、フツから不信感を助長する言葉、最悪の場合は憎悪の言葉を浴び、ツチを暴力抗争に傾けさせた。そして、ツチが母国への帰還の権利のために、フツ政府に対して戦争を開始した時、彼らは攻撃的な言辞と爆弾で迎えられたのだ。ツチの一部がフツに復讐することに反対ではあるが、理解はできる。またジェノサイドの最中に、兵士は戦場を進むにつれ、文字通り仲間のツチの死体につまずいた。ツチ兵士がこの死の敵《かたき》を討つために、悪の行為にとりつかれたことを想像できる。また、ツチ兵士が家に帰ると殺害された家族を見つけ、憤怒し復讐へと燃え上がる姿も想像できる。もしそのような人生を送り、同じような状況に立っていたら、違った振る舞いをとっていただろうか？ 幸い戦場に立つこともなかった私たちは、現地にいた者たちの行いの非難はできるが、自分たちも経験してみなければ、何とも言えないはずである。また、無実な人間の殺害は正当化できないが、共感と相互理解なしには、ルワンダ人はこれからもより深刻な暴力抗争の瀬戸際に居続けることになる。私たちは改善できると思う。和解のため、お互いを悪者扱いにせず、私たち自身が謙虚になり、謝罪し、赦し、お互いの気持ちを向上させる必要がある。

私はカガメへの共感も可能だと思う。彼の幼児時代や青年時代のことを考えると、私自身、彼への共感が芽生えてくる。彼は子どもの頃、殺戮から逃れるためにルワンダから避難した。それから彼は難民キャンプで育ったが、生活は困難で、以前は裕福だった彼の父も難民となり、貧しい生活状況のせいで亡くなった。間違いなく、このことがカガメに影響を与えたのである。貧しい国の難民のように、彼は人間以下の扱いを受けた。

二十代にウガンダの反政府勢力というかたちで暴力抗争の世界へ飛び込み、ヨウェリ・ムセヴェニを権力者の地位へと導いた。彼はキューバの軍訓練に参加した。若いながらも、彼は諜報局で働き、敵を倒すことが任務だった。ムセヴェニが勝利すると、カガメは軍諜報の上層部の地位に就き、新たに汚い残忍な任務が待っていた。この悲しい経験が彼の個性を形づくったのだ。その後にRPFゲリラ戦に参加し、人権への尊厳が架空である世界で四年も戦い続けた。彼自身の悲劇を考えると、私にもたらした苦しみへの痛みや怒りの感情は和らいでしまう。また、これは、大勢のルワンダ人に苦痛を与えたことへの言い訳にはできないが、過去の苦しみが個人の態度を形成することに留意しなければならない――それを思い出させてくれる。カガメが柔軟性をもって、この惨劇から抜け出すことを期待していたが、できなかった。それでも和解は可能だ。もしカガメが謙虚に応じ、真実を話し、申し訳なさそうに謝罪をし、改革を考慮してくれたら、ルワンダ人は彼を赦すと思う。少なくとも、私は彼を赦すだろう。このことが平和的な政治改革と和解へのチャンスとなろう。

共感の感情から、加害者は自発的に被害者の償いに参加する。償いはそのため処罰ではなく、加害者行為の結果から被害者を克服させるための思いやりのある反応である。和解への重大なステップである。犯罪者、被害者、コミュニティー、そして国家が一緒に手を取りあって、被害者を助けなければならない。例えば、ドイツはホロコーストの償いとして、イスラエルに相当な財政援助を行っている。二国間は今同盟国だ。アメリカ政府は第二次世界大戦中、強制収容所に入れられた日系アメリカ人に補償資金を提供した。しかし、償いは財政面に限ったことではなく、政策主導であってもよい。アメリカで行われているアファーマティブ・アクション（マイノリティー優遇措置）は、奴隷や人種差別への補償で、アフリカ系アメリカ人に学校や職場で成功するチャンスを与えている。

ルワンダでは、生存者に対し償いは行われていない。ジェノサイドの際、盗まれた所有物が戻ってくるケースがあるくらいだ。その他、わずかの家が刑罰の一環として囚人によって建てられたが、任意的な償いではない。しかしまだ遅くはない。我々は国民として、被害者たちが同国人から苦痛を強いられたという困難を乗り越えるための支援ができる。ルワンダ政府と国際社会は、犯罪者を裁判にかけ食料と医療を提供するために、一〇億ドル以上も支出した。これは悪いことではないが、被害者にも同じように注意を向けるべきだと思う。想像以上に、被害者の数は多い。ジェノサイド生存者、特に孤児、未亡人、障がい者だけでなく、最愛の人たちを亡くし、所有物が破壊され、略奪されたフツも含む。これらの人々も注目され、そして助けを受けるに値する。

償いが必要であるにもかかわらず、補償は、起きてしまった罪を完全に正すことはできない、それを認識することが重要である。どれほど賠償金をもらっても、殺害された母、父や兄弟姉妹の代わりにはなりえない。お金ではなく、行為そのものが重要である。状況によっては、象徴的な償いがよりふさわしい場合もある。例えば、破壊された家の再建を犯罪者が手伝ったり、被害者の子どもの学費を援助したり。そのような意思表示に、被害者も心を込めて感謝し歓迎するだろう。

時には、トラウマで苦しんでいる人々が悲しみを乗り越える心理的強さ、または精神力を持っていないので、和解に向けて進めるよう他の介入が必要だ。「柔軟性と創造力のおかげで、恐ろしい出来事に順応できる人もいれば、トラウマに捕えられ、心に深い傷を負ったまま、トラウマを抱えた存在として生き続ける人もいる」と言われている。[39] トラウマに捕らわれた人たちは、かつての敵と前向きに交流する能力を奪われている。身体的な傷に加え、最愛の人が殺されたイメージで苦しんでいるかもしれない。母親や妻、娘らがレイプされたり、家が放火された映像など。そのため和解に激しく反対する被害者もいて、彼ら自身悪意に満ちた行動に出ることもある。それは、彼らがもともと悪人だからではなく、彼らは深く傷を負い、その傷を癒す手段を持たず前進できないからだ。このような場合には、集中的カウンセリングと他の精神的支援が緊急に必要である。被害者がトラウマに向かいあい、和解を受け入れられるようにするためだ。戦争の惨劇を直接的、または間接的に経験した者は皆、指導者も含めて、カウンセリングを要する。残念ながら、ルワンダではこのようなアプローチが軽視されてきた。

和解の他の必要要素は、特にルワンダでは、共同体の謝罪と赦しである。自分が所属するコミュニティーが原因で、異なったコミュニティーの人々から手ひどく扱われた時、過去の不正や先制攻撃の復讐行動として、新たな迫害を避けるために、他のコミュニティーに対する罪を正当化する。このようなコミュニティー主導の迫害は、被害者の中で個人的不満を生むだけではない。直接被害を受けてない者を含む、犠牲にされたコミュニティーの人々が共有する集団的な不満も生んでしまう。そのため、彼らが個人的攻撃を受けていなくても、ツチを嫌うフツ、そして逆の場合も存在するのだ。イスラムのシーア派を嫌うスンニ派とその逆も存在したり、アラブ人を嫌うユダヤ人とその逆、そしてまだ他にも存在する。彼らは前世代から次世代へと受け継がれる集団的な不満を抱えている。そのような不満は、何十年もしくは何世代も存続するが、ちょっとしたことが引き

---

(39) Van Der Kolk, B., and A. McFarlane. "The Black Hole of Trauma" in Van Der Kolk, B., McFarlane, A., and Weisaeth, eds. *Traumatic Stress: The Effects of Overwhelming Experience on Mind, Body, and Society*. New York: The Guilford Press, 1996, p. 1.

金となりいずれ爆発するかもしれない。そのため、共同体の謝罪と赦しが大変重要である。真実を語り共通の歴史認識に達し、それを平和教育を通して子どもたちに教えることが要求される。私たちは新しいルワンダを築くための共感と熱望を持ち、勇気と決意を胸に過酷な過去を直視すれば、若い世代に和解の国を引き渡すことができる。

和解のこれらの要素――自白、謝罪、修復的正義、共感、補償と赦し――は過去に焦点を当てることだが、それは「歴史から学ばぬ者はまた繰り返す運命にある」[40]ため、重要である。しかし、同時に前向きな視野を持つべきである。よりよい未来を築くため、現状を前提として何ができるかを探る必要がある。間違いなく、そのうちの一つは、民主主義の建設だ。

民主主義は、和解に付随する重大な対策である。ルワンダにおける暴力抗争の主な原因は、民主主義の欠陥にあることは躊躇なく言える。本質的に、これは政治的な問題だ。そのため、解決策も政治的でなければならない。特にルワンダ社会を分裂させた根源を考慮した民主主義の建設だ。民主主義の建設は、平等な権利と機会を助長する機構の設立、個人の自由と権利、国際協定に明記されている人権、権力の分立と効率的な抑制と均衡、そして平等で自由な選挙が要求される。言い換えると、法の支配が確立されなければならない。法の支配は真実から生じ、不可分で平等な権利として私たちが持って生まれたものであり、その権利は神から由来している。指導者はそのため、民主主義機構を通してこの真実を実現させる義務がある。

私が議員に選ばれ議長に就任した際、この考えが自分の職務を駆りたててくれた。議会にいたことは、民主主義を成長させ、和解を促進し、民族間嫌悪の文化を忘れるために、神が自分に与えてくれた機会であると実律を可決できた。

感した。ビジムングとカガメの不和にもかかわらず、議会は、統合と和解の国家委員会と、人権の国家委員会を設立し、またアカウンタビリティーと法の支配を強化するための法案を通過させ、和解に関連した重要な法律を可決できた。

民主化は、日々の公正を変えなければならない。そのため、私は必ず議長としての決断が平等な扱いの約束のもとで導かれるよう心がけていた。これは分裂社会で和解を促進するために不可欠である。フツ国会議員の中には、私が議長になった時自分がジェノサイド生存者であるため、彼らを不公平に扱うと考えた人もいた。実際に、一人が直接そのように言い、私がそのような態度を示さなかった時驚いた。しかし私たちが耐えてきた苦しみが原因で、私たちが持つ優しさや公正への義務が奪われるべきではないと強く思う。完璧ではないが、他者を平等に扱うように最善を尽くした。私が実際行った簡単な方法の一つは、会議や研修で海外出張する国会議員の選び方を変えるよう押し進めたことだ。旅費の返金方法が原因で、海外出張は追加収入を得るのによい手段となっていた。収入が少ない議員にとって、非常に必要とされていた。しかし、海外出張者を選ぶ基準は任意だった。最終的に、権力を有するわずかな国会議員がほとんどの出張にでかけ、実質上全員がＲＰＦで、ツチだった。この不当性を認知したうえで、個人の能力、民族や政党制の多様性、そして海外出張歴に基づいて、出張者を考慮したガイドラインの作成を提案した。つまり、全員が出張できる機会が平等に与えられことになる。当然ながら、議会のＲＰＦ党首、ティト・ルタレマナは、民族性が含まれているという言い訳を並べて、基準に反論した。皮肉にも、民族多様性の欠如こそが、私が一番正したかったことである。民族性の問題

(40)　ゲオルゲ・サンタヤナ。

は悲しいかな、ルワンダでは日常よくあることだ。自分が得する時だけに「民族の切り札を使うこと」、そして自分の動機づけを邪魔する時に民族の切り札を否定することはあってはならない。反論があったにもかかわらず、私の提案は圧倒的に国会議員から承認された。フツもツチも大多数が、この基準を平等で正当であると思ったからだ。これは重要だ。平等なくしては民主主義は存在せず、民主主義なくしては和解はありえない。

そのため、ルワンダが大変心配なのである。カガメ政権が「民主化！ 民主化！」と叫んでいるが、民主化は存在していない。二〇〇三年の選挙で九五パーセントの支持率で収めた勝利が、政治的過程における彼の手厳しい支配を証明している。ルワンダは、ハビャリマナ大統領の一党制度から、カガメ大統領の見せかけ多党制度へと移行した。一九九〇年に戦争が勃発する前、ハビャリマナ政権はアフリカの安定と発展の手本として称賛されていた。しかし、それは単なる幻想であった。ツチの不満は無視され抑圧された。南部のフツも政権に不満を持っていた。他のフツは状況が安定していると純粋に信じていたが、その中でも現実に気づきながら沈黙を保つ人もいた。それは、恐怖や自己満足からか、もしくは不正が広範に蔓延していたからなのか。和解と平和が最初に侵害され、最終的に国民である私たちが報いを受けた。

同様に、今日カガメ政権は国際社会から安定性と経済発展のモデルとして称賛されている。カガメは世界中から賞を受けている。彼は何度もジョージ・W・ブッシュ（George W. Bush）元大統領に会い、ブッシュ氏は二〇〇八年にカガメを「物事を進めることができ、イラクのような他国のモデルとして役立つ行動力がある男」と賞賛した。ビル・クリントン元大統領も彼を定期的に訪問し、賞賛の言葉を送った。トニー・ブレア（Tony Blair）元イギリス首相は、カガメの相談役を務めている。このような善人たちに共通していることは、ルワンダ人を助けたいと思っているが、現実の状況を見ていない。ルワンダで何が起きているかをよく見れば、あるいは自分の感情を正直に表す数少ないフツの言葉に耳を傾ければ、彼らの状況が多かれ少なかれ、一九九〇年の戦争以前のツチと同じであることに気づくだろう。カガメは大統領任期を五年から七年に変更した。二〇〇八年に、彼は最高裁判所の終身刑を廃止した。それに加えて、大統領を在職中にのみ裁判にかけることができるよう憲法を変更した。要するに、自身の権力がいつか失われることを踏まえて、カガメは自身に無条件で先制の恩赦を与えているのだ。また、この受け入れがたい状況に気づくツチもいるが、残念ながら何の行動も起こさない、あるいは恐ろしくて反論できない、あるいはもっと悪いことに、政権の抑圧的な行為を故意に歪曲している。フツを傷つけることはツチも傷つけ、その逆も同様であることを理解せず、お互いにケアをしなければ、私たちは苦しみ続けるだろう。

ルワンダにおけるジェノサイド追悼記念週間でさえも、国の傷を癒すというよりもむしろ傷が深まっている。回復というよりも、むしろトラウマを呼び起こすイベントで、結果的に和解に逆効果である。国民は陰惨な映像を鑑賞し、ジェノサイド生存者から衝撃的な証言を聞く。国営放送は哀愁漂う音楽を流しながら、悲嘆にくれる番組、政治家による怒りをあおる演説を放映する。希望や快活を与えるようなものはほとんど含まれていない。放送はむしろ生存者を過去のどん底に突き落とし、時おりトラウマをますます悪化させる。同時に、フツ（ジェノサイドに全く関与していなかった人も）は恐怖を持ち肩身が狭い。我々は再度追悼を考え直し、追悼が個人的レベルにおける癒し、そしてコミュニティーレベルにおける再連結を強化する目標であることを確認する必要がある。ルワンダ人に何が起きたのか伝えるべきだが、共通の結束と前進する必要性を強調しなければならない。例えば、追悼の場を、思いやりと赦しで表現できる被害者の話を聞き祝福するために利用するべきである。

これらすべてのことが、一九八〇年代のハビャリマナ政権の時のように、和解は幻想でしかないという事実を強化している。カガメ支配の下、実質的な達成があったにもかかわらずだ。カガメ大統領がなぜ、自分や両親を犠牲にした同類の政治制度を助長しているのか理解できない。彼は大勢いる敵、そして権力を失った後の運命がどうなるのかを恐れているのだろう。彼はまた、多数派と少数派の分裂社会における伝統的な民主主義がどのような結果を生むのか、つまり人口統計上の選挙でフツが圧倒的に勝利するのを恐れているのだろう。したがって、私が話したほとんどのツチが同様な見解を示したが、彼らはツチの安全がまた危険にさらされることを恐れているのだろう。

しかし、ツチの安全に対する正当な要望と、フツの効率的な政治参入に関する正当な要望は矛盾している。ツチの中には、安全保障を問題にし、必要なすべての手段で権力を維持したいと考える人がいる。同様に、フツの中には、「大多数支配」以外のことは聞きたくないと思っている人がいる。両者とも、この極端な考えの間にある多数の代替案が見えなくなっている。実現可能な解決案への出発点は、我々が同じ基本的なニーズ、特に安全保障と自己達成を希求する人間であることを認識することだ。お互いに攻撃しあったり、助けあわないことは、道徳に反し効果がないことを理解する必要がある。

そして同様に認識しなければならない重要なことは、他人を排除することは結果的に、私たち全員を傷つけるということだ。植民地支配下のツチ君主国は、一九五九年まで政治界を支配したのだが、混乱に終わり、王自身が亡命し今なお亡命生活を続けている。最初のフツ大統領、グレグワール・カイバンダは民主主義と一体性の促進に失敗した。彼の政権は悲劇に終わり、彼は自宅監禁され死亡した。ハビャリマナ大統領の抑圧的な政権は、大惨事に終わった。彼自身は死亡し、彼の無実の子どもたちは亡命した。この事実がツチを深刻に傷つけたし、フツもそうである。信じがたいが、カガメはこの醜い過去から学んでおらず、現在の不正な行為がいつかカガメ大統領とツチたちに害を与えるのではと心配している。この破壊的なパターンを終わらせなければならない！　我々の国家元首はよりよい結末を迎えるべきである。我が国には、迫害を超えて、すべてのルワンダ人を平等に扱う指導者が必要だ。ありがたいことに、しばしば既定の運命のように見えるものを、ともに乗り越えることができる。私たちが統一すれば、共有した人間性と共通の歴史をお互いに再認識しあえば、乗り越えることができない障害はない。

ある歴史家が書いた。「ルワンダは再び、政治的リーダーシップが二つの明確な選択肢に直面している歴史的岐路にいる。一つは内戦の延長線で、前回の敗者が次の戦いの準備をしている。もう一つは、勝者も敗者も拒絶する政治的和解を通じて終結することで、三つめのもっと実現可能な可能性を探し求めている」[41]。ルワンダの民主主義が発展するには、民主主義の型を深い分裂社会の本質に合わせるため、慎重に組み合わせなくてはならない。ほとんどの分裂社会と違って、ルワンダは不均等な数の二民族グループ間に分裂している（フツが少なくとも八割で、ツチは二割以下、トワァは一割以下[42]）。さらに悪いことに、二つの主要民族は相互間の迫害に長い歴史を有する。このため、ほとんどの西洋の民主国家で知られている多数決原理（「勝者がすべてを手に入れる」）は、ルワンダではふさわしくない。政治学者によると、「驚くべきことだが、政治学には、多数決民主

（41）　Mamdani, Mahmood. *When Victims Become Killers: Colonialism, Nativism, and the Genocide in Rwanda*. New Jersey: Princeton University Press, p. 270.
（42）　ルワンダの国勢調査は信用できないため、正確な割合は不明。これらは推定である。

主義のみを民主主義と見なし、コンセンサスに基づく民主主義を代替的で平等的に合法的な型として認識しない傾向が強く残っている」[43]。ルワンダの文脈においては、民主主義を助長し、政治的な代議制度のウィン・ウィンという型になる、憲法的で合法な取り決めが求められる。でなければ、新たな大惨事が起きる確率が恐ろしいほど高い。前政権もカガメも、このことを認識していない。私たち自身のエゴや民族を超えた視野の広い人間、我々がもともとあるべき姿に戻る時がきている。

　私が議長を務めた時、カガメにすべての人に開放された包括的で和解型の民主主義を提案した。コンセンサスに基づく民主主義である[44]。この解決策は不完全であるが、ツチとフツ両者の政権への正当な切望に接した、平和と和解を達成したい私の深い願望からきている。これなしには、ルワンダは再び暴力抗争で倒れるのではないかと心配である。紛争転換における第一人者が述べるように、「ルワンダの歴史において、一つ、あるいはもう一つのグループが長い年月排除されることが大惨事を生み出す要因になることが証明された」[45]。一つのグループが「勝利」し、そしてもう一方が「敗北」するかぎり、権力者側がもう一方が権力を奪い返すかもしれないという永久的な恐怖に悩まされることになる。ルワンダの勝者の勝利は、いつも犬に対する猫の勝利のようだ。権力を有することで得られる喜びがどんなものであろうと、その勝利を奪われるという、永久に続く恐怖に支配された勝利だ。そのため、巨大な資源、例えば軍、警察、諜報機関は、公益のためではなく、国民から政権を守るために使用されている。

　しかし残念なことに、カガメは提案に全く耳を傾けなかった。それでも私はその考えを諦めなかった。二〇〇二年に私が亡命した後、ルワンダにおけるコンセンサスに基づく民主主義の詳細なモデルを友人らとつくった。人口量に関係なく、全州の上院と下院がそれぞれ平等な代議制度と比例代表制を有するアメリカの事例を参照した。この形態は、ルワンダの民族グループにも導入できる。スイスとベルギーも、私たちが学ぶべきコンセンサスに基づく型を有する。ルワンダの特定の現実にあった解決策を考案するために、同様な事例は不足していない。

ルワンダにおけるコンセンサスに基づく民主主義の必要性を感じながらも、それが永遠に必要だと思っていない。ある時期がくれば、ルワンダ人がお互いの権利と尊厳を尊敬するような高い意識を持つだろう。文明社会では、公職選挙の立候補者の民族や人種、宗教を気に留めない。それよりも性格、信念や能力を重視する。国民の夢や抱負を実現するために、また国を社会経済的な繁栄に導くために、誰が最大の助けをしてくれるのかを重視する。すべての国民を平等に扱う指導者と、選出された指導者に能力と優良さを要求する国民がそろえば、そこでは西洋的な民主主義を進めることができる。

その間に、子どもたちの性格を形成し、彼らが平和と民主主義を愛する世代になるために、平和教育を提供するべきだ。ユネスコ（UNESCO）規約の序文に、「戦争は人の心の中で生まれるものであるから、人の心の中に平和のとりでを築かなければならない」とある。平和教育には、暴力的紛争をどう避けうるのか、紛争にどう対処するのか、トラウマにどう向きあえばいいのか、紛争が勃発した際どう和解できるのかといった教育

---

(43) Lijphart, Arend. *Pattern of Democracy—Government Forms and Performance in Thirty-Six Countries*. New Haven and London: Yale University Press, 1999, p. 6.

(44) 第8章参照。

(45) Lederach, John Paul. *Building Peace: Sustainable Reconciliation in Divided Societies*. Washington, D. C.: United States Institute of Peace Press, 1997, p. 177.

が含まれている。若い人たちはこの教育を最初に受けるべきだ。大人も変化できるが、何年も怒りや罪が根づいてしまうと困難である。子どもたちのほうが受容力がある。

それを考えると、ほとんどの紛争後の復興国で、インフラの再建に莫大な金は投資されるのに、子どもたち向けに、どうやって平和に生きるのかといった教育がほとんどされてないことは奇妙に映る。現在のルワンダでは、子どもたちは算数やその他の科目を学ぶが、平和や和解については特に学ばない。子どもたちは教えられていないのにもかかわらず、紛争の対処をどう理解できようか？ 教育なしに、子どもたちが文法や幾何学を理解することを期待できないはずである。それでも、彼らに非暴力的な紛争の取り扱いを理解するよう期待している。幼い頃から、子どもたちは人を赦すよう、恐れず間違いを認め正すことのできる人間になるよう形成されるべきだ。しかしこれを成功させるには、教師、両親、そしてメディアが、若い人たちがより平和的な世代になるよう協力しあわなくてはならない。可能である。ハーバード大学のマーサ・ミノウ（Martha Minow）教授はこう言った。「若い世代に他人を尊敬するよう、集団嫌悪が引き起こす犠牲を理解するよう、ステレオタイプを避けるよう、論争を解決する手段を身につけるよう、デマや扇動政治家に立ち向かいピース・メーカー（仲裁人）になるよう教育すれば、将来、暴力抗争を予防できることを期待できる」[46]。

しかし各国が独自で行うべきではない。和解を促進するよう国内でさまざまなことができるが、国際社会はいつでも手助けをすべきである。紛争後の状況では、国々は和解プロセスを始めようにも、資金や専門的知識が不足している。さらに、戦争国にいる過激派が脅威であるため、和解の取り組みを脱線させる。戦争から抜け出した国では、暴力抗争が再燃しやすい。国際社会の援助なしには、和解は不可能で、大規模な暴力が再び影に潜んでいるかもしれない。ルワンダでは四度も暴力抗争が勃発した。一九六〇年代、一九七〇年代、一九九〇年代、そしてさらに二〇〇〇年代初期。そして暴力抗争の脅威は未だに残っており、それは特にコンゴ民主共和国で活動中の反政府勢力によるものである。

このため、紛争後の社会では、暴力抗争の早期警告の予兆を監視しなければならない。すべての大規模な暴力で見られるように、ジェノサイドは警告なしには勃発しない。人々が朝起きて突然、「隣人の肌の色が私のと違うので、殺してしまおう」（または自分と違う宗教だから、または違う民族に所属しているから）とは言わない。ジェノサイドへの道は、最初に発砲されたり、または最初にナタが振り落とされるずっと以前から始まるものだ。最初は人々を分類することから始まり、時間をかけて形成されるのだ。一つのグループが「私たち」になり、他のグループが「彼ら」になる。すると「彼ら」のグループが非人間的になる。過去に起きた迫害が復活し歪められ、メディアを通し広められる。暗殺集団の訓練や装備が続く。歴史がそれを物語っている。ドイツとその他のヨーロッパにいたユダヤ人は、殺害されるずっと前に、洋服に黄色の星をつけるよう強いられた。ジェノサイドが始まる数年前から、憎しみに満ちたプロパガンダがルワンダ中に広まった。国連は、ジェノサイドに火を付けたハビャリマナ大統領専用機の墜落の三ヵ月前、ルワンダに武器の隠し場所があることを把握していた。同じ時期に、アメリカ政府諜報機関分析者はもしルワンダで紛争が勃発すれば、「最悪のシナリオは、五〇万人が亡くなる」と予測していた。(47) コフィ・アナン元国連事務総長は二〇〇四年にこう言った。「も

---

(46) Minow, Martha and Antonia Chayes, eds. *Imagine Co-existence: Restoring Humanity After Violent Ethnic Conflict*. San Francisco: Jossey-Bass, 2003.

し国際社会の意志が強く早急に行動を起こしていれば、ほとんどの殺害を阻止できていただろうが、政治的意思がなかった」。これを読んだ時、ジェノサイドが勃発して数週間後に殺害された両親のことを想った。もし国際社会が行動をとっていれば、今日生きていたかもしれない。しかし「そこに政治的意思がなかった」。ではどのようにして、国際社会の指導者に政治的意思を持たせることができるのか？　拒否権を有する国連安保理の大国に、誰がアカウンタビリティーを課すのか？　結局、この指導者たちに対してアカウンタビリティーを課することができるのは、彼らを選んだ一般市民である。この指導者たちが何もしなければ、一般民衆には、激怒しながら主張し、抗議する権利を行使する責任がある。集会を計画し、国会議員や新聞に抗議文を書き、苦しむ人々に無関心な指導者を解任する権力を持っているのは人々である。個人が変化をもたらすにはそれしかない。

しかしより平和な世界を築き上げる真の決め手は、平和教育にある。新種のリーダーを育てることだ。国境を越え、肌の色を超え、経済利益や私欲を超えて見据える知恵を持つリーダー、私たちを皆兄弟姉妹として見て、少数であっても仲間の命が危険にさらされていたら手を差し伸べるようなリーダー。ジェノサイドを予防し止めたいという望みは、若い世代にかかっている。

しかしよりよい教育を受け、平和的な心を持つ世代が育つまで、必要な時に仲裁してくれる強い国際社会が必要だ。介入を成功させるには、十分に装備され、十分に訓練された部隊が要求される。問題地域に国連平和維持軍を派遣する現在のプロセスは、長い時間がかかり多くの課題に直面している。承認され、資金が提供され、装備され、軍が動員される頃には、数え切れない人々が命を落とすことになる。そのため、強くて、常設された国連平和維持軍が緊急時に介入できることが必要だ。このような部隊は、大量殺人を犯そうとする権力欲の強い指導者を抑止できよう。その指導者が、国際法に従順でなければ十分に武装された部隊と早急に直面することになるということを知っていたら、自身の行動を再度度考え直すかもしれない。

しかし軍事力を必要としない国々も存在する。状況によっては、残虐行為を犯した国の指導者や反乱軍に、強硬に反論することで十分である。二〇〇三年に、ジョージ・W・ブッシュ大統領がチャールズ・テイラー（Charles Taylor）元リベリア大統領に、リベリアに平和をもたらすため辞職すべきだと忠告したことがある。その後、ナイジェリア大統領オルセグン・オバサンジョ（Olusegun Obasanjo）がテイラーに亡命の手を差し延べた。この強い圧力の下で、テイラー大統領は辞任しナイジェリアに行き、国際刑事裁判所に送られるまでの間そこに滞在していた[48]。数年後、ブッシュ大統領はオバサンジョ大統領に、国の憲法を変えてまで三度目の任期に立候補するなと説得した。武力行使が常に必要とは限らないことがわかる。大規模な暴力がもたらされやすい、ほとんどの発展途上国は、国際的圧力に非常に敏感である。国際社会が、悪意のある行為を容認しないとわかると、多くの国々は事態の成り行きを変えるだろう。ジェノサイドが勃発した際に、ビル・クリントン大統領が強硬にルワンダの政府や軍指導者と話していたら、それが阻止され、数十万人が生存していただろう。

国際社会が、ルワンダの比較的な安定性や社会経済的回復に目をくらまされることなく、カガメ大統領に影響力を及ぼすことができるなら、ルワンダ人も明日の平和を期待できる。トニー・ブレア首相やビル・クリントン大統領のようにカガメに近い人々は、真実、謝罪、補償や赦しが実現できる、真実と和解委員会に向けて

（47）Power, Samantha, *op. cit.*, p. 338.

（48）本原稿の執筆時、裁判は続行中であった。

取り組むよう、彼に働きかけるべきだ。強い民主主義を築き、平和教育制度を押し進めるように、真の対話に従事するようカガメに働きかけるべきである。概してルワンダ人は過去よりも平和を尊重する。そしてそれこそが私たち全員を救うのである。

私たち全員を救う他の方法は、国家やコミュニティーレベルだけでなく、個人的にも同様に赦しを受け入れることである。これもまた簡単ではない。ジェノサイド後私がルワンダに帰国した際、私の心は空しく、神への信仰も揺らいでいた。自分の家族を殺害した者に対する怒りに駆られていた。自分自身に対してだけでなく、仲間のツチに対しても赦しは不可能に感じられた。同国人が行った許しがたい行為を、どうして赦すことができるのか? 他のツチ同様に、ジェノサイドの加害者一人ひとりが逮捕され、可能なかぎり最も残酷な方法――死刑――を宣告されるべきだという立場を守り続けた。それこそ、裁判の役目を果たすべきだと思っていた。その間私は、赦しなしの和解はまるで水のない海であることを理解せずに、和解の重要性を話していた。USAIDコンサルタントとともに全国の刑務所を回り、ジェノサイド容疑者が置かれたすさまじい状況を目撃し、初めて彼らに同情らしき感情が私に芽生え始めた。敵はフツやツチではなく、長年の暴力循環によって和解が不足し、もっと基本的には、私たちの中に赦しの美徳が不足していたことにあると気づき始めた。和解は政府指導者によって受け入れるべき政治的プロセスだけでなく、個人的な旅であることをわかり始めた。国家レベルで何が起きようと、私たち一人ひとりが平和への道のりを探すことができるとわかった。二者で行われる相互的な和解が不可能であっても、赦すことはできるであろう。

加害者が、犯罪の自白と心からの謝罪を断固として拒否しても、赦しは実行できる。裁判も賠償も認められなくても。抑圧的な政権がずっと支配し、人権侵害がずっと存続しても。よく起きることだが、民主的な改革がなかなか実現されなくても。これらにかかわらず、被害者は癒しと変化への内面的過程を始めることができ、加害者を赦すことができる。

しかし赦しは被害者にとって難しいことだ。二〇〇八年に、作家のマイケル・ヘンダーソン（Michael Henderson）のＳＩＴでの講演を聴いた。彼が述べたように、「さまざまな恐怖から、赦しを差し控える人がいる。それは、人に踏みつけられてもじっと耐えている状態に簡単になってしまうかもしれないという恐怖、また裁判の役目が果たされず、悪人が殺人の罪から事実上逃げてしまうという恐怖、また赦しと謝罪が、特に過去の不正な行為に関して、政治を正すための単なる新たな降参の動きだという恐怖から生じているから」。しかし現実には、赦しにはもっと幅広い意味がある。赦しとは、平等になり、自分を攻撃した者に対する敵意を心に抱く人間の性質を抑えることだ。それは復讐を企てるよりも、壊れた関係を修復するほうを選ぶことである。それは他人の人間性を理解し、同じ状況にあれば自分たちも同じ過ちを犯していたかもしれないと認めることである。

しかし赦しは司法の代わりにはなりえない。教皇ヨハネ・パウロⅡ世（John Paul II）は以前こう書いている。「赦しは、司法が求める賠償の必要性を除去したり減少するわけではなく、個人やグループを社会へ、国々を国民社会へと再統合させようと努めるものだ」(49)。加害者が「責任を免れる」ことではない。それどころか、あなたの人生は、これまで苦しみ続けてきた不当な行為にもはや支配されなくなるため、あなたが責任を免れる

(49)　John Paul II. *Go in Peace: A Gift of Enduring Love*. Chicago: Loyola Press, 2003, pp. 29–30.

ことになる。もはや過去に捕らわれることがなく、怒りや恨みの生息地でもない。ただ赦しが痛みや怒りを根絶するということはない。自分の家族のことを想うと、いつも痛みを感じるだろう。それよりも赦しはその痛みを思い出させ、後に解放してくれる。ジェノサイド後、自分が怒りで消耗した時の暗闇の日々を思い出す。思い出すことと言えば、家族がどれだけ陰惨な方法で死んだか。彼らがどんなに恐ろしい思いをしたか。どんなにぞっとするような不当さであったか。私はただ取りつかれ、「なぜ?」と自分に何度も何度も繰り返し問いただした。まるで檻に閉じ込められた動物のように行ったり来たりして、進むべき道もなかった。そして赦しへの旅路に出発し、それはまるで檻の扉が開いて、歩き出せるかのようだった。赦すことで、私は全く新しい光の中で、世界を見渡すことができるようになった。自分自身を自由に解放する力を持ち合わせていることに気づいた。私たちは皆、自分を解放する力を持っている。

しかしそのためには、簡単に達成できない内面的変化のようなものが求められる。高いレベルの意識が必要だ。以前とは違った見方で、世界を見なければならない。私たち全員が不正行為に関わったことがあるので、そこにはあなたも含まれる。ジェノサイドの恐怖を体験したことがないかもしれず、家族を殺害されたこともないかもしれないが、少なくとも誰かに虐待されたことがあるだろう。不誠実な配偶者、思いやりのない両親、疎遠な子ども、憤慨している同僚。痛みとは思想の領域であり、私たち一人ひとりはその領域のどこかで居場所を見つけ、それぞれ赦す機会がある。日常的に直面する些細な違反——車が急に前を横切ったり、無礼な店員や恩知らずの上司——は、怒りを解放し赦す機会を与えてくれる。自分の経験を通して、次の三点の動機づけにより、赦しを受け入れられるようになった。次世代のための平和を確保すること、自分の身体的かつ感情的な幸福を大事にすること、そして私自身の崇高な誠実さを大事にすることである。

次世代のための平和は、私たちがお互い赦しあうことができた時だけに可能である。ルワンダのジェノサイド直後、復讐するのは簡単であった。無法状態で復讐への暗黙な寛容のようなものが国中に充満していた。しかし復讐は、暴力の循環を長期化させるだけだ。マーティン・ルーサー・キング・ジュニア（Martin Luther King, Jr.）はこう言った。「嫌悪に嫌悪で対抗すれば、嫌悪は倍増し、星が全くない夜にさらなる深闇が加わる」。それを証明するものとして、ルワンダの歴史を見るだけでよい。一九五九年に、君主国下でツチの政治的支配に報復するために、大衆がツチを追い詰めた。ツチの反乱者が権力を奪取しようとルワンダを攻撃する度に、フツ支配政府が無実のツチの民間人に復讐した。そして一九九〇年に、RPFがウガンダからルワンダを攻撃した後に、政府はツチの民間人に復讐した。RPFはこの復讐に対して、無実のフツ民間人への復讐で応対した。報復の悪意が問題にされずエスカレートした。紛争が何十年も続くとは誰も思わなかっただろう。前世代の人たちはこの暴力の循環を止めることができたはずだ。復讐はただ「すでに星がない夜に深い暗闇」を増すだけだと気づいていたら、一〇〇万人以上のルワンダ人が死なずにすんだかもしれない。数十万人の難民が世界中に散らばることもなかっただろう。

さらに、共同体の暴力の報復は、犯罪者の殺害に成功したことがほとんどない。それよりも、無実な犯罪者の民族血族関係者が標的となった。例えば、一九六〇年代にツチ難民がルワンダを攻撃した際、フツ主導政府は無実なツチ民間人に仕返しをしたが、ゲリラにはほとんど手が届かなかった。ツチ主導の軍が一九九六年にコンゴを攻撃した際、被害者は主に無実なフツ民間人で、ジェノサイドの責任がある元軍人やインテラハムウェというフツ系の武装集団ではなかった（情報や逃亡する手段を持ち、兵士に捕まる前に逃げた）。そのため、たいてい報復のサイクルは、無実の人間を傷つける。子ども、女性、そして高齢者だ。この狂乱状態を目撃し、傷ついた者それぞれが赦すようにならなければ、ルワンダは平和な国には絶対なりえないと思う。同じ手段による報復が続くかぎり、ガンジー（Mohandas K. Gandhi）がかつて言ったように、私たちは皆、盲目で歯抜けになる。次世代に平和をもたらすには、赦しこそが被害者ができる最も合理的な応答である。

当然復讐の願望は、人間性に根差すものである。人間が持つ本能で、世界中で果てしない不幸をもたらす否定的な本能である。しかしそれを建設的なものとするには、復讐が私たちの内部に秘めているものだと理解すべきだ。ジェノサイドのすぐ後に復讐心を抱き、そして今も虐待された瞬間に抱く。しかし癒しや内なる変化をある程度まで得ると、復讐心は発生したかと思うとすぐに消えてしまうものだと気づいた。私がすべきことは、復讐がいかに低俗で無益であるかを自分に言い聞かせ、それが再び起きないよう何ができるかに集中することだ。ルワンダにおける暴力抗争がどのように、祖母、その後に母、そして私自身に影響を与えてきたかについて、時おり考えることがある。この暴力抗争は自分の子どもや孫にまで蔓延してはならない。次世代まで届かなくてもよい。わかりやすく言うと、私たちは、そうならないようにする道徳的義務がある。

重ねるが、次世代に平和を確保することは個人から始まる。自分の家族を殺害した者に対する恨みを持ち続けることは簡単であった。しかし、それが子どもたちに何を教えたのだろうか？ 最愛の人を取り戻すことはできないが、生存者のために平和の基盤を築く手伝いはできる。このように、自分が失った者の追悼はできる。ルワンダの諺は、こう忠告している。《愚かな親は、問題を自分の子どもへ引き渡す》。フツとツチの子どもたちが仲良く遊ぶのを見て、生まれつき人間が持っている善良さを感じた。偏見は存在しない。私自身の少年時代にフツの友人と遊び、このうえなく幸福で自分の民族を気にしなかったことを思い出す。私たちの持つ無邪気さが、大人が持つ根強い憤慨や恨みを寛大に扱えば、暴力抗争のサイクルのおぞましい結果に苦しまなかっただろう——殺人、亡命、避難、差別、人間性の喪失、恣意的な投獄、そして政治的公民権の。

次世代への平和に専念するようになると、過去に対して違った見方ができる。敵がいかに悪の存在であったかを発覚させるためではなく、何がよくなかったのか、そしてお互いの関係を改善する方法を見つけ出すために過去を振り返る。赦しを知った今、もう過去を振り返って、「最愛の人たちが殺された」とか「傷つけられた」と不平を言わず、それよりも「起きたことが再燃しないために、この世界で何ができるだろうか」と問うことにしている。

前述したが、ルワンダは傷ついた魂の国である。それでも傷は癒すことができる。ルワンダの悲劇を生き延びた人は絶対に忘れることはないが、彼らの子どもたちや孫たちがいつかジェノサイドや他の重大な人権侵害のことを読み、そしてフツやツチの友人にこのように言う日がくるかもしれない。「こんなことがあったなんて信じられる？　こんなに嫌悪があったなんて信じられる？」。私の望みは以下の通りだ。ルワンダの民族間暴力がいつか不可能なものとなり次世代がそれを信じられない思いで読むことである。

怒りや復讐ではなくなぜ赦すべきなのか、その二つめの理由は自分の身体的かつ感情的幸福のためである。ルワンダに、*"Umugayo uwuna uwugaya yigaramiye"*という諺がある。《非難は非難する人自身を傷つけるが、非難された人は人生を楽しんでいる》という意味だ。すなわち、自分を傷つけた人に対する怒りと憤りは、結局、自分自身を傷つけることになる。幼い頃このルワンダの諺を聞いたことがあったが、ジェノサイド後苦しい腹痛に繰り返し悩まされるまで、それが真理であったことに気づかなかった。殺戮の跡を訪ねたり、心身ともに打ちのめされたジェノサイド生存者に出会った後、その認識はさらに増した。しかし、その身体的苦痛と内なる恨みの間に相互関連が存在するとは思いもしなかった。それよりも、自分の食事に注意するようになり、痛みを和らげるため薬を飲んだ。しかしその後、赦しの道を歩みだすと、腹痛は和らいだ。薬が必要なくなり、食べたいものが食べられるようになった。自分が抱いていた恨みを離すことが文字通り治してくれた。自分の怒りが自分自身を苦しめていたことに気づいた。私の家族を殺害した人は腹痛を経験しなかった。経験したとしても、それは彼らに対する私の怒りからでない。私一人が苦しんでいただけなのである。

私の経験は特に珍しいわけではない。赦しは果てしない健康的恩恵をもたらし、怒り、恨みや復讐の願望が特徴である赦さないことは、私たちの身体や感情的幸福に莫大な危害を加えることが証明された。スタンフォード大学の赦し研究プロジェクトの代表であるフレッデリック・ラスキン（Frederic Luskin）博士によると、医学と心理学の何年もの研究では、怒りと敵意は循環器の健康状態に有害であることが示されている[50]。これらの研究では、怒りをうまく対処できない人は、心臓病になる確率が高くなり、心臓発作になりやすくなることが証明されていると記述されている。実際にアメリカストレス協会によると、アメリカではストレスに関連した病気は、かかりつけの医者での診察の九〇パーセントを占める[51]。否定的な感情がホルモン、例えばアドレナリンやコルチゾールを体中に分泌し、その見返りに大量の病気の成長を誘発するためである[52]。身体と精神の繋がりについて書いたドン・コルバート（Don Colbert）博士はこのように記述している。「誰かを赦さないと決めたら、怒りと嫌悪の感情はあなたの機能に毒を盛り続けるだろう……自分の体だけでなく、精神、魂、そして全体的な幸せも苦しむことになる」。対照的に、怒りと憤りを解き放つと幸福が増す。手短に言えば、肯定的考えの力は健康を向上させてくれるのだ。

赦しは循環器と神経系機能を向上させてくれる。これは難しいことではない。怒っている時に、体中に感じる緊張のこと考えるといい。固くなった顎、緊張した、もしくはブルブル震えた頰の筋肉、しわのよった額、こわばった首、速い鼓動、このすべてが血の循環を悪化させ、その結果、循環器や神経系機能を妨げる。このような緊張感を抱え続けると、慢性疲労、頭痛、腰痛、高血圧、呼吸器疾患、痔持ち、性的機能障害、不眠症等となって現れる。このような症状の裏に隠れた原因を放棄していると、命取りになりかねない。

ジェノサイドから数年後、私は腹痛に加え、不眠に襲われた。幼い頃からすぐに深い眠りに落ち、途中で目を覚ますことはなかった。一九九〇年に拘置所で過ごした日々や二〇〇〇年にルワンダから逃亡する前夜など、深刻な問題を抱えていた時以外は、眠りに悩まされたことはほとんどなかった。しかしジェノサイド後は睡眠が困難になった。夜中何時間もベッドの中で寝がえりを打って、うつぶせになった。最愛の人たちが殺害される姿を何度も思い浮かべたり、フツの隣人が母、父、姉妹、義母、そして大勢の人たちを殺したのは一体なぜなのかと考えたり。ルワンダで知っている人を皆思い浮かべ、矢継ぎ早に殺された人の名前を数え上げた。頭の中では少年時代まで舞い戻り、元クラスメイトのことを思い出し、そこでもまた亡くなった人の名前を読み上げていく。やっとのことで途切れがちな眠りにつく頃には、自分や他の人たちが失ったものに対する怒りで一杯になる。翌日は疲れ果て、取り乱し、不安な気持ちで目が覚める。私の体調はすぐれなかった。あの苦し

(50) Luskin, Frederic. *Forgive for Good*. New York: Harper Collins, 2002, p. 78.
(51) American Institute of Stress, in Dr. Don Colbert. *Stress Management 101*. Tennessee: Thomas Nelson, 2006, p. v.
(52) *Ibid*., p. vii.

かった夜を思い返すと、あのまま不眠症が続いていれば、今生きていたかどうかわからない。私の循環器と神経系機能もいつかはやられていたことは確かだ。

ジェノサイドの直後に、妻や二人の年長の子どもたちのどんなミスに対しても——あるいは自分が勝手にミスだと思い込んでいた——すぐに怒っていた。その後、この恨みは直接彼らに対してではなく、最愛の人たちを殺害した人に対してであることに気がついた。一度それがわかると、否定的な考えを頭に入力するのを止め、肯定的なものに置き換えなくてはと思うようになった。死や不当な行為をくよくよ考えるのではなく、人生で楽しかったことを思い出すようにした。高校を卒業した時、一人目の息子が生まれた時、一年近く離れ離れだった妻とブルンジで再会した時。どの人生も、どんな困難な時でも、ストレスの時期から戻って安堵の場所を探し出すことができる幸せの瞬間はある。私はまた、カメゲリのような多数の人が発揮した驚くべき勇気や優しさのことを想い返す。

カメゲリは私と同じ地元出身のフツで、貧しくてジェノサイドを阻止する権力を持っていなかった。そして事実、ジェノサイドに参加することで自分を守ることができたはずだ。しかしそうはせず、危険を冒してまでもツチを自分のカヌーに乗せて、キブ湖を横断してコンゴまでたどり着き、多くの人命を救った。また一九七三年の暴力抗争の際に、フツの隣人が自分や家族をかくまってくれたこと、また自分を刑務所から解放してくれたフツ軍人のことを思い出す。この人たちのことを想うと、到底通り抜けられないと思われるような悪の影にも、時にはよいことも突然現れ、苦しんでいる人たちに明かりを照らしてくれることに気づかせてくれる。これを思い出すことで、私の身体的苦痛は和らぐのである。

当然、私一人だけが怒りからくる身体的問題に苦しんだルワンダ人ではない。未だに苦しんでいる人は多くいる。大勢のルワンダ人がまだ怒り続けている。彼らを傷つけた国民の仲間、じっと立って声を上げなかったルワンダ人、手助けをしなかった国際社会に対して。当然のように彼らは怒っている、彼らにはその権利があるのだ！ツチもフツも、ジェノサイド、戦争、亡命、そして他の人権侵害に怒り、大きく落胆している。人々は最愛の人を、所有物を、生計手段を失ってしまった。彼らのことも理解できるが、ずっと怒りを持ち続けることで二度苦しむことになる。他人から与えられた痛みと、自分が自身に負わせた痛みからである。

ジェノサイドから一二年経ったある日、ツチの友人と交わした会話を思い出す。彼が最愛の人を殺した者に対して、怒りを抱いているか尋ねたところ、「当たり前だろ！」と言う答えが返ってきた。

「わかるよ」と私は言った。しかしそれから、私はもう一つ質問した。「いつか彼らを赦せる日がくると思うか？」

「いいや」彼はさらっと言った。「あのような悪の行為を行った人たちを、どうして赦すことができるんだ？」

「しかしそうしたら、一二年前に君の家族を痛めつけた人々は、今もなお君自身を苦しめていることになる」私は言った。怒りを保ち続けることで、それだけで彼自身を食いつくすことになると説明した。彼の家族を殺害した人々は今も生きていて、彼らの人生を送っている。彼らには悪魔がとりついているだろうが、友人の怒りは彼らに影響を与えていない。しかし私の怒りと同じで、友人には影響を与えていた。

結局、赦しは私たちの脳に前向きに考えるよう再度働きかけてくれる。怒りを愛情に、絶望を希望に、復讐の願望を共感に置き換えてくれる。のろいと苦痛な過去ではなく、未来への幸福と夢に集中するよう脳を訓練すれば、幸せな人間になりえる。犯則者ではなく、常に友人や家族のことを念頭に置いていれば、さらに寛大な人間になりえる。過去を追い払うことはできないが、過去へは短い旅を選び、そこから学びとり、そしてすぐに現在へ舞い戻ることができる。そうでなければ、私たちは過去の人質となってしまい、身体的にも感情的にも苦しむことになる。

赦しを受け入れる三つめの理由は、自身の崇高な誠実さのためである。世界中のどの宗教も、復讐より赦しだと説く。キリスト教では信仰者にこう伝えている。《あらゆる悪意につながるすべての恨み、憤怒、怒り、喧嘩、そして中傷を捨てなさい。キリストの神様があなたを赦したように、皆に優しく、思いやりを持ち、お互い赦しあいなさい》（聖書エピソへの手紙4：31-32）。イスラム教ではこう伝えている。《敵を赦し和解する者は、神からほうびを受け取るだろう》。そして《アラーと伝達者からのお言葉に答える者は、たとえ傷ついた後であっても、正しいことをして悪を慎むものは、すばらしいほうびがもらえる》（コーラン第3章172節）。ユダヤ教ではこう記されている。《違反者から赦しを求められたら、心からそして快く赦すべきである……赦しはイスラエルの根源にとって自然である》（ミシュネー・トーラー2：10）。そして仏教ではこう伝えている。《怒りを持ち続けることは、誰かに投げようと熱い石炭をつかむようなものだ。やけどを負うのはあなた自身である》。そしてダライ・ラマ（Dalai Rama）は、復讐ではなく赦しを強く求めている。過去を抱き続けることで怒りや憤りが植えつけられ、その後心をさらにかき乱し、不幸な状況が永続することにつながる。(53) ヒンズー教は公言する。《豪華さ、赦し、堅忍、清潔、悪意と高慢の欠如。これらは、神の美徳に授かった者の性質である》（バガヴァット・ギーター）。

違反者に対して復讐に取りつかれ、報復に寛容になったり、あるいは嫌悪を説教する者は真の信者ではない。

アラーの名で殺して死ぬと主張する自爆テロ犯は、イスラム教を代表していない。神の名で殺人を犯す者は信仰を反し、信仰の教えを裏切っている。違いはあるにせよ、すべての信仰が黄金律で信仰心を共有していることに、驚きを隠せない。それは、己の欲せざるところを人に施すなかれ。例えばユダヤ教では、《あなたにとって不愉快なことは、他人にしないように。これは法律である。それ以外は重要ではない》[54]。そしてイスラム教ではこう説く。《兄弟自身が望んでいることを兄弟のため願うまで、誰も（本当に）信じない》[55]。黄金律は本質的に善良さの生まれ変わりであり、私たちが行動を起こす前に自分自身に問いただすよう強いるものである。《今から私がすることは――果たして正しいことかどうか――、私自身も同じことをされたいと思うか》。

すべての信仰はまた、怒り、嫌悪や暴力を取り除き、変革するような人間の能力を信じている。人が自身を苦しみから解放させるため、怒りと嫌悪を放棄することを選んだ時、仏教ではこれを悟りと呼ぶ。エクハート・トール（Eckhart Tolle）はこう言った。「意識的に選ばれた悟りとは、過去や未来への執着を捨て、自分の人生を現在に集中することである」[56]。言い換えれば、自分自身を過去から解放することさえできれば、自分自身を赦し、そして変革できる。したがって、悟りは、人を意識の中で成長させ、愛情、赦しと思いやりとして

（53）Dunchunstand, Eileen Borris. *Finding Forgiveness: A 7 Step Program for Letting Go of Anger and Bitterness*. New York: McGraw Hill, 2006, p. XII.
（54）Talmud, Shabbat 31a.
（55）Number 13 of Imam. "A-Nawawi's Forty Hadiths."
（56）Tolle, Eckhart. *The Power of Now: A Guide to Spiritual Enlightenment*. Novato, CA: New World Library, 1999, pp. 137–138.

特徴づけられる善良さまで達する。キリスト教でも同様な変化が可能だ。この信仰の中核的信念の一つは、個人が罪の状態から恩寵のものへと劇的な変化を遂げることができることだ。キリスト教では、私たちが嫌悪、復讐、言語や身体的暴力、恨みの習慣が増大するのを放棄し、愛情、赦しと思いやりを具現化する善良を抱くことができると説いている。この変革で、私たちは新しい創造者となりえるのだ。

私の精神的信念は、赦しへの旅立ちに欠くことのできないものである。信仰なしには、私が持っている他の動機（次世代のための平和、そして身体的かつ感情的な幸福）は、これほど強くなったとは思えない。私の場合、赦しが生き方として、信仰によって維持されてきた。強い信仰は事実上、すぐに浮上する赦しの力強い基盤を表している。これによって、世界を新しい方法で見ることができ、経験してきた苦しみを新しい方法で見ることができ、犯則者に対し新しい目で見ることができる。

私はキリスト教徒の家庭で育ち、セブンスデー・アドベンチスト教会に通った。ほぼ毎週土曜日、私たちは教会へ行き、教わったように崇拝した。しかし子どもの頃は、崇拝よりも楽しいからという理由で、教会に通った。それでも、私は聖書のいくつかの節を吸収し、それが少なくとも大人の振る舞いのある部分を間違いなく形成したに違いない。新約聖書の一節からも吸収した。《悪のために、誰にも悪を報いてはならぬ》（ローマ書12：17）。これは明らかに、復讐をしてはならないという命令である。神は言う。《復讐は私の仕事である。私が報いることにしよう》。言い換えれば、違反者は報われるが、私たち被害者は自分たちで勝手に裁いてはならない。それをすれば、神の子に無秩序と暴力のサイクルを引き起こすだけである。

自分の信仰の中で、常に目にしないが、神は確かに違反者に報いていると信じている。投獄されている、または隠れているジェノサイド指導者全員のことを考える。彼らの人生は何とも不幸だ。インテラハムウェのほとんどのメンバーは殺害された。釈放された殺人者でさえ、自分の犯罪を全く認識していない、あるいは後悔していない殺人者は、何らかのかたちで苦しんでいる。今の人生でなくても、次はそうなるだろう。とにかく、復讐するのは私ではない。それは、自分の信仰がそう責めているからではなく、それは結局のところ無意味だからだ。復讐を企てようとすると、犯則者が歩んだ同じ道をたどるだけである。私が議会の議長になった時、友人が私に、自分の地位を利用して、私の最愛の人たちを殺害した者を復讐すべきだと言った。「もし復讐が正しいことなら、もし何とか私の悪夢を追い払ってくれるなら、もしフツとツチ間の特有の紛争を解決してくれるなら、そうする」そう彼に言った。「でもそうじゃない」

悪魔の顔に優しさを選ぶことは、まれに弱さと間違えられるが、本当のところ、重大な力を表している。誰かを非難するのは簡単だ。自分自身を抑制し、思いやりをもって行動するのはかなりの堅忍がいる。聖書にはこう記されている。《もしあなたの敵がお腹を空かしていれば、食事を与えよ。もし喉が渇いていれば、何か飲み物を与えよ》（ローマ書12：20）。両親の住んでいた村の知事と刑務所で遭遇した時のことを思い出すと、この一節をよく考える。恨みよりも、むしろ彼に金を渡し親切にすることで、私は信念に基づいて行動した。マーティン・ルーサー・キング・ジュニアはこう言った。「暗闇を暗闇で消し去ることはできない。光だけができる。憎しみが憎しみを消し去ることはできない。愛情だけがそれをできる」。嫌悪と攻撃に愛情で返せば、光を取り入れることができる。

平和デモに参加している時に、警察官に殴られるところを想像してほしい。その警官に逮捕され、刑務所まで連行される。彼が監禁室まで歩き、くしゃみをする。あなたは何と言うだろうか？　彼の不正な態度に怒りを抱いているだろうが、友人に対応する時と同じように言うべきである。「お大事に」、あるいは、他の優しい言葉をかけるべきだ。彼がどのように返答しようと、あなたを無視したり、「黙れ」と無礼に言っても、あなたは礼儀正しさを示し、それが世界に溢れた善の量を増やすことになる。

これが犯則者の態度を無意識に変えることもできる。少なくとも、犯則者に対して優しさを見せることで、相手を惑わせ、おそらく相手の憎しみが削減するだろう。犯則者は復讐を恐れて暮らしている。そう予期している。だから被害者が嫌悪ではなく愛情を示すと、犯則者は自分自身と自分の人生を再評価するきっかけとなる。犯則者の心に光を照らし、予期しなかった謝罪につながり、その結果、癒しと和解につながる。実際に加害者は時に恥じており、復讐を恐れ、和解に向けて第一歩を踏み出せないでいる。そのため、その旅立ちのきっかけ作りに被害者が関われるのだ。マーティン・ルーサー・キング・ジュニアの言葉を借りると、これが本質的に、犯則者の破壊された人間性を回復する、被害者の逆説の力である。

一度、学生から質問を受けたことがある。「両親を殺害した人たちを赦すことができますか？」。赦しがたいのは加害者ではなく、ジェノサイドであると返答した。当然、両親を殺害した人から自白と心のこもった謝罪を受けたいと思う。そうすれば、自分の信仰が赦す気持ちにさせているように、私は心の底から彼らを赦すことができる。未だに謝罪を受けていないが、両親の殺人者に対して嫌悪も恨みも持っていない。私が議会の議長であった時、キブイェの両親の村を訪ねたことがある。家族の何人かを殺害したと思われる男たちの母親を見た。彼女は私を見ると、彼女の目に恥じらいがあることをわかった。私は何も言わず立ち去ることもできたし、また彼女や息子に対して嫌悪や怒りの言葉をぶちまけることもできた。しかし彼女は、一九七三年に暴力抗争が起き、私の父が身を潜めた際に、手を差し出した人でもあったのだ。そして彼女自身もジェノサイドで傷ついていたのがわかった。彼女の夫は刑務所におり、子どものほとんどは国外逃亡した。彼女は事実上一人ぼっちだった。彼女も苦しんでいた。彼女を見た時、自分の家族を殺した人の母ではなく、父を守ってくれた人として見た。だから私は彼女を抱きしめたのである。

私たちは皆、赦しを受け入れるべきだ。そしてそうすることにより、それがどういう意味を持つのか理解しなければならない。赦しとは、親子、夫婦、または二つのコミュニティー間の健全たる関係を築きあげるために、犠牲になることではなく、それ以上のものだ。赦しとは、赦しがないことでもたらされる身体的および精神的な傷を予防する実用的な手段だけではなく、それを超えるものである。赦しとは、人間の精神的信念を具現化する手段だけではなく、それを超えるものである。赦しは、私たちの心を開き、よりよい人間にしてくれる。

私たち一人ひとりはそれぞれの人生の中で、赦しの場にたどり着くことができる。前述したように、私たち全員が傷ついているので赦す機会が与えられている。困難であればあるほどそれは可能になり、一度赦しを受け入れると、それは第二の天性になる。一度、心の中で否定性や怒りが占領されても、それらが容認や平和に置き換えられる。何年もの間、自身の中でどのようにして赦しが育つか学んできた。赦しを花に喩えると、水をやれば成長する。例えば、私が前向き思考、思いやりがあるスピーチ、礼儀正しさ、共感、そして熟考を実行することにより、育つことができる。そのように行えば、赦しはもはや犠牲や挑戦ではなくなり、人生の一部となる。長い道のりの旅。私はまだその旅の途中で、これからもずっと続く。

子どもたちはすでにそのように暮らしている。子どもたちがお互い喧嘩をした時は、その怒りはかなり激しくなりがちだが、すぐに感情を抑え再び友人関係に戻る。そこには恨みも、長引く憎しみも存在しない。子どもたちはその瞬間を生きている。一〇ヵ月前、もしくは一〇分前に起きたことに、彼らの人生は左右されない。そのため、遊び仲間から何か悪事をされても、すぐに消すことができる。残念ながら、成長するにつれて、私たちの人生は今ではなく、あの時に焦点を当てるようになる。私たちは人生の中で否定的な出来事にこだわり、赦す能力を失ってしまう。私たちの体は成長しているかもしれないが、子どもらしい純粋なよさを失ってしまう。私たちは成人しきれていない大人になる。しかし、子どもらしい純粋な場所を心の中に再び見つけることができる。そこに舞い戻り、非難や復讐のサイクルを追い払うことができる。私たちは自分たちを変革できる、そしてそうすることで、世界を変革できるのである。

ロバート・ケネディ（Robert F. Kennedy）はかつてこう言った。「歴史を歪曲できるほど偉大な人はそうはいないが、出来事のほんの一部なら私たち一人ひとりの力でも変えることができ、そのすべてをあわせたものが私たちの世代の歴史として記されるだろう。勇気と信念に基づく無数の行為によって人類の歴史はつくられる」。私たち個人の行い——人間として、お互いに見せる些細な優しさ——が、実際に世界を変えることを思い出させてくれる。私たちにはその力と責任がある。今から始めよう。

謝辞

両親、兄弟姉妹、そして拡大家族の思い出に多くの恩を受けている。両親のしつけと愛情がなければ、私の変革の旅を始めることはなかっただろう。

一九七三年に家族を守ってくれた人たち、一九九〇年に刑務所から自分の釈放を果たしてくれた人たち、二〇〇〇年に亡命する前の失意の日々に、祈りや他のかたちで支援をしてくれた人たちのことを想っている。二〇〇〇年にルワンダからの逃亡のために、最善を尽くしてくれた人たちに恩義がある――特に弟のエマニュエル・ニヨムガボ、義理の兄のエマニュエル・ナホ、エマニュエル・ウウムキザ、ベンジャミン・ルタバナとジャンヴィエル・ルゲマ。

私と家族を歓迎し、避難所を提供してくれたウガンダ政府、そして特にヨウェリ・ムセヴェニ大統領に感謝の言葉を述べたい。アムネスティ・インターナショナルとヒューマン・ライツ・ウォッチは私の保護に貢献し、アメリカ政府はウガンダからの出発が安全であるように準備してくれた。

アラン・A・ホグソンは多方面で助けてくれ、家族にとって恵みであった。オーガスティン・カモンジと家族は私を家に迎えてくれ、よい友人でいてくれた。ミミ・タウンセンドは精神的な支援と激励をくれた。ジェフ・アンシッカー、アブデゥル・ディアロとロバート・J・シュウェシュのおかげで、ヴァーモント州・ブラトルボロのSIT修士課程で研究ができた。ポーラ・グリーンは紛争転換の分野を紹介し、真の友人で現在は同僚である。すべての皆様に、深く感謝の言葉を申し上げたい。

あらゆる段階で本著の執筆を手伝ってくれたラウラ・アン・ムラネにお礼を申し上げたい。彼女の関わり、スキルと優しさが大変貴重だった。激励と断固とした支援をくれた代理人のフェイス・ハムリンにお礼を申し上げたい。本著の印刷を担当したアトリア・ブックス編集長のマライカ・アデロの熱心さと献身さに感謝したい。本著準備の初期段階で協力してくれたジニ・スターンにもお礼を申し上げたい。友人のコンスタンス・クラークは原稿を読み、多くの面で有益な洞察を提供してくれた。

最後に、妻・リベラタと子どもたち、レスペ、パシフィック、エスター、ニコールとサンドリンに、愛と感謝を伝えたい。彼らの愛と信頼が本著の執筆の際に癒しになった。私の変革の旅において、常に仲間である。

これまでの人生で、大勢の人から愛情、支援と優しさを受け取ってきた。心からお礼を申し上げたい。

参考文献

Albright, Madeleine. *Madam Secretary: A Memoir.* New York: Hyperion, 2003.

Amanpour, Christiane. "Looking back at Rwanda genocide." CNN, April 6, 2004.

American Institute of Stress, in Dr. Don Colbert. *Stress Management 101.* Tennessee: Thomas Nelson, 2006.

Central Intelligence Agency. The World Fact Book. http://www.gov/library/publications/the-world-factbook/geos/cg.html.

Clinton, Bill. *My Life.* New York: Random House, 2004.

Covington, Dennis. *Salvation on Sand Mountain.* New York: Penguin, 1995.

Dallaire, Roméo. *Shake Hands with Devil.* New York: Carroll & Graf, 2004.

Dunchunstand, Eileen Borris. *Finding Forgiveness: A 7 Step Program for Letting Go of Anger and Bitterness.* New York: McGraw Hill, 2006.

Gourevitch, Philip. *We Wish to Inform You That Tomorrow We Will Be Killed with Our Families.* New York: Picador, 1998.

International Panel of Eminent Personalities. *Rwanda: The Preventable Genocide.* OAU, 2000.

John Paul II. *Go in Peace: A Gift of Enduring Love.* Chicago: Loyola Press, 2003.

Kinzer, Stephen. *A Thousand Hills: Rwanda's Rebirth and the Man Who Dreamed It.* Hoboken, NJ: John Wiley & Sons, Inc., 2008.

La Libre Belgique. November 6 and 7, 1999. By Marie France Cross. Translated by Christopher V. Scala.

Lederach, John Paul. *Building Peace: Sustainable Reconciliation in Divided Societies.* Washington, D. C.: United States Institute of Peace Press, 1997.

Lijphart, Arend. *Pattern of Democracy—Government Forms and Performance in Thirty-Six Countries.* New Haven and

London: Yale University Press, 1999.

Luskin, Frederic. *Forgive for Good.* New York: Harper Collins, 2002.

Mamdani, Mahmood. *When Victims Become Killers: Colonialism, Nativism, and the Genocide in Rwanda.* New Jersey: Princeton University Press, 2001.

Minow, Martha and Antonia Chayes, eds. *Imagine Co-existence: Restoring Humanity After Violent Ethnic Conflict.* San Francisco: Jossey-Bass, 2003.

Office of the Press Secretary, the White House. "Speech by President Clinton to Survivors Rwanda." March 25, 1998.

Power, Samantha. *"A Problem from Hell": America and the Age of Genocide.* New York: Harper Perennial, 2003.

Tolle, Eckhart. *The Power of Now: A Guide to Spiritual Enlightenment.* Novato, CA: New World Library, 1999.

Van Der Kolk, B., and A. McFarlane. "The Black Hole of Trauma" in Van Der Kolk, B., McFarlane, A., and Weisaeth, eds. *Traumatic Stress: The Effects of Overwhelming Experience on Mind, Body, and Society.* New York: The Guilford Press, 1996.

訳者あとがき

私がルワンダと関わり始めたのは一九九四年一〇月、ジェノサイドが起きて半年後のことである。国連世界食糧計画（WFP）の食糧モニターとして、タンザニアのルワンダ難民キャンプで半年間過ごし、その後一九九五年から一九八八年まで、国連難民高等弁務官事務所（UNHCR）の職員として、ルワンダに帰還した元難民の再定住に関わった。それから数年間ルワンダから遠ざかっていたが、大学院でルワンダやコンゴ民主共和国における平和創造（peacemaking）について研究し、その後本書の原著 *God Sleeps in Rwanda: A Journey of Transformation* に出会った。私がルワンダに勤務中、著者のジョセフ・セバレンジ氏が議会議長に選出され、さまざまな政策を打ち出したにもかかわらず、その実績を全然知らなかった。「あの時、このようなことが起きていたなんて！」とショックを受けながら原著を一気に読み、その直後に「ぜひ全訳し、多くの日本人に読んでもらいたい」と興奮したことを今でも覚えている。

セバレンジ氏は生まれた時から何度も、殺されてもおかしくないほどの窮境に陥る。反ツチの暴力が続く環境で生まれた時から、母とともに茂みの中に隠れ、一〇歳の時にツチの排斥運動で実家が放火された。隣国のコンゴの小学校に編入し、そのまま大学まで現地で過ごし、ルワンダ難民だったリベラタと結婚。彼女の反対を押し切ってルワンダに帰国したものの、内戦が勃発し、セバレンジ氏は逮捕された。釈放後にブルンジに逃亡し、その後カナダに亡命したが、その間、ルワンダのジェノサイドが起き、セバレンジ氏の両親や兄弟のほとんどが殺害された。母国の再建のために再び帰国し、議会議長として活躍したものの、カガメ副大統領（当時）に睨まれてしまい、自分の暗殺計画があることを耳にする。自分と家族の亡命は計画通りに実行できず、逃亡中に捕まえられそうになるが、最終的に脱出できた。しかし、亡命に協力した家族や親戚はその後、投獄された――。

まさに、奇跡、幸運、あるいは神が彼を守り続けたとしかいえない。セバレンジ氏は幸い、決して他者を差別しないよう両親から教えられた。また、父親はルワンダ政治の動向に先見性があったために、コンゴで教育を受けるようにセバレンジ氏に半分強制した。彼はその後の人生でも両親の教えをきちんと守り、決して金や地位で操つられることはなく、議会でもフツとツチを公平に扱い、監視法案の制定のために精力的に闘った。セバレンジ氏は、家族を失った犠牲者、生存者という当事者であるだけでなく、誠実で正義感があって潔白な性格の持ち主であるからこそ、赦しと和解に関する訴えにも説得力がある。

訳本を出版したいと思った動機は三点ある。

一点目は、原著は、著者自身の経験を基に、ルワンダ政府の内部で実際に起きたことを詳細に描写した最初の書籍[1]であり、ルワンダの政治を理解するのに大変貴重であると判断したからである。ルワンダに関する書籍は数多くあるものの、そのほとんどの著者は外国人であり、著者がルワンダ人であってもジェノサイドの生存者がほとんどで、かつ期間がジェノサイドに限定されたものが圧倒的に多い。「一九九四年七月にジェノサイドが終了した」と聞くと、まるで悲劇がその時点で終わったような印象を受けるが、当然その後もさまざまなドラマが続いている。私たち外国人、とりわけ大国の人間は、特に途上国と呼ばれる国々や紛争経験国の問題を時おりわかったふりをしながら、外部からあれこれ批判したり助言しがちだが、当然のことながら現地の人しかわからないことは数多くある。

二点目は、世界にはセバレンジ氏のように、紛争、迫害や人権侵害を理由に移動を強いられている人々が多く、その問題は国際的に認識されているが、難民が抱いている恐怖や不安について一般的に理解されておらず、本書を通してその理解を深めたいと思ったからだ。難民の定義（巻末の「用語解説」を参照）とは、人種、宗教、国籍もしくは特定の社会的集団の構成員であること、または政治的意見を理由に迫害を受けるおそれがあるという十分に理由のある恐怖を有する人々である。世界にいる難民の中で、ルワンダは唯一、注目度の高い政治的な難民を生み、かつ亡命先でも難民数名が暗殺（未遂）され、失踪し、また強制的にルワンダに送還されている。難民が置かれているその環境を知らないまま、難民に対して他人事のように「希望をもって生きて！」と軽々しく言うことはできないだろう。

三点目は、ＵＮＨＣＲ職員、人道支援者、開発援助者、外交官や将来国際協力に関わりたいと考えている若者に、本書を通じて以下の問いを考えてもらいたいと思ったからだ。それは、紛争後の国々の復興のために「国際社会」の大量支援は本当に必要なのか。なぜ、セバレンジ氏や他の有能な難民を母国に帰還させて、彼らの能

（1）二〇一三年に、在米元ルワンダ大使でＲＰＦの元事務局長のテオジェン・ルダシングワ（Theogene Ruda-singwa）も、ルワンダ政府の内部の叙述を含む自伝（*Healing A Nation, A Testimony: Waging And Winning A Peaceful Revolution to Unite And Heal A Broken Rwanda.* South Carolina: Create Space Independent Publishing Platform）を出版した。

力を国の発展に十分に活用できないのか。難民が長年国外にいることは、人材の無駄にはならないのか、等々。日本人の若者で、自分のキャリアの選択肢として国際協力の道を選ぶ人が増え、外国の問題に関心があることは喜ばしいことだが、外国人である日本人が短期間現地に派遣されるより、現地の人が母国で貢献できるような環境づくりに励んでもらいたいと思う。本書がこれらを考えるきっかけとなれれば幸いである。

これらの問いは、私自身の反省を基にしている。現場で人道支援に携わることを夢みていた私は、念願のUNHCRで活動する機会に恵まれたが、難民の背景、ルワンダや地域の政治や歴史、国際機関や国家の役割などを十分に学んだり分析をする努力をしなかった。それによって、無意識にルワンダ人を傷つけたかもしれないし、また傲慢な態度をとっていたかもしれない。将来、同じ分野に携わりたい若者に、自分と同じミスを犯さないように繰り返し伝えている。

訳本の計画を考えてから四年が経ってそれが実現できたのは、立教大学出版会が私の応募を採択してくださったおかげである。同出版会と（株）有斐閣アカデミアにはお礼を申し上げたい。特に有斐閣アカデミアの伊藤真介氏は、訳文のわかりにくい個所などを事細かく指摘し、また丁寧に指導をしてくださった。原著にはなかったルワンダの歴史、地図や用語解説を加えたのも伊藤氏の助言のおかげで、大変感謝している。その他、アフリカなどで長年UNHCRの活動を続け、難民に寄り添ってきた千田悦子氏と、私の妹の新海光子も校正に関わり、貴重な助言をいただいた。この場を借りてお礼を述べたい。

そして最後に、大変内容の濃い、かつ人間性あふれる原著を出版されたセバレンジ氏とムラネ氏に最大限の感謝を申し上げたい。真の赦しと和解がルワンダで実現し、セバレンジ氏をはじめルワンダ難民が美しい母国に帰還できることを心の底から願って。

二〇一五年一月

米川正子

〈追　記〉（二月）

本書の校正中に、大変ショッキングなニュースが飛び込んできた。「ダーイッシュ」（ＩＳＩＳまたはＩＳＬＩ）がフリージャーナリストの後藤健二さんを殺害したとする映像をインターネット上で公開したのである。それを受けて、後藤さんの母・石堂順子さんは、次のようなメッセージを読み上げた（一部省略）。

健二は旅立ってしまいました。あまりにも無念な死を前に、言葉が見つかりません。

今はただ、悲しみ悲しみで涙するのみです。

しかし、その悲しみが「憎悪の連鎖」となってはならないと信じます。

悲しみ、悔しさや怒りが「憎悪の連鎖」となってはならないとは、まさしくセバレンジ氏のメッセージでもある。今、それを十分に噛みしめなくてはならない。

〈訳 者 紹 介〉

米川 正子（よねかわ　まさこ）

立教大学特任准教授
南アフリカ・ケープタウン大学大学院で修士号取得（国際関係）。国連ボランティアで活動後，UNHCR（国連難民高等弁務官事務所）で，ルワンダ，ケニア，コンゴ民主共和国，スーダン，コンゴ共和国のフィールド担当官，ジュネーブ本部で高等弁務官補佐官，チャド，インドネシアと南スーダンの緊急対応チームリーダー，コンゴ民主共和国のゴマ事務所長を歴任。宇都宮大学特任准教授を経て，2012 年 11 月から現職。専門分野は紛争と平和，人道支援
著書に『世界最悪の紛争「コンゴ」――平和以外に何でもある国』（創成社，2010 年），*A Critical Analysis of South African Peace-making —How can another deadly conflict in the African Great Lakes region be prevented in the future?* (Lambert Academic Publishing, 2011) など

ルワンダ・ジェノサイド 生存者の証言
――憎しみから赦しと和解へ

Genocide in Rwanda and Testimony of a Survivor:
From Hatred to Forgiveness and Reconciliation

2015 年 3 月 30 日　初版第 1 刷発行

著　者　ジョセフ・セバレンジ
　　　　ラウラ・アン・ムラネ

訳　者　米　川　正　子

発行所　立教大学出版会
171-8501 東京都豊島区西池袋 3 丁目 34-1
電話 (03) 3985-2610
e-mail　rikkyo-press@rikkyo.ac.jp

RIKKYO UNIVERSITY PRESS

発売所　株式会社有　斐　閣
101-0051 東京都千代田区神田神保町 2-17
電話 (03) 3265-6811〔営業〕
http://www.yuhikaku.co.jp/

編集・制作　株式会社有斐閣アカデミア
101-0051 東京都千代田区神田神保町 2-17
電話 (03) 3263-4750
e-mail　academia@yuhikaku-academia.co.jp

印刷／製本・株式会社三陽社

ISBN 978-4-901988-28-5

索　引

＊　原書の索引項目のうち，書名，著者名，そして日本の読者にとって必要ないと思われる項目は削除した

事項索引（「ルワンダ」は頻出のため除外した）

●か　行

●さ　行

●た　行

●な　行

●は　行

●ま　行

●や　行

●ら　行

人名索引（「セバレンジ」は頻出のため除外した）

286
カギラネザ，デゥス（Kagiraneza, Deus） 184
ガサナ，アナスタセ（Gasana, Anastase） 162, 189
カジェグハクァス，ヴァレンス（Kajeguhakwas, Valens） 172, 173
カバゲニ，ユージン（Kabageni, Eugenie） 185
カバレベ，ジェームス（Kabarebe, James） 111
ガヒマ，ジェラルド（Gahima, Gerard） 257
カビラ，ローラン（Kabila, Laurent） 1
カブイェ，ローズ（Kabuye, Rose） 111, 219
カベラ，アシエル（Kabera, Assiel） 253, 254
カペルカ 68, 71
カボゴラ，ダニエル →セバレンジの父
カメゲリ（フツの近所の人） 294
カユグシュ（フツの近所の人） 24, 25
カユンバ・ニャムワサ，フォースティン（Kayumba Nyamwasa, Faustin） 111
カヨンガ，シャール（Kayonga, Charles） 111
カレゲヤ，パトリック（Karegeya, Patrick） 258
カレメラ，ジョセフ（Karemera, Joseph） 189
カレラ（義兄） 95
ガンジー，モハンダス（Gandhi, Mohandas K.） 290
キーザ，オーガステン（Cyiza, Augustin） 175, 176, 179, 180, 185, 186, 190, 191
キング，マーティン・ルーサー，ジュニア（King, Martin Luther Jr.） 169, 289, 299, 300
キンザー，スティーブン（Kinzer, Stephen） 259
グリーン，ポーラ（Green, Paula） 260, 303
クリントン，ヒラリー（Clinton, Hillary） 153, 158
クリントン，ビル（Clinton, Bill） 153, 154, 157〜161, 163〜166, 168, 276, 285
ケネディ，ジョン・F.（Kennedy, John F.） 55, 81
ケネディ，ロバート・F.（Kenney, Robert F.） 263, 302
ゲラルド（義弟） 95
ケント，フランク（Kent, Frank） 191
コルバート，ドン（Colbert, Don） 292

●サ 行

サムエル（兄） 36, 37, 39, 49, 52, 91, 95
サンタヤナ，ゲオルゲ（Santayene, George） 275
サンドリン（三女） 233, 238, 262, 304
シェリー，クリスティーン（Shelly, Christine） 160
シシ，エバリストゥ（Sisi, Evariste） 257
ジャン‐ピエール（Jean-Pierre, インテラハムウェの通報者） 154, 155
ジョン（弟） 3〜5, 23, 26, 56, 62, 63, 69, 70, 75, 76, 90〜92, 96, 104, 121
セバレンジの祖母 66, 290
セバレンジの父 4, 12, 13, 19, 21〜26, 30, 33〜35, 39, 49〜52, 54, 64, 91, 92, 97, 121

セバレンジの母　*3, 8〜11, 13, 19〜21, 23〜27, 30, 33, 35, 38, 39, 48〜52, 91, 121, 290*
センダションガ，セス（Sendashonga, Seth）　*173, 227*

●タ 行

ダライ・ラマ（Dalai Rama）　*296*
ダレール，ロメオ（Dallaire, Roméo）　*154, 155, 161*
ツムウィン，ジャコブ（Tumwine, Jacob）　*111*
ディビッド（兄）　*37, 91*
ディビッド（義兄）　*94, 104*
テイラー，チャールズ（Taylor, Charles）　*285*
デ・ラクガー，ルイ（de Lacger, Louis）　*15*
テレーズ（義姉妹）　*124*
トゥワギラムング,ノエル（Twagiramungu, Noel）　*258*
トゥワギラムング，フォースティン（Twagiramungu, Faustin）　*172, 227*
トール，エクハート（Tolle, Eckhart）　*297*
ドール，ボブ（Dole, Bob）　*156, 168*

●ナ 行

ニエモレー，マーティン（Niemöller, Martin）　*192*
ニコール（次女）　*139, 233, 262, 304*
ニャカナス一家　*10*

●ハ 行

ハキジマナ，エリック（Hakizimana, Eric）　*111*
バーケ，エドムンド（Burke, Edmund）　*168*
パシフィック（次男）　*87, 120, 124, 233, 262, 304*
パトリシア（姪）　*97*
ハビャリマナ，エマニュエル（Habyarimana, Emmanuel）　*257*
ハビャリマナ，ジャン－バプティスト（Habyarimana, Jean-Baptiste）　*119*
ハビャリマナ，ジュベナル（Habyarimana, Juvénal）　*34, 53, 54, 57, 58, 63〜66, 74, 86, 88, 90, 119, 123, 143, 155, 171, 172, 176, 178, 276, 278, 283*
ビジマナ，ジャン・レオナルド（Bizimana, Jean Leonard）　*184*
ビジムング，パスター（Bizimungu, Pasteur）　*110, 111, 121, 122, 132〜138, 140, 141, 146, 147, 149, 153, 162, 164, 165, 171〜173, 182, 183, 195〜197, 207〜209, 213, 214, 254, 258, 275*
ビタフルガンバ，タビサ　*95*
ブッシュ，ジョージ・W.（Bush, George W.）　*276, 285*
ブヨヤ，ピエール（Boyoya, Pierre）　*231*
ブラウン，マイケル（Brown, Michael）　*83*
フランソワ（ツチ難民）　*76〜78*
ブリジット（義姉）　*90〜92, 96, 109*
フルマ，アルフォンス（Furuma, Alphonse）　*184*
ブレア，トニー（Blair, Tony）　*276, 285*
プレンデーガスト，キラン（Prendergast, Kieran）　*167*
ベアトリス（姉）　*8, 10, 20, 38, 39, 93,*

94, 121
ベンジャミン（いとこ）　*232, 233, 237〜238, 241, 242, 254, 303*
ヘンダーソン，マイケル（Henderson, Michael）　*287*
ポリカーペ，ガテテ（Polycarpe, Gatete）　*200, 201*
ポリシ，デニス（Polisi, Dennis）　*202, 203*

●マ　行

マクバ，アロン（Makuba, Aaron）　*118, 119, 122*
マコンベ　*68, 70, 71*
マジンハカ，パトリック（Mazimhaka, Patrick）　*117, 138〜142, 190, 191*
マディソン，ジェームズ（Madison, James）　*127, 136*
マニラグハ，ジャック（Maniraguha, Jacques）　*184*
マレレ　*28, 29*
ミッテラン，フランソワ（Mitterland, François）　*90*
ミノウ，マーサ（Minow, Martha）　*282*
ミラー，アーサー（Miller, Arthur）　*195*
ムガボ，ピエ（Mugabo Pie）　*196, 202〜204, 220〜222*
ムカンクンディイェ，ブデンシヤナ（母の姉妹）　*92*
ムガンバゲ，フランク（Mugambage, Frank）　*176〜179*
ムゲマナ（陸軍少佐）　*70〜73*
ムシャイディ，デオグラティアス（Mushayidi, Deogratias）　*258*
ムセヴェニ，ヨウェリ（Museveni, Yoweri）　*210, 231, 252, 253, 271, 303*
ムソニ，ジェームズ（Musoni, James）　*214, 215*
ムソニ，プロテ（Musoni, Protais）　*202, 203, 215*
ムタカ，サーシッセ　*114, 115*
ムツィンジ，ジャン（Mutsinzi, Jean）　*185*
ムバンダ，ジャン（Mbanda, Jean）　*184*
ムベラバヒジ，ジャン・バプティストゥ（Mberabahizi, Jean Baptiste）　*129*
ムリガンデ，シャール（Murigande, Charles）　*182〜184*
ムルンバ，アナスタセ（Murumba, Anastase）　*258*
モブツ・セセ・セコ（Mobutu Sese Seko）　*1*

●ヤ　行

ヨハン・パウロII世（John Paul II）　*287*

●ラ　行

ライス，スーザン（Rice, Susan）　*160, 168*
ラスキン，フレデリック（Luskin, Frederic）　*292*
ラッセル，バートランド（Russell, Bertrand）　*7, 17*
リベラタ（妻）　*55, 56, 58〜63, 66〜68, 70, 74, 75, 77, 78, 80, 81, 87〜89, 96, 98, 99, 121, 124, 125, 138, 139, 141, 202, 204〜206, 217, 218, 223, 224, 228〜230, 232, 233, 235〜241, 243, 250〜254, 257, 293, 294, 304*

——の母　204, 235, 236
ルウィゲマ，ピエール・セレスティン（Rwigema, Pierre Celestin）　253
ルゲマ，ドナシェン（Rugema, Donatien）　184
ルタイシレ，ポール（Rutayisire, Paul）　185
ルタレマラ，ティト（Rutaremara, Tito）　116〜119, 182, 220, 275
ルチャグ，ボニフェース（Rucagu, Boniface）　143〜145, 147
ルヒンビカ，ムラー　108, 109
ルヤェンジ，ポール（Ruyenzi, Paul）　185
ルワンガボ，ピエール－クラヴェー（Rwangabo, Pierre-Claver）　231
レグラン，ピエール　70
レスペ（長男）　56, 59〜63, 67, 69, 77, 78, 80, 87, 120, 124, 233, 262, 304
ローズ，ローレル（Rose, Laurel）　101, 102

●ン

ンガランベ一家　10
ンガランベ，エリーザ　23〜25
ンギラバンジ，ローリエン（Ngirabanzi, Laurien）　189
ンクシ，ジュベナル（Nkusi, Juvenal）　116, 132, 133
ンクビト，アルフォンス（Nkubito, Alphonse）　173
ンクリインゴマ，ジャン・バプティストゥ（Nkuliyingoma, Jean Baptiste）　173, 227
ンクンディヤレミェ，アリップ（Nkundiyaremye, Alype）　186
ンケリンカ，エスタッシ（Nkerinka, Eustache）　184
ンゲンダハヨ，マナッセ　110
ンサビマナ，パスター（Nsabimana, Pasteur）　257
ンサンザバガンワ，ヴァンサン（Nsanzabaganwa, Vincent）　176, 231
ンジザ，ジャクソン（Nziza, Jackson）　111, 239, 240
ンジザ，フランク（Nziza, Frank）　111
ンセンギマナ，ジョセフ（Nsengimana, Joseph）　141, 142
ンタキルティンカ，シャール（Ntakirutinka, Charles）　189
ンダヒロ，エマニュエル（Ndahiro, Emmanuel）　144, 145, 239, 240
ンテジラヨ，フォースティン（Ntezirayo, Faustin）　185

用語解説

難民：　人種，宗教，国籍もしくは特定の社会的集団の構成員であることまたは政治的意見を理由に，迫害を受けるおそれがあるという十分に理由のある恐怖を有しているため，国籍国の保護を受けることができない，または国籍国の保護を受けることを望まない者（1951年の難民条約）。1969年のアフリカ難民条約では，その定義をさらに拡大し，「外部からの侵略，占領，外国の支配，またはその出身国，もしくは国籍国の一部・全部における公の秩序を著しく乱す出来事のために，出身国または国籍国の外の場所に避難所を求めて，その常居所地を去ることを余儀なくされたすべての者」も含む。

帰還民：　母国に帰還した元難民を指す。

RPF/A（ルワンダ愛国戦線〔軍〕，Rwanda Patriotic Front/Army）：　1959～60年初めにかけて，ウガンダに逃亡した難民の2世が結成した政治的運動。ジェノサイドの際に政権を奪取した。ツチのエリートが主導。

ルワンダ年表

（ゴシック体はセバレンジ氏の身に起きたこと）

政　権	年（月日）	出　来　事
	1899	ドイツがルアンダ・ウルンディ（後者は今日のブルンディ）を，ドイツ領東アフリカとして植民地支配を開始する
	1916	ドイツ軍がルアンダ・ウルンディから撤退し，代わってベルギー軍が占領する
	1919	オーツ・ミルナー協定により，ルアンダ・ウルンディの統治権がベルギーに委譲される
	1924	ルアンダ・ウルンディは，国際連盟の委任統治領として，ベルギーの支配下に置かれる
	1925	ルアンダ・ウルンディは行政上，ベルギー領コンゴと統合される
	1946	国連総会により，ルアンダ・ウルンディがベルギー信

		託統治領となる
	1959～60年代	社会革命後，30万人以上のツチが周辺国に逃亡する。多数派フツや特に政治リーダーらが起こした反ツチの暴力が1959～61年に続く。1960年代初めに，周辺国にいたルワンダ難民が武力でルワンダに侵攻する。それにより，ルワンダ国内のツチに対する報復を招き，さらに難民が増加する
カイバンダ（フツ）	1962	ルワンダが独立する
	1963	1～2万人ものツチが殺害される。このときすでにジェノサイドが発生していたことになる **セバレンジが生まれる**
ハビャリマナ（フツ）	1973	ハビャリマナがクーデターで政権を掌握し，ツチの排斥運動が組織的に行われる。内戦が勃発し，大量の難民が流出する **セバレンジの家が放火され，家族とともに殺される可能性があった**
	1974～1989	**セバレンジはコンゴ民主共和国の小学校に転校し，現地の中学，高校，大学まで進み，結婚後にルワンダに帰国する**
	1981	カガメ（現大統領）を含む在ウガンダのルワンダ難民の一部が，ムセヴェニが率いる国民抵抗運動に加わる（1986年に国民抵抗運動が政権を奪取し，ムセヴェニがウガンダ大統領に就任する）
	1987	ルワンダへの帰還を目的に，在ウガンダのルワンダ難民がルワンダ愛国戦線（RPF）を結成する
	1990（10）	RPFがウガンダからルワンダに侵入し，1994年までルワンダ政府との間で内戦が続く
	1991（5）	**セバレンジがブルンジに逃亡する**
	1993（8）	ルワンダ政府とRPF間で，アルーシャ和平合意が締結される
	1994（3）	**亡命するために，セバレンジがカナダに飛び立つ**

	1994（4. 6）	ハビャリマナ大統領の専用機が撃墜される
	1994（4. 7）〜	ジェノサイドが100日間続く
	1994（6〜8）	フランス軍の「トルコ石作戦」が，ルワンダ南西部に「安全人道地帯」を設置する
	1994（7. 18）	RPFが内戦終結を宣言する
ビジムング（フツ）／カガメ副大統領兼防衛大臣（ツチ）	1994（7. 19）	RPFによる政権奪取後に，国民統一政府が結成される
	1995（3）	セバレンジがカナダからルワンダに帰国する
	1995（8）	国民統一政府が崩壊し，元首相と元内務大臣が国外に亡命する
	1996（10）〜	ルワンダ軍が，ジェノサイド首謀者が滞在するコンゴ東部の難民キャンプを攻撃する
	1997	セバレンジが議会議長に選出される
	1998（8）〜	ルワンダ軍がコンゴ東部を侵略する
	2000	3ヵ月の間に，ビジムング大統領，ルウィジェマ首相とセバレンジ議会議長が突然辞職する。セバレンジはアメリカに亡命する
カガメ（ツチ）	2003（10）	カガメが大統領選挙で，95. 05%（2003年）と93. 08%（2010年）の票を得て勝利する